守蔵集

国家图书馆出版社

刘波 林世田——著

图书在版编目（CIP）数据

守藏集 / 刘波，林世田著 . — 北京 : 国家图书馆出版社，2021.2

ISBN 978-7-5013-7077-1

Ⅰ . ①守… Ⅱ . ①刘… ②林… Ⅲ . ①古籍—图书保护—中国—文集 Ⅳ . ① G253.6-53

中国版本图书馆 CIP 数据核字（2020）第 213405 号

书　　名	守藏集
著　　者	刘　波　林世田　著
责任编辑	潘肖蔷
特约编辑	耿素丽
封面设计	耕者设计工作室

出版发行　国家图书馆出版社（北京市西城区文津街 7 号　100034）
　　　　　（原书目文献出版社　北京图书馆出版社）
　　　　　010-66114536　63802249　nlcpress@nlc.cn（邮购）
网　　址　http://www.nlcpress.com
印　　装　北京科信印刷有限公司
版次印次　2021 年 2 月第 1 版　2021 年 2 月第 1 次印刷

开　　本　880×1230（毫米）　1/32
印　　张　11
字　　数　227 千字

书　　号　ISBN 978-7-5013-7077-1
定　　价　60.00 元

前　言

我们在敦煌西域文献整理、国家图书馆馆史两个研究领域的合作始于 2008 年。2009 年，我们以"国家图书馆藏敦煌遗书专题研究"为题，合作申请了国家图书馆的馆级科研项目（NLC-KY-2009-09）。经过两年的努力，这个课题在 2011 年 5 月顺利结项。收入此集的文章，大部分是这个项目框架下的成果。只有少数几篇，虽是分别署名，基本上也是这一课题的延续和扩展。因此，我们将之汇总在一起，作为一个阶段性的总结。

国家图书馆馆藏宏富，在百余年的发展历程中涌现、培养了一大批文献研究专家。就我们从事的敦煌西域文献整理研究而言，陈垣、李翊灼、江味农、王重民、向达、孙楷第、贺昌群、赵万里等先生都有杰出的贡献，尤其是王重民、向达二人更是我国第二代敦煌学家的代表人物。前辈们勤勉的工作、丰富的研究成果，是国家图书馆的宝贵财富，更是留给我们后来者的丰厚遗产。作为国家图书馆的员工，我们研读前辈们的著作，查阅记载前辈们事迹的档案资料，拜观前辈们的手泽，深受启示与鼓励。

国图的文献研究传统，激励着我们在日常工作之余，勉力从事敦煌西域文献的整理研究，同时也关注馆史上某些问题的探讨。这一方面是出于我们自己的兴趣，另一方面也是职责所在。对于图书馆员而言，从事文献整理研究工作，是提高自身服务能力的必要训练。只有自己也做研究，才能熟悉文献并掌握查阅与辨析文献的方法、工具和技巧，从而在答复读者咨询的时候游刃有余，对读者有所帮助。

图书馆的责任，在于广泛收集资料，经过整理与揭示，供各界人士研究参考。揭示馆藏文献的价值，引起研究者们的注意，对于推进学术研究是有裨益的。我们高兴地看到，在我们缀合了 BD11731 与 P.5019《孟姜女变文》之后，张新朋先生另从俄藏敦煌文献中找到可以与之缀合的另一块残片，对相关问题的看法也更为深入全面；在我们笺释了馆藏 BD14491 与 BD14650《问对》写卷之后，金滢坤教授从科举与唐代社会的角度对其进行了深入的解读；在我们校录了 BD14546 背壁画榜题之后，王惠民研究员多次提示我们从功能角度继续思考，他对此已有更深入的研究。这些回应，都让我们感到，自己的工作是有价值的。

图书馆人只能主要利用业余时间从事研究工作，研讨的问题往往以本职工作为基石或起点，这一点可以说是图书馆人的共同特点。与专业从事研究工作的人士不同，我们讨论的主题比较分散，系统性较为欠缺，这也许是我们的弱点。不过，我们始终努力从文献整理入手、在发掘新资料的基础上开展讨论，不做虚浮空洞的泛论。如果说本书中尚有一些可资利用的资料，对我们而言，就是很高的褒奖了。

　　2007 年，"中华古籍保护计划"开始实施，经过十余年的不懈努力，古籍保护事业在各个方面取得了不俗的成就，社会各界对古籍保护的认识也提到了新的高度。作为古籍工作者，我们有幸参与了"中华古籍保护计划"的一些具体工作，从中收获了很多启迪。古籍保护的目的，是在保护好现存古籍的同时，让古籍通过数字化、出版等方式化身千百，方便读者使用，让古籍中承载的文化信息得到广泛的传播与弘扬。

　　在从事具体工作的过程中，我们也试着撰写一些与古籍保护有关的文章，本书收入的讨论修复、影印等问题的文章，代表了我们在这方面的一些不太成熟的思考。此外，文献整理研究也是古籍保护的一个重要方面，本书所收的专题论文，也仍然在古籍保护的范畴之内。从这个意义上讲，本书也是"中华古籍保护计划"推进过程中催生的小小果实。

　　感谢国家图书馆副馆长兼国家古籍保护中心副主任张志清先生一直以来对我们的关怀与提携。本书书名"守藏集"也是张馆长所题。"守藏"二字有两层意思：一则我们都是图书馆员，职务与《史记》所谓"守藏室之史"有相似之处；二则也可解读为守护馆藏古籍使之完整地传给后世，这与古籍保护的宗旨暗合，而我们正是古籍保护工作的实践者。因此，虽然本书所收文章都是具体的文献整理和问题讨论，没有整体性的宏观论述，也没有什么深刻的寓意，我们仍然非常高兴地采用这样一个内涵丰富的书名。史睿博士是我们的老同事，亦师亦友，多年来相互切磋，受益良多。现在史博士虽已调入北大，不过仍然常相往还，此次惠予题签，给我们以支持和鼓励，深感欣幸。

这些文章原来发表在不同的刊物上，因而格式方面有些不同。此次结集，为了整体上观感一致，在格式上略作了一些调整。囿于学识，书中错误疏漏之处定然不少，敬请方家批评指正。

作者谨识

2016 年 9 月 9 日

目　录

敦煌唐写本《问对》笺证

一、写卷概述

国家图书馆藏有敦煌唐写本《问对》残卷两件，其一编号为 BD14491，卷轴装，长 150 厘米，高 28.3 厘米，首尾皆残。全卷 4 纸 75 行，每纸长 40.9 厘米，每纸 20 行，行 19—23 字，注文小字双行，行 32—34 字。乌丝栏。楷书写就，字体工整，行款整齐。该号为刘廷琛旧藏，外有黄绢包裹，包裹上缀有签条，签条题："唐人写问对二十六条　长十六尺　高八寸三分　017。"《敦煌劫余录续编》著录该卷，拟名为"问对二十六条"，注明"残破"[①]。《中国国家图书馆藏敦煌遗书精品选》收入该号，拟名为"残策"，并刊布了部分章节的书影[②]。郑阿财、朱凤玉教授据此书影，在《开蒙养正：敦煌的学校教

---

①　北京图书馆善本组编：《敦煌劫余录续编》，1981 年，第 124 页。

②　中国国家图书馆善本特藏部、上海龙华古寺、《藏外佛教文献》编辑部编：《中国国家图书馆藏敦煌遗书精品选》，2000 年，第 19 页。

育》一书中对其内容、性质进行了研究①。

其二编号为 BD14650，首尾皆残，长 480.8 厘米，高 28.3 厘米。全卷 13 纸 238 行。行款字体一如 BD14491。卷首钤朱文"赵钫珍藏"印一方，卷尾钤朱文"元方审定"印一方，为赵钫旧藏。

BD14491 长度为 150 厘米（合 4.5 尺），远远少于签条所著录的"十六尺"。经比对，我们发现两号可以缀合。缀合之后，接缝处原撕裂为二的文字可完美拼合。缀合之后的写卷为 16 纸 306 行，长 614 厘米（合 18.42 尺），与签条所著录尺寸较为接近。另外，签条著录"唐人写问对二十六条"，BD14491 与 BD14650 缀合后现存 30 章，有章题者 27 章，与签条所著录的"二十六条"亦非常接近。章节数的差异，很可能是当时编目者未将无章题者计入，而同时计数又出现疏忽所致。由此可知，BD14650 号实为自 BD14491 号写卷上撕裂下来的残卷；BD14491 签条的著录实际上包括 BD14650 在内，亦即签条制成时这两号还是一个完整的整体。

卷尾有题记，尾纸残断，无法辨认。卷中"山石"章章题下题："天地无言，资四时而成岁；圣人端拱，仰百辟以和平。"墨迹与卷尾题记相似，而与正文差异较大，题记内容也与正文无关，显系后人所书。

本卷递藏经历颇为曲折。1910 年，劫余敦煌遗书解运北京，

---

① 郑阿财、朱凤玉：《开蒙养正：敦煌的学校教育》，兰州：甘肃教育出版社，2007 年，第 123—126 页。

李盛铎、刘廷琛等学部官员监守自盗，窃取其中的精品，刘氏所得写卷数量应不少于 125 件[1]，此卷即为其中之一。刘氏所藏写卷来路不正，因此秘而不宣，外界所知甚少。

1932 年刘廷琛去世后，其后人有意将所藏敦煌遗书出售，曾托董康在日本寻求买主，藏卷目录《刘幼云敦煌卷子目》则由黄公渚寄给在日本度假的董康。该目录著录写卷 80 余件，可能即由黄公渚编成，黄绢包裹与签条可能亦于此时制成[2]。董康《书舶庸谭》卷九 1936 年 9 月 11 日的日记记载了其中的"佳品" 20 件，内中即包括《唐写本骈文》，其著录为："问对二十六条，长一丈零六尺，高八寸三分。"[3] 这一著录与该卷黄绢包裹所缀之签条的著录内容相同，仅用语略有差异，可知董康所得目录与刘氏旧藏的原始编目是一致的。王重民等所编《敦煌遗书总目索引》散录部分的《刘幼云藏敦煌卷子目录》即据《书舶庸谭》卷九著录。

刘氏旧藏后大部分归于张子厚。叶恭绰称："近年李、刘皆去世，所藏始分别散出，余曾介南京图书馆购入二百卷。闻刘氏有佳品约百卷归于张子厚，张固刘戚也。"[4] 张子厚所藏刘氏

---

① 林世田、萨仁高娃：《国家图书馆刘廷琛旧藏敦煌遗书》，载《敦煌吐鲁番研究》第十一卷，上海：上海古籍出版社，2009 年，第 496 页。

② 林世田、萨仁高娃：《国家图书馆刘廷琛旧藏敦煌遗书》，载《敦煌吐鲁番研究》第十一卷，第 495—496 页。

③ 董康：《董康东游日记》，石家庄：河北教育出版社，2000 年，第 383—385 页。

④ 叶恭绰：《张谷雏所藏敦煌石室图籍录序》，载《矩园余墨》，沈阳：辽宁教育出版社，1997 年，第 171 页。

旧藏大部分被吴瓯购买。据 1952 年 4 月 8 日《北京市人民政府公逆产清管局报告（急）》，吴向当局交代："敦煌写本经卷，原收积至八十九卷（或九十卷），中间因送礼及售出损失约十卷，现尚存七十九或八十卷。"[①]1954 年 2 月 11 日，文化部将此批敦煌写卷计 80 号拨交北京图书馆。BD14491 号即于此时入藏北京图书馆。

如上所述，据 BD14491 号黄绢包裹上所缀签条，可以推知刘廷琛旧藏编目时，写卷尚未撕裂。可能在写卷转让给张子厚之前，刘氏家人为增加写卷数量以求善价，将之撕裂为二；也有可能写卷是在流出刘家之后，撕裂为二。总之，撕下来的部分（即 BD14650 号）转归赵元方所有。赵元方从事银行业，家富资财，而雅好收藏古籍，所藏数量虽不甚多，而颇多精品。20 世纪 50 年代初，赵元方将家藏古籍捐赠北京图书馆[②]，其中包括敦煌遗书数件[③]，此卷即于此一时期入藏北京图书馆。

这一写卷为典型的策问类作品，首尾皆残，不知其名为何，黄氏早期编目时据其文体拟名为《问对》，并为《敦煌劫余录续编》所沿用。在题名无法考定的情况下，这不失为一个较为合适的拟名，故本文袭用。该写卷的文体结构与白居易《策林》、敦煌所出《兔园策府》及新疆吐鲁番阿斯塔那二七号墓文书《唐

---

① 尚林：《刘廷琛旧藏敦煌遗书流失考》，《汉学研究》1994 年第 12 卷第 2 期，第 356 页。

② 1956 年，北京图书馆又购得赵元方所藏古籍若干种（冀淑英《冀淑英文集》，北京：北京图书馆出版社，2004 年，第 383—385 页）。

③ 雷梦水：《北京藏书家赵元方》，《中国典籍与文化》1994 年第 1 期，第 46 页。

经义〈论语〉对策残卷》^① 极为接近，为典型的对策。因此，《中国国家图书馆藏敦煌遗书精品选》为其拟名"残策"，也是有相当的合理性的。

《问对》残文结构较为严整，每番问对为一章。每章有固定的结构程式，均由章题、策题、答策三部分组成。章题为简洁的标题，如"世间贪利不惮刑书""唯欲贪求亦有义让""问豪富""进士无大才""山石""请雨"等，以概括性较强的语言归纳出内容要点。残文所存三十章中，有三章无章题。策题具体表述所问问题，均以"问"字开头。策题一般较为简洁，列举某一类现象，提出疑问点，最后要求回答提问，或以鼓励性的语言敦促阐述见解。答策即回答提问之词，具体阐述作者的见解。答策均以"某对某闻"开头，末以"谨对"作结。"谨对"之前，时有谦辞。策题与答策均为四六骈文，对仗较为工整，长于用典，文体近于赋。

"蕳菀""山石""江河""请雨"等七章原有注。注文为双行小字，列于正文之下。带有注文的各章都在写卷的后半部分，且均为广异闻性质的篇章，无一直接论及治国之道。注文内容包括三方面：一为注明出处，或注出所出的书名，或引出正文典故的出处与原文；二为详述正文中的典故，而并不注明出处；三为解释正文语义或名物。

注文所引用或提及的古籍计 20 种，经传有京房《易传》，《易

①　新疆维吾尔自治区博物馆、武汉大学历史系编：《吐鲁番出土文书［四］》，北京：文物出版社，1996 年，第 149—152 页。

通》亦可能为经传，纬书有《春秋元命苞》《河图括地象》，小学有《尔雅》；诸子有《随巢子》，类书有《皇览》。引用最多的为史部古籍，有《华山记》《三秦记》《广州记》《太康记》《吴越春秋》《东观汉记》《帝王世纪》《蜀王本纪》《长沙耆旧传》《益部耆旧传》《东方朔别传》《管辂别传》《文士传》等十三种。诸书多不传于世，注文所称引于辑佚与校勘不无小补。

通观全卷，其体例并不纯：有的章节遗漏章题；各章之间顺序并没有严格的规律可循；注文有无不定，有注文的章节集中于写卷后部；有注文的各章，其注文体例也不尽一致，或仅注史事，或仅注出处，或兼而有之；文中偶有空字。这些迹象表明，该文献不是一件成熟的作品，很有可能，它即是撰著者的未定稿本。

"世间贪利不惮刑书"章中有"自大唐膺箓，四海归仁"一句，说明《问对》的撰著时代当在唐代立国之后。文中"括放客户还乡"等针对时事的论述，明确显示其时为社会大动荡之后天下初定的历史时期，这一状况与唐初的时局恰相符合，可以作为佐证。写卷纸张入潢，品相较佳，抄写工整，每行字数在 19 字至 23 字之间。据敦煌写卷断代的一般规律①，可断定

---

① 左景权在《论语郑氏注——敦煌古图书蠡测之一》中论道："在敦煌发现的儒、释、道三家经卷，小册子晚出不论，合于一定格式而又有年代可考的精钞，都不在安史之乱之后。反之，行款不整齐、缮写多误字未经校改的劣钞而又有年代可考的，都不在安史之乱以前。以此断限，可以审定其他无年代记载的精钞与劣钞。更以精钞的行款而论，开元、天宝的'官本'，每行以十七字为度，纵有增减，也不过一字。唐初写本，通常都在十八字以上。"见左景权《敦煌文史学述》，台北：新文丰出版公司，2000 年，第 9—10 页。

其为"安史之乱"以前的写本。写卷中"民"字共出现 26 次，均阙末笔，避太宗讳。"治"字共出现 8 次，均直书本字，不避高宗讳。据此可以确定，《问对》的撰著应在唐初，抄写则在唐太宗贞观年间。

"地"章之末，谦辞中有"弊忝预宾王"之句，"宾王"即辅佐帝王之意，常代指朝廷官员，甚至高官近臣，可知作者必定在朝为官，有一定的社会地位。从文章的用语来看，作者熟悉古代典籍，对史籍与说部均涉猎较广，且有相当程度的佛学修养，在在显示其人的文化修养与学识水准均达到了较高的水平。策问是选举取士的一种考试方法，写卷采取对策这种形式，表明作者的生活经历必定与科举取士有密切关联，这也从侧面说明了作者的身份。

唐初制科主要试对策，明经科、进士科也需答策问数道，对策乃是唐初由科举进身的士子们的必修功课，也是他们所擅长的文体。作者使用对策这种形式来表达见解、阐述思想，是很自然的行为。另外，士子们为了中举，有必要进行对策训练。因此，《问对》残卷的性质可能与白居易任秘书省校书郎时为应制举而作的《策林》有一定的相似性。从另一个角度看，在当时的时代背景下，对策范文的产生与流行，是势所必然的现象。本件写卷的性质应为对策范文。写卷后半部分有小注，与敦煌本《兔园策府》的情况相同，可佐证这一点。无论作者出于何种目的与动机创作此卷，这一文献对于考察唐代科举考试及相关问题，均不无参考价值。

从内容上看，《问对》主要涉及三个方面：一为社会道德方面的问题，比如孝道、义让、清廉等；二为治国安邦之道，比如如何惩治贪污、如何安抚贫弱、如何审官授爵、籍账三年一书是否应改革、僧尼犯法如何处置等等，文中共有两章以"断贪浊"为章题，其他还有不少篇章论到贪欲与奢靡，可见吏治乃是朝廷与士人普遍关心的问题；三为史事与异闻，如三代官名、帝王祥瑞、古代园囿、山石、江河等等，体现儒者博闻多识的宗旨。上述三类篇章在排列顺序上并未以类相从，而是纷然错杂，显示出作者并未有意地从内容角度对篇章进行分类。概言之，残卷所阐述的问题大多与国家治理及社会道德有关，宣扬"义让"，反对"贪利"，主张惩治贪腐、安抚贫弱，思想上接近儒家。

二、校录与笺证

校录说明：本录文为 BD14491 号与 BD14650 号缀合之后的录文，部分文字与文句原割裂为二，今得以拼合；录文尽量保持原卷格式，按原行录出，注明行数；注文原卷为双行小字，录文尽可能保持原卷行款；缺字之字数可以推知者，以"□"代之，缺若干字即用若干"□"，缺字字数不明者，用"▢▢▢"等符号代替；残字或字迹模糊而可辨识者外加"□"，以示慎重；卷中空字，仍照原行款空缺之；脱字酌补，以"〔 〕"标识；与正字结构相同而仅点画有异的俗字，径改正字；与正字结构有异的俗字照录，而在其后以"（ ）"注出正字；通假字照录原字，而在其后以"（ ）"注出本字；对部分字词的校录与意义，以及典故出处，以笺证方式略加说明；部分文句出典难明，谨志阙疑，以待博雅通人之补正。

【录文】

1. 孝子感应

2. 问：古来孝子，行何德行，感何 ☐☐

3. 不朽。宜明至理，无俟昌言。

4. 某对：某闻立身之道，以孝为 ☐

5. 郭三埋于爱子[1]，大孝倾其常 ☐☐

6. 焉出穴，所以孟仁得笋抽之[2] ☐☐

7. 至孝通灵，无一言而不感；一心 ☐

8. 者，不敢恶于他亲。书曰：唯孝动天 ☐☐

【笺证】

[1]《太平御览》卷四一一引刘向《孝子图》："郭巨……妻产男，虑养之则妨供养，乃令妻抱儿，欲掘地埋之。于土中得金一釜，上有铁券云：'赐孝子郭巨。'巨还宅主，宅主不敢受，遂以闻官，官以券题还巨，遂得兼养儿。"又见《搜神记》："巨兄弟三人，早丧父。礼毕，二弟求分，以钱两千万，二弟各取千万。巨独与母居客舍，夫妇佣赁以给公养。居有顷，妻产男。巨念举儿妨事亲，一也；老人得食，喜分儿孙减馔，二也。乃于野凿地欲埋儿，得黄金一釜。"

[2]孟仁事见《三国志·吴书·三嗣主传》裴松之注引《吴录》："仁字恭武，江夏人也，本名宗……时皆不得将家之官，每得时物，来以寄母，常不先食。"同传裴注引《楚国先贤传》："宗母嗜笋，冬节将至。时笋尚未生，宗入竹林哀叹，而笋为之出，得以供母，皆以

为至孝之所致感。"

【录文】

9. 断贪浊

10. 问：夫以贪官害政，浊宰乱民 ☐☐☐

11. 异式，塞彼贪心。

12. 某对：某闻种藕深池，则根 ☐☐☐

13. 枝荣，岂非处物得宜，故以相 ☐☐☐

14. 任得人，必须吏部严明，曹僚 ☐☐☐

15. 擢仁者以安人，使民谣五袴[1]；☐贪残于陇亩，使号佣

16. 夫，能令秽浊励心，清廉尽力。☐雀犹知逐日，况于员首

17. 者哉。谨对。

【笺证】

[1]"五袴"典出《后汉书·廉范传》："建初中，（范）迁蜀郡太守……旧制禁民夜作，以防火灾，而更相隐蔽，烧者日属。范乃毁削先令，但严使储水而已。百姓为便，乃歌之曰：'廉叔度，来何暮？不禁火，民安作。平生无襦今五绔。'"

【录文】

18. 问：古来唯闻善政，罕见虐☐。☐美宽弘，希陈酷宰。

19. 既无其恶，何以显能。子素该☐，宜陈指说。

20. 某对：某闻纣王酷虐，刳叔父之心[1]；桀帝豺狼，亨（烹）忠贤之

21. 士。昔严延在任^[2]，长安有流血之堙（屠）；王吉当官^[3]，沛国有全尸之

22. 色。至如周吁（纡）闻赦，前决大刑^[4]；侯贤（览）见豪^[5]，诬之破没。斯乃

23. 乳彪害物，何名至治者哉。譬魅蛊之侵民，等蟊虫之食木。

24. 民遭蛊害，立见倾亡；树被蠹侵，寻者倒仆。苍生何罪，逢此

25. 凶时者哉。谨对。

【笺证】

[1] 叔父，指纣之叔父比干。《史记·殷本纪》："比干曰：'为人臣者，不得不以死争。'乃强谏纣。纣怒曰：'吾闻圣人心有七窍。'剖比干，观其心。"

[2] 严延，指严延年，为求对仗省略"年"字。《汉书·严延年传》："三岁，迁河南太守……冬月，传属县囚，会论府上，流血数里，河南号曰'屠伯'。"文中将此事系之长安。

[3]《后汉书·王吉传》："吉少好诵读书传，喜名声，而性残忍。以父秉权宠，年二十余，为沛相。……专选剽悍吏，击断非法。若有生子不养，即斩其父母，合土棘埋之。凡杀人皆磔尸车上，随其罪目，宣示属县。夏月腐烂，则以绳连其骨，周遍一郡乃止，见者骇惧。视事五年，凡杀万余人。其余惨毒刺刻，不可胜数。郡中惴恐，莫敢自保。"

[4]《后汉书·周纡传》："周纡……为人刻削少恩，好韩非之术。……建初中，为勃海太守。每赦令到郡，辄隐闭不出，先遣使属

县尽决刑罪,乃出诏书。"

[5]侯贤,指侯览,"贤"为"览"讹字。《后汉书·侯览传》:"桓帝初为中常侍,以佞猾进,倚势贪放,受纳货遗以巨万计……览兄参为益州刺史,民有丰富者,辄诬以大逆,皆诛灭之,没入财物,前后累亿计。"

【录文】

26. 世间贪利不惮刑书

27. 问:世间驰骛,贪竟寔繁。贵贱咸然,非利不可。熟知刑宪,

28. 不忘条章。挂纲触绳,仍从伏法。何其顿(钝)尔,冀子明言。

29. 某对:某闻世界贪媱(淫)[1],玄文已之旧说;苍生竞利,俗教之所

30. 先陈。枳橘遂以改仪,梅杏于焉变质。信土风之有隔,实世

31. 界之应然者也。既而去圣遥远,黎庶浇离。俭约之记未闻,

32. 赊(奢)纵之风弥切。自大唐膺箓,四海归仁。玄芝于是见祥,朱草

33. 郁焉呈瑞。贪泉已息涌浪,[义]井于是涛波[2]。民怀廉耻之心,

34. 俗有邕邕之美。宁止解官留犊,即擅时生[3];受物送台,而

35. 无宗子[4]。谨对。

【笺证】

［1］媱，"淫"俗字。贪淫，贪得无厌。

［2］"义"据文意补。义井，供公众汲用的水井。

［3］时生，指时苗。《三国志·魏志·常林传》裴松之注引鱼豢《魏略》："时苗……少清白，为人疾恶。……其始之官，乘薄軬车，黄牸牛，布被囊。居官岁余，牛生一犊。及其去，留其犊，谓主簿曰：'令来时本无此犊，犊是淮南所生有也。'群吏曰：'六畜不识父，自当随母。'苗不听。时人皆以为激，然由此名闻天下。"

［4］宗子，疑指辛术。宗，疑为"辛"讹字。《北齐书·辛术传》："辛术，字怀哲，少明敏，有识度。……睢州刺史及所部郡守俱犯大辟，朝廷以其奴婢百口及资财尽赐术，三辞不见许，术乃送诣所司，不复以闻。"

【录文】

36. 唯欲贪求亦有义让

37. 问：世道贪竞，以贪为本。为有义让，为止贪求。子既

38. 博闻，无或斯辩。

39. 某对：某闻阎浮秽浊，释典之所记焉；世道浇浮，孔经之

40. 所著矣。然则黔黎蠢蠢，情有未同；庶类敖敖，意亦不等。

41. 或志昏声色，或意静林泉。或鼎食以裂山河，或蔬饭而

42. 居蓬荜。或控弦亿兆之众，建国开基；或闻授位之名，则临

河洗耳[1]。故张禹有让田之美[2]，久著莆苗[3]；陶石

43. 河洗耳[1]。故张禹有让田之美[2]，久著莆苗[3]；陶石有施饭之名[4]，

44. 仍传兰叶[5]。何必梁鲔散物[6]，独降学生；安帝拯穷，偏须贞

45. 妇[7]。岂有唯应贪觅，而无义让哉。谨对。

【笺证】

[1] 指许由事。晋皇甫谧《高士传·许由》："尧又召为九州长，由不欲闻之，洗耳于颍水滨。"

[2]《后汉书·张禹传》："张禹字伯达，赵国襄国人也。……禹性笃厚节俭。父卒，汲吏人赙送前后数百万，悉无所受。又以田宅推与伯父，身自寄止。"

[3] 莆苗，疑代指史册。其说未详，待考。

[4]《白氏六帖》卷第五"羹第十二"有"陶石不受遗赠"条，其事未详。

[5] 兰叶，疑代指绘画。吴道子用状如兰叶的笔法表现衣褶，圆转而有飘举之势，北宋郭若虚《图画见闻志》称之为"吴带当风"，后世称之为"兰叶描"或"兰叶法"。

[6] 梁鲔，见《后汉书·殇帝纪》注引《汉官仪》："鲔字伯元，河东平阳人也。""散物"事未详。

[7]《后汉书·安帝纪》："元初元年春正月甲子，改元元初。赐民爵，人二级……鳏、寡、孤、独、笃癃、贫不能自存者谷，人三斛；贞妇帛，人一匹。""（元初）六年春二月……乙卯，诏曰：'其赐人尤贫困、孤弱、单独谷，人三斛；贞妇有节义十斛，甄表门闾，旌显厥行。'""延光元年……三月丙午，改元延光，大赦天下。……加赐鳏、寡、孤、独、笃癃、贫不能自存者粟，人三斛；贞妇帛，人二匹。"

【录文】

46. 问豪富

47. 问：韩魏以来，人多侈竟。相嘲夸调，各尚资财。虽有其言，

48. 未睹其事。子之强识，并是何人。

49. 某对：某闻色声世界，富诞为先。豪贵矜夸，故其然矣。

50. 至如石崇锦障[1]，五十里以霞生；吉甫粥铧，卅里而雷沸[2]。况乎

51. 汉称金屋[3]，周曰璧台[4]。岂止羊琇娇豪家然（燃）兽炭[5]，前王孙

52. 傲岸室累千金而已[6]。谨对。

【笺证】

[1]《晋书·石苞传》附其子石崇传："与贵戚王恺、羊琇之徒以奢靡相尚。恺以粀澳釜，崇以蜡代薪。恺作紫丝布步障四十里，崇作锦步障五十里以敌之。"

[2]《太平御览》卷四九三引《史记》："尹吉甫仕至上卿，其家大富，食口数百人。时岁大饥，曾鼎镬作粥啜之，声闻数里。食讫，失三十人。觅之，乃在镬中龅取焦粥而已。"铧，《广韵》楚庚切，一种鼎铛类炊具。

[3]《汉武故事》："帝以乙酉年七月七日生于猗兰殿。年四岁，立为胶东王。数岁，长公主嫖抱置膝上，问曰：'儿欲得妇不？'胶东王曰：'欲得妇。'长主指左右长御百余人，皆云不用。末指其女问曰：'阿娇好不？'于是乃笑对曰：'好！若得阿娇作妇，当作金屋贮之也。'"

［4］《穆天子传》卷六："甲戌，天子西北□，姬姓也，盛柏之子也，天子赐之上姬之长，是曰盛门。天子乃为之台，是曰重璧之台。"郭璞注："言台状如垒璧。"

［5］《晋书·羊琇传》："羊琇字稚舒，景献皇后之从父弟也。……琇性豪侈，费用无复齐限，而屑炭和作兽形以温酒，洛下豪贵咸竞效之。"

［6］王孙，指窦婴。《汉书·窦婴传》"窦婴字王孙，孝文皇后从兄子也。……孝景三年，吴楚反，上察宗室诸窦无如婴贤，召入见，固让谢，称病不足任。太后亦惭。于是上曰：'天下方有急，王孙宁可以让邪？'乃拜婴为大将军，赐金千斤。婴言爰盎、栾布诸名将贤士在家者进之。所赐金，陈廊庑下，军吏过，辄令财取为用，金无入家者。"傲岸，指窦婴权倾一时而"沾沾自喜耳，多易"，"每朝议大事……列侯莫敢与亢礼"而言。

【录文】

53. 问妇女妖皂[1]

54. 问：妇女妖华妍鄙虽别，近之所睹，未见异人。往古以来，

55. 谁为令淑。如其出物，子可具陈。

56. 某对：某闻越众惊人，多诸妖异；狂花实蘽，有艳无

57. 成。至如野狸入朝，时称吏部[2]；曲蚓当路，世号神童[3]。故褒姒

58. 笑而倾周[4]，妲己欢而灭纣[5]。危邦乱政，其在兹乎。何令淑

59. 之可陈，特妖耶（邪）之作也。后贤明达，宁非龟镜

者哉。

【笺证】

[1]皂,通"节"。

[2]野狸入朝,时称吏部:未详,待考。

[3]曲蚓当路,世号神童:未详,待考。

[4]褒姒,周幽王宠妃。《史记·周本纪》:"褒姒不好笑,幽王欲其笑万方,故不笑。幽王为烽燧大鼓,有寇至则举烽火。诸侯悉至,至而无寇,褒姒乃大笑。幽王说之,为数举烽火。其后不信,诸侯益亦不至。……申侯怒,与缯、西夷犬戎攻幽王。幽王举烽火征兵,兵莫至。遂杀幽王骊山下,虏褒姒,尽取周赂而去。"

[5]妲己,纣的宠妃。《史记·殷本纪》:"(纣)好酒淫乐,嬖于妇人。爱妲己,妲己之言是从。于是使师涓作新淫声,北里之舞,靡靡之乐。厚赋税以实鹿台之钱,而盈巨桥之粟。益收狗马奇物,充仞宫室。益广沙丘苑台,多取野兽蜚鸟置其中。慢于鬼神。大冣乐戏于沙丘,以酒为池,悬肉为林,使男女倮相逐其间,为长夜之饮。百姓怨望而诸侯有畔者,于是纣乃重刑辟,有炮烙之法。"裴骃《集解》引《列女传》曰:"膏铜柱,下加之炭,令有罪者行焉,辄堕炭中,妲己笑,名曰炮烙之刑。"商纣贪恋女色,施行暴政,致民怨沸腾,诸侯叛离,最终身死国灭。

【录文】

60. 问富贵人唯觅财利亦有清洁

61. 问:世多声色,各擅名闻。或紫盖临朝,或绣衣本邑。情

62. 无廉素,意在憍赊(奢)。为当悉事贪求,为当更有清洁。

63. 某对：某闻惟岳极峻，栴檀与蒿艾聚林[1]；惟海极深，明珠

64. 与蜂（蚌）砾同处。故知人之异也，岂可雷同。至如祈（祁）帝登朝[2]，情

65. 敦尧让；嬴（嬴）君即位[3]，意在憍賒（奢）。昔少平有洛阳之□□□

66. 布被[4]；兴祖南阳之职，黄纸充衣[5]。㲋□□□

67. 乃仲翁捐于赤镟（铁）[6]，讵得浑兹妍鄙□□□

【笺证】

[1] 栴檀，檀香。梵文"栴檀那"（candana）的省称。

[2] 祈帝，指尧。祈，通"祁"。传说尧以祁为姓。《太平御览》卷八〇引《帝王世纪》："帝尧陶唐氏，祁姓也。"

[3] 嬴君，指秦始皇。

[4] 此句中缺三字，据残文可推知其所言为强项令董宣事。《后汉书·董宣传》："董宣字少平，陈留圉人也。……后特征为洛阳令。时湖阳公主苍头白日杀人，因匿主家，吏不能得。及主出行，而以奴骖乘，宣于夏门亭候之，乃驻车叩马，以刀画地，大言数主之失，叱奴下车，因格杀之。……年七十四，卒于官。诏遣使者临视，唯见布被覆尸，妻子对哭，有大麦数斛、敝车一乘。"

[5]《后汉书·羊续传》："羊续字兴祖，太山平阳人也。……中平三年……拜续为南阳太守。……时权豪之家多尚奢丽，续深疾之，常敝衣薄食，车马羸败。……续妻后与子秘俱往郡舍，续闭门不内，妻自将秘行，其资藏唯有布衾、敝祇裯，盐、麦数斛而已，顾敕秘曰：'吾自奉若此，何以资尔母乎？'使与母俱归。""祇裯"，即破旧衣。

《方言》第四"襦谓之褴"郭璞注："袛襦，弊衣，亦谓褴褛。""袛"字形似"纸"，遂讹传羊续以纸为衣。

[6] 仲翁，指疏广。赤铁，当指黄金。《汉书·疏广传》："疏广字仲翁，东海兰陵人也。……即日父子俱移病。满三月赐告，广遂称笃，上疏乞骸骨。上以其年笃老，皆许之，加赐黄金二十斤，皇太子赠以五十斤。……广既归乡里，日令家共具设酒食，请族人故旧宾客，与相娱乐。数问其家金余尚有几所，趣卖以共具。……广曰：'吾岂老誖不念子孙哉？顾自有旧田庐，令子孙勤力其中，足以共衣食，与凡人齐。今复增益之以为赢余，但教子孙怠惰耳。贤而多财，则损其志；愚而多财，则益其过。且夫富者，众人之怨也；吾既亡以教化子孙，不欲益其过而生怨。又此金者，圣主所以惠养老臣也，故乐与乡党宗族共飨其赐，以尽吾余日，不亦可乎！'"

【录文】

68. 修礼让息逃亡

69. 问：修何异术，得民知礼让，以息逃亡。

70. 某对：某闻国以民为本，民以食为先；国以民为基，民以食为

71. 命。故移风易俗，以乐为先；安上治民，以礼为本。所以火帝之

72. 后[1]，教秝（耒）稆（耜）之方；云师之皇[2]，道六书之典[3]。使人知礼让，家给

73. 千葙（箱）[4]。然后简茂戚以临邦，选懿蕃（藩）而莅俗。诛豪恤弱，锢（褔）负

74. 知归。何亡叛之有乎，岂黔黎之不足。谨对。

【笺证】

［1］火帝之后，指炎帝神农氏。《史记·五帝本纪》："炎帝欲侵陵诸侯，诸侯咸归轩辕。"张守节《正义》引《帝王世纪》："神农氏，姜姓也……以火德王，故号炎帝。"相传耒耜为神农氏所制。《白虎通义》："古之人民皆食兽禽肉，至于神农，人民众多，禽兽不足，于是神农因天之时，分地之利，制耒耜，教民劳作，神而化之，使民易之，故谓神农也"。

［2］云师之皇，指黄帝。《史记·五帝本纪》："（黄帝）迁徙往来无常处，以师兵为营卫。官名皆以云命，为云师。"

［3］六书之典，疑指文字书写的典籍。《汉书·艺文志》："古者八岁入小学，故《周官》保氏掌养国子，教之六书，谓象形、象事、象意、象声、转注、假借，造字之本也。"相传黄帝之史仓颉造字，故有此说。

［4］千箱，形容储粮之多。李世民《秋暮言志》："已获千箱庆，何以继熏风。"

【录文】

75. 安抚贫弱

76. 问：安慰穷弱，止遏豪强，修何异术，使无侵犯。

77. 某对：某闻遏强禁暴，在国之恒规；抚弱恤贫，先王之令

78. 典。至如怯夫懦劣之辈，茕独饥寒之徒，得豪贵之侵

79. 凌，被富强之抑夺。无由自雪，何以啬（图）存。若不优矜，交悬[1]

80. 晷刻；必须勲加慰抚，亲省风谣，使无犯豪（毫）厘，安其本

81. 业。遣觯芼之类，重得来苏；凶暴之徒，惩其有犯。励壮夫

82. 于耕粗（耡）[2]，劝老弱于蚕绵[3]。必使家给民豊（丰），调租俱足。自然豪

83. 贵自扰，窭弱无虞。邑号邕邕，州称济济。唐尧之治，未敢

84. 云前；舜禹之都，何曾比拟。鸶莐之见，斯而已哉。谨对。

【笺证】

[1] 交悬，犹"倒悬"，比喻处境极其困苦。

[2] 耕粗，代指耕作等较重的体力劳动。耕，《龙龛手镜·禾部》："北盟反。"

[3] 蚕绵，代指纺织等较轻的体力劳动。

【录文】

85. 问帝王感瑞不同

86. 问：圣王御世，皆受天符；众后临朝，承膺乾命。至于効灵

87. 降礼，理有不同。或白狼衔钩[1]，或玄龟负字[2]，或丹凤巢阁[3]，或

88. 赤雀集郫[4]。行有何殊，而能异感。

89. 某对：某闻洛龟负字之征，河龙衔图之瑞[5]。火禽[6]巢于

90. 阿阁，仁兽[7]集于丘园。荣光耀彩之奇，休气浮空之瑞。鱼人

91. 白面之美[8]，龙马赤文之征[9]。玄鸟化玉之形[10]，赤雀衔书之异。逐

92. 帝王而出没，膺哲后而时来。故人非常人，瑞非常瑞。或诧生

93. 右胁[11]，或顶上受胎[12]。或感电光而有身[13]，或吞鷾卵而怀孕[14]。虽

94. 曰握图不二而禀有异端，乃受箓是同而随因有各。至如乾

95. 象无改，阴阳之气乃差；帝号不殊，而剾（刚）景之行斯别。或恩

96. 沾草木，则玄芝与秬秠连藜；或惠及山林，则瑠璃与白玉俱

97. 至；或泽临毛羽，则麒麟与鸾凤并臻。岂直殷帝白狼、周王

98. 赤雀而已。谨对。

【笺证】

[1] 白狼衔钩，传说为商汤兴起的祥瑞。《竹书纪年》："有神牵白狼衔钩而入商朝。"王充《论衡·恢国》："汤起，白狼衔钩。"

[2] 玄龟负字，传说为禹的祥瑞。《史记·宋微子世家》"天乃锡禹鸿范九等"裴骃《集解》引孔安国曰："天与禹，洛出书也。神龟负文而出，列于背，有数至于九，禹遂因而第之，以成九类。"

[3] 丹凤巢阁，传说为黄帝的祥瑞。《太平御览》卷九一五引

《帝王世纪》："黄帝服斋于中宫，坐于玄扈洛上，乃有大鸟，鸡头燕喙，蛇颈龙形，麟翼鱼尾，其状如鹤，体备五色，三文成字，首文曰顺德，背文曰信义，膺文曰仁智，不食生虫，不履生草，或止帝之东园，或巢阿阁。其饮食也，必自歌舞，音如箫笙。"《文选》卷二九《古诗十九首》："西北有高楼，上与浮云齐。交疏结绮牖，阿阁三重阶。"李善注引《尚书中候》："昔黄帝轩辕，凤皇巢阿阁。"

[4]赤雀集酆，传说为周兴起的祥瑞。《太平御览》卷二四引《尚书中候》："周文王为西伯，季秋之月甲子，赤雀衔丹书入丰鄗，止于昌户。乃拜，稽首受取。曰：'姬昌，苍帝子；亡殷者，纣也。'"魏曹植《赤雀赞》："西伯积德，天命攸顾，赤雀衔书，爰集昌户。"

[5]《周易·系辞上》"河出图"孔颖达《疏》引《春秋纬》："河以通乾出天苞，洛以流坤吐地符。河龙图发，洛龟书感。"《尚书·顾命》："大玉、夷玉、天球、河图，在东序。"孔安国传："伏牺王天下，龙马出河，遂则其文以画八卦，谓之'河图'。"

[6]火禽，即丹凤。

[7]仁兽，即麒麟。《公羊传·哀公十四年》："麟者，仁兽也。有王者则至。"

[8]鱼人白面，传说为禹的祥瑞。《宋书·符瑞志》："禹观于河，有长人白面鱼身，出曰：'吾河精也。'呼禹曰：'文命治淫。'言讫，授禹河图，言治水之事，乃退入于渊。"

[9]龙马赤文，传说为尧的祥瑞。《艺文类聚》卷十一引《尚书中候》："帝尧即政，荣光出河，休气四塞，龙马衔甲，赤文绿色。"

[10]玄鸟化玉，传说为商汤的祥瑞。《宋书·符瑞志》："汤乃东至于洛，观帝尧之坛，沈璧退立，黄鱼双踊，黑鸟随鱼止于坛，化为

黑玉。"

［11］托生右胁，指陆终事。《史记·楚世家》："陆终生子六人，坼剖而产焉。"《太平御览》卷三七一引《世本》："陆终娶于鬼方氏之妹，谓之女嬇，生子六人。孕而不育，三年，启其左胁，三人出焉，启其右胁，三人出焉。"

［12］顶上受胎：未详，待考。

［13］感电光而有身，指黄帝事。《宋书·符瑞志》："黄帝轩辕氏，母曰附宝，见大电光绕北斗枢星，照郊野，感而孕。二十五月而生黄帝于寿丘。"

［14］吞鷾卵而怀孕，指契事。《诗经·商颂·玄鸟》："天命玄鸟，降而生商。"《史记·殷本纪》："殷契，母曰简狄，有娀氏之女，为帝喾次妃。三人行浴，见玄鸟堕其卵，简狄取吞之，因孕生契。"《宋书·符瑞志》："高辛氏之世妃曰简狄，以春分玄鸟至之日，从帝祀郊禖，与其妹浴于玄丘之水。有玄鸟衔卵而坠之，五色甚好，二人竞取，覆以玉筐。简狄先得而吞之，遂孕。胸剖而生契。"玄鸟，即燕。

【录文】

99. 问武勇猛人

100. 问：夫人受质，禀有不同。往古以来，谁称勇健。劋（刚）毅武猛，斯

101. 乃何人。宜陈所能，以怯（袪）未悟（悟）[1]。

102. 某对：某闻共氏触山[2]，倾天陷地；殷王大力[3]，索鑯（铁）[4]申（伸）钩[5]。乌获戴

103. 鼎之奇[6]，石蕃负沙之异[7]，孟君抚柜之勇[8]，许

生怒目之威[9]，吴汉

104. 敌国之名[10]，张飞万人之誉[11]。或发愤而壮发冲冠，或嗔眸而电

105. 光出眼，或叱咤而烟霞舒卷，或震吼而河海奔流。斯并皷（鼓）气风

106. 驰[12]，收唇雾敛，轰轰磕磕[13]，岂纸笔之能陈者也。谨对。

【笺证】

[1] 怯，借作"祛"，意为去除。悮，"悟"借字。

[2] 共氏，指共工。《淮南子·天文训》："昔者共工与颛顼争为帝，怒而触不周之山，天柱折，地维绝。天倾西北，故日月星辰移焉；地不满东南，故水潦尘埃归焉。"

[3] 殷王，指纣。《史记·殷本纪》："帝纣资辨捷疾，闻见甚敏；材力过人，手格猛兽。"《正义》引《帝王世纪》："纣倒曳九牛，抚梁易柱。"古籍中未见其他殷王"大力"的记载，也无纣"索铁伸钩"的记载。

[4] 索铁，绞铁成索。极言力大。《淮南子·主术训》："桀之力，制觡伸钩，索铁歃金。"高诱注："索，绞也。"

[5] 伸钩，拉直铜或铁钩，形容膂力强劲。汉王充《论衡·效力》："蜚、育，古之多力者，身能负荷千钧，手能决角伸钩。"

[6] 戴，意为举、捧。《史记·秦本纪》："武王有力好戏，力士任鄙、乌获、孟说皆至大官。王与孟说举鼎，绝膑。""戴鼎"事，《史记》系之孟说，而文中则系之乌获。

[7]《文选·张景阳〈七命八首〉》"于是飞黄奋锐，贲石逞技"

李善注引张华《博物志》："石蕃，卫臣也。背负千二百斗沙。"

[8]孟君，指孟贲，古代勇士。《孟子·公孙丑上》"若是，则夫子过孟贲远矣"孙奭《疏》引《帝王世纪》："秦武王好多力之人，齐孟贲之徒并归焉。孟贲生拔牛角，是谓之勇士也。"抚矩，盖指"生拔牛角"而言。抚，"拗"借字，意为折断。矩，疑为"距"的同源孳乳字。距，本义为雄鸡、雉等腿后突出的角状脚趾。矩，文中指牛角。

[9]许生，指许褚。《三国志·魏书·许褚传》："许褚字仲康，谯国谯人也。长八尺余，腰大十围，容貌雄毅，勇力绝人。……其后太祖与遂、超等单马会语，左右皆不得从，唯将褚。超负其力，阴欲前突太祖，素闻褚勇，疑从骑是褚。乃问太祖曰：'公有虎侯者安在？'太祖顾指褚，褚瞋目盼之。超不敢动，乃各罢。"

[10]《后汉书·吴汉传》："吴汉字子颜，南阳宛人也。……汉性强力，每从征伐，帝未安，恒侧足而立。诸将见战陈不利，或多惶惧，失其常度。汉意气自若，方整厉器械，激扬士吏。帝时遣人观大司马何为，还言方修战攻之具，乃叹曰：'吴公差强人意，隐若一敌国矣！'"

[11]《三国志·蜀书·张飞传》："张飞字益德，涿郡人也，少与关羽俱事先主。……飞雄壮威猛，亚于关羽，魏谋臣程昱等咸称羽、飞万人之敌也。"

[12]鼓气，指吹气、喷气。

[13]轰轰磕磕，象声词，形容声势浩大。

【录文】

107. 进士无大才

108. 问：诸州进士，无复往昔之人。昔则博综群经，该罗

史籍。为

109. 是人无厚德，为是举不得人。二三审察，情所未惧。幸子明

110. 释，以慰虚衿。

111. 某对：某闻春阳一照，篆（绿）竹抱虚节而抽萌；下雨才临，红莲捧

112. 心而出沼。况于人也，宁不驰名者哉。昔乎宁越专经[1]，周威

113. 许为上宰；承宫愿学[2]，汉明用以侍中。窃见近代举人，职不逾

114. 于九品，岂独量才有薄，亦乃班爵无优。谨对。

【笺证】

[1] 宁越，战国时期赵国人。《吕氏春秋·博志》："宁越，中牟之鄙人也，苦耕稼之劳，谓其友曰：'何为而可以免此苦也？'其友曰：'莫如学。学三十岁则可以达矣。'宁越曰：'请以十五岁。人将休，吾将不敢休；人将卧，吾将不敢卧。'十五岁而周威公师之。"

[2]《后汉书·承宫传》："承宫字少子，少孤，年八岁为人牧豕。乡里徐子盛者，以春秋经授诸生数百人，宫过息庐下，乐其业，因就听经，遂请留门下，为诸生拾薪。执苦数年，勤学不倦。经典既明，乃归家教授。……永平中，征诣公车。……十七年，拜侍中祭酒。"

【录文】

115. 括放客户还乡

116. 问：往者民遭寇乱，流散外邦。年月既淹，各成忘

本。今

117. 圣上慈育，重造生民。使无弃愤（坟）陵，旋其本邑，即欲括还

118. 桑梓，于启理云何[1]。冀尔明言，以陈民愿。

119. 某对：某闻疲狐将殒，尚解首丘；黠兔临殂，犹知望坂。况于

120. 人也，宁无眷恋者哉？往以火运告终[2]，豺狼荐食，荆扬人物之

121. 所，翻为麋鹿之邦；槃（榖）洛喧哗之都，俄成战场之地。百姓因

122. 兹离散，苍生为此不安。今蒙舜日照临，尧风远扇。使民

123. 敦旧业，坟陵有重归之期；许放还乡，九族有再亲之义。可

124. 谓马无北思，鸟绝南枝[3]。等微子之归周[4]，同汉高之过沛[5]。桑榆

125. 再造，俗咏来苏[6]，若子卿之入汉朝[7]，燕丹之归本国[8]，舞蹈美

126. 矣，何乐加之者乎。谨对。

【笺证】

［1］"启"字疑衍。

［2］火运告终，指隋朝灭亡。火运，应火德而兴的国运。据五德终始说，隋为火德。《隋书·高祖纪》："俄而周帝以众望有归，乃下诏曰：'……况木行已谢，火运既兴，河、洛出革命之符，星辰表代终之

象。'”宋王谠《唐语林·补遗一》：“唐承隋代火运，故为土德。”

［3］典出《古诗十九首·行行重行行》：“胡马依北风，越鸟巢南枝。”北风、南枝，均喻指故乡、故国。北思，亦即思乡之情。此二句喻百姓得以归还故乡，无复流离失所之感。

［4］微子，名启，殷纣王的庶兄，封于微。《史记·殷本纪》：“纣愈淫乱不止。微子数谏不听，乃与大师、少师谋，遂去。……周武王崩，武庚与管叔、蔡叔作乱，成王命周公诛之，而立微子于宋，以续殷后焉。”周立微子于宋以续殷后，文中用以比拟流民回归故土。

［5］汉高，指汉高祖刘邦，沛人。《史记·高祖本纪》：“十二年，十月，高祖已击布军会甀，布走，令别将追之。高祖还归，过沛，留。置酒沛宫，悉召故人父老子弟纵酒。”

［6］来苏，因其来而于困苦中获得苏息。典出《尚书·仲虺之诰》：“攸徂之民，室室相庆曰：‘徯予后，后来其苏！’”孔传：“汤所往之民皆喜曰：‘待我君来，其可苏息。’”

［7］子卿，苏武的字。苏武出使西域，途中为匈奴截留，心怀故国，坚贞不屈，最终得以回归汉朝。《史记·苏武传》：“留匈奴凡十九岁，始以强壮出，及还，须发尽白。”

［8］燕丹，指战国末年燕太子丹。《史记·燕召公世家》：“二十三年，太子丹质于秦，亡归燕。”

【录文】

127. 问音乐所戏

128. 问：雅乐管弦，其来已久。比虽传习，终无感物之征。如有一能，宜陈所善。

129. 某对：某闻五音六律，上帝嘉猷；雅乐歌诗，先王之令范。至如

130. 蔡邕燋（焦）尾之曲，定钟律于汉朝[1]；师延濮水之音[2]，发哀媱（淫）乎卫

131. 室。雍门[3]在齐之抚（弄）[4]，孟尝有悲嘉之声；高离入秦之弦[5]，秦君

132. 有帐中之叹。子晋调乎笙管[6]，翔凤于是轮回；叔夜抚其清

133. 弦[7]，众鸟于焉鸣舞。岂独长沙敛袖之美，加其三郡之能[8]；亦乃

134. 延年寥亮之音[9]，遂得紫宫之宠。可谓下迷擒（禽）鸟，上惑天

135. 心，犹称无感之征，何期（其）谬也。谨对。

【笺证】

[1]《后汉书·蔡邕传》："吴人有烧桐以爨者，邕闻火烈之声，知其良木，因请而裁为琴，果有美音，而其尾犹焦，故时人名曰'焦尾琴'焉。"《汉书·天文志》"冬至短极，县土炭"颜师古《注》引晋灼曰："蔡邕《历律记》'候钟律，权土炭，冬至阳气应黄钟通，土炭轻而衡仰，夏至阴气应蕤宾通，土炭重而衡低。进退先后，五日之中'。"则蔡邕有《历律记》，故文中称其"定钟律"。

[2]《韩非子·十过》："昔者卫灵公将之晋，至濮水之上，税车而放马，设舍以宿，夜分，而闻鼓新声者而说之，使人问左右，尽报弗闻。……师旷曰：'此师延之所作，与纣为靡靡之乐也，及武王伐纣，师延东走，至于濮水而自投，故闻此声者必于濮水之上。先闻此声者

其国必削，不可遂。'"

[3]雍门，指雍门子周。刘向《说苑·善说》："雍门子周以琴见孟尝君。孟尝君曰：'先生鼓琴亦能令文悲乎？'雍门子周曰：'臣何独能令足下悲哉……然臣之所为足下悲者一事也。夫声敌帝而困秦者君也，连五国之约南面而伐楚者又君也。天下未尝无事，不从则横。从成则楚王，横成则秦帝，楚王秦帝，必报雠于薛矣。夫以秦楚之强而报雠于弱薛，譬之犹摩萧斧而伐朝菌也，必不留行矣。天下有识之士无不为足下寒心酸鼻者，千秋万岁之后，庙堂必不血食矣！'孟尝君闻之悲泪盈眶。子周于是引琴而鼓，孟尝君增悲流涕曰：'先生之鼓琴，令文立若破国亡邑之人也。'"

[4]抙，"弄"俗字。"弄"异体字"挵"，俗写作"抙"。"卡"俗写作"卡"，"抙"即"挵"俗写字形。弄，文中意为"鼓琴"。

[5]高离，指高渐离。《史记·刺客列传》："其明年，秦并天下，立号为皇帝。于是秦逐太子丹、荆轲之客，皆亡。高渐离变名姓为人庸保……宋子传客之，闻于秦始皇。秦始皇召见，人有识者，乃曰：'高渐离也。'秦皇帝惜其善击筑，重赦之，乃矐其目。使击筑，未尝不称善。稍益近之，高渐离乃以铅置筑中，复进得近，举筑朴秦皇帝，不中。于是遂诛高渐离，终身不复近诸侯之人。"

[6]刘向《列仙传·王子乔》："王子乔者，周灵王太子晋也。好吹笙作凤凰鸣。游伊洛间，道士浮丘公接上嵩高山。三十余年后，求之于山上，见柏良曰：'告我家：七月七日待我于缑氏山巅。'至时，果乘鹤驻山头，望之不可到。举手谢时人，数日而去。"

[7]叔夜，指嵇康。《晋书·嵇康传》："嵇康字叔夜，谯国铚人也。……常修养性服食之事，弹琴咏诗，自足于怀。……康将刑东市，

太学生三千人请以为师，弗许。康顾视日影，索琴弹之，曰：'昔袁孝尼尝从吾学《广陵散》，吾每靳固之，《广陵散》于今绝矣！'"'"众鸟鸣舞"事未详所出。

［8］长沙，指西汉长沙定王刘发。《史记·五宗世家》："长沙定王发，发之母唐姬，故程姬侍者。……以孝景前二年用皇子为长沙王。以其母微，无宠，故王卑湿贫国。"裴骃《集解》引应劭："景帝后二年，诸王来朝，有诏更前称寿歌舞。定王但张袖小举手。左右笑其拙，上怪问之，对曰：'臣国小地狭，不足回旋。'帝以武陵、零陵、桂阳属焉。"加其三郡，即指此事而言。

［9］延年，指李延年。《汉书·李延年传》："李延年，中山人，身及父母兄弟皆故倡也。延年坐法腐刑，给事狗监中。女弟得幸于上，号李夫人，列外戚传。延年善歌，为新变声。是时上方兴天地诸祠，欲造乐，令司马相如等作诗颂。延年辄承意弦歌所造诗，为之新声曲。而李夫人产昌邑王，延年繇是贵为协律都尉，佩二千石印绶，而与上卧起，其爱幸埒韩嫣。久之，延年弟季与中人乱，出入骄恣。"

【录文】

136. 三代官名多少

137. 问：三代迄兹，官名繁省。更何损益，理合时宜。迟尔嘉言[1]，

138. 莫为游说[2]。

139. 某对：某闻舜帝握图，官才五十；汤王御历，员止百人。周日

140. 立于三公之官[3]，秦兴郡县之职[4]，汉加特进之号[5]，

魏起尚书之

141. 名[6]。故知繁省不同，随帝王而变革；官名改转，逐时政而删治。

142. 夫国大而员多，国微而位少。某以搜求千古，各有异端；商度百王[7]，

143. 非无折衷。况我皇功格上皇之上，光逾丽日之光，同火帝而

144. 临民，等云师而施职。麟为畜养，凤作鸡鹅。黄河累岁而

145. 清[8]，朱草连年而茂[9]。众祥杂沓，万瑞莘（骈）罗[10]。官参周汉之官，职选

146. 魏秦之职。故宰牧思简，令汉仆清廉[11]。燮理阴阳，忧心百

147. 姓。牢笼汉魏，苞括殷周。繁省之事唯宜，损益之科备矣。谨对。

【笺证】

［1］迟，意为待、等待。《荀子·修身》："故学曰迟，彼止而待我，我行而就之。"杨倞注："迟，待也。"

［2］游说，犹"游谈"，指言谈浮夸不实。

［3］三公，周以太师、太傅、太保为三公。《尚书·周官》："立太师、太傅、太保，兹惟三公，论道经邦，燮理阴阳。"

［4］郡县，秦始皇统一中国，分国内为三十六郡。郡县之名始自战国，而郡县制则始自秦。《史记·秦始皇本纪》："今陛下兴义兵，诛残贼，平定天下，海内为郡县。"

　［5］特进始设于西汉末，授予列侯中有特殊地位的人，位在三公之下。东汉至南北朝为加官，无实职。

　［6］尚书始置于战国时。秦为少府属官。汉武帝时，因尚书在皇帝左右办事，掌管文书奏章，地位逐渐重要。汉成帝时设尚书五人，开始分曹办事。东汉时正式成为协助皇帝处理政务的官员。魏晋以后，尚书执掌日益繁重。隋唐确立三省制，尚书省即其中之一，分吏、户、礼、兵、刑、工六部，职权益重。

　［7］商度，意为考察、参照。百王，指历代帝王，文中指历代官制。

　［8］黄河水浊，难有清时，古以"河清"为升平祥瑞的象征，又以之形容国内安定、天下太平。

　［9］朱草，红色的草，古人视为祥端。《鹖冠子·度万》："膏露降，白丹发，醴泉出，朱草生，众祥具。"唐独孤及《贺栎阳县醴泉表》："彼丹井、朱草、白麟、赤雁，徒称太平之瑞，未闻功施于人。"

　［10］莽，通"骈"。骈罗，骈比罗列。

　［11］"汉"字疑衍。

【录文】

　148. 审官授爵

　149. 问：或卑门而德茂，或隆荫而人凡。爵赏上古称难，选人方今不

　150. 易。若为品藻，使得其人。

　151. 某对：某闻织锦成文，良资五色。圣皇御寓（宇），理藉贤明。夫色

152. 恶而锦昏，臣愚而主暗。必须授受无滥，爵赏以人。便能匡赞

153. 皇规，彝伦帝道。昔齐桓管仲，高宗傅说[1]，方之舟职，寔曰盐

154. 梅[2]；蜀葛孔明[3]，楚昭奚恤[4]，可称梁栋，得号股肱。斯乃英灵降

155. 世之臣，俊哲匡时之宰。必须人才称职，前审后行，不可虚

156. 望高门，隆官旧荫。至如伊尹媵臣[5]，终堪辅国；宁戚扣角[6]，遂

157. 捻朝端。岂曰高门？非高门也。然相龙驹于酒肆，采英俊于山

158. 林。得龙马者可以汗血追风[7]，得贤臣者可以兴邦定国。必须

159. 详审，量得其人，爵不惭人，人无愧爵，斯乃皇猷允畅[8]，

160. 其在兹乎。谨对。

【笺证】

[1] 高宗，指殷高宗武丁。《史记·殷本纪》："武丁夜梦得圣人，名曰说。以梦所见视群臣百吏，皆非也。于是乃使百工营求之野，得说于傅险中。是时说为胥靡，筑于傅险。见于武丁，武丁曰是也。得而与之语，果圣人，举以为相，殷国大治。故遂以傅险姓之，号曰傅说。"

[2] 盐梅，盐味咸，梅味酸，均为调味所需，喻指治理国家所需的贤才。《尚书·说命》："若作和羹，尔惟盐梅。"孔传："盐咸梅醋，

羹须咸醋以和之。"

［3］葛孔明，指诸葛亮。为求对仗，简省首字。

［4］昭奚恤，战国时楚国令尹，楚宣王中、后期秉国政。

［5］伊尹，商汤大臣，名伊，一名挚。本为汤妻陪嫁奴隶，后助汤伐夏桀，尊为阿衡。

［6］宁戚，春秋时期卫国人，齐大夫。《史记·邹阳传》"宁戚饭牛车下，而桓公任之以国"裴骃《集解》引应劭："齐桓公夜出迎客，而宁戚疾击其牛角商歌曰：'南山矸，白石烂，生不遭尧与舜禅。短布单衣适至骭，从昏饭牛薄夜半，长夜曼曼何时旦？'公召与语，说之，以为大夫。"

［7］汗血，古代西域骏马名。《汉书·武帝纪》："四年春，贰师将军广利斩大宛王首，获汗血马来。"颜师古注引应劭曰："大宛旧有天马种，蹋石汗血，汗从前肩膊出，如血。号一日千里。"追风，骏马名。北魏杨衒之《洛阳伽蓝记·法云寺》："琛在秦州，多无政绩，遣使向西域求名马，远至波斯国，得千里马，号曰'追风赤骥'。"汗血追风，文中指骏马奔驰之速。

［8］"斯乃""皇猷"之间，原卷空二字格。

【录文】

161. 隐居不仕为是无才为不遇时

162. 问：夫隐逸栖岩，自称高尚，为是无才可仕，为是仕不遇时，

163. 为是性爱林泉，为是不贪荣显。岂有钦（亲）耒（耒）稻（耜），弃簪缨，贵荒

164. 芜,贱华奢,捐玉食,就糟糠。理有惑焉,伫闻嘉说。

165. 某对:某闻微莕小草,顺四序而敷荣[1];裹识黔黎,逐昔因而

166. 受报。所以龙兴云举,虎啸风生。故知植业不同,行有求殊者

167. 也。昔庄周被召,乃起牺牛之悲[2];任永得征,遂托青盲之疾[3]。

168. 高凤被汉明之五召[4],不变松筠;王犊(歜)降齐宣之五临[5],无亏本操。

169. 于是许由闻乎帝位,遂洗耳于箕川[6];务光得以上公,乃投河而

170. 自殒[7]。并传芳猷于曩代,称美誉于当今。岂有才不升朝,窜

171. 身岩谷者也。谨对。

【笺证】

[1] 四序,指春、夏、秋、冬四季。敷荣,开花。

[2]《史记·庄周传》:"楚威王闻庄周贤,使使厚币迎之,许以为相。庄周笑谓楚使者曰:'千金,重利;卿相,尊位也。子独不见郊祭之牺牛乎?养食之数岁,衣以文绣,以入大庙。当是之时,虽欲为孤豚,岂可得乎?子亟去,无污我。我宁游戏污渎之中自快,无为有国者所羁,终身不仕,以快吾志焉。'"

[3]《后汉书·李业传》:"是时犍为任永及业同郡冯信,并好学博古。公孙述连征命,待以高位,皆托青盲以避世难。永妻淫于前,匿情无言;见子入井,忍而不救。信侍婢亦对信奸通。及闻述诛,皆

盥洗更视曰：'世适平，目即清。'"

［4］《后汉书·高凤传》："高凤字文通，南阳叶人也。……凤年老，执志不倦，名声著闻。太守连召请，恐不得免，自言本巫家，不应为吏，又诈与寡嫂讼田，遂不仕。建初中，将作大匠任隗举凤直言，到公车，托病逃归。推其财产，悉与孤兄子。隐身渔钓，终于家。"

［5］鵕，通"歜"。《汉书·古今人表》有"王歜"，又有"颜歜"。钱穆《先秦诸子系年·田骈考（附：彭蒙、王鵕）》考证其为同一人。《战国策·齐策四》："齐宣王见颜歜……颜歜辞去曰：'夫玉生于山，制则破焉，非弗宝贵矣，然大璞不完。士生乎鄙野，推选则禄焉，非不得尊遂也，然而形神不全。歜愿得归，晚食以当肉，安步以当车，无罪以当贵，清静贞正以自虞。制言者王也，尽忠直言者歜也。言要道已备矣，愿得赐归，安行而反臣之邑屋。'则再拜而辞去也。歜知足矣，归反于朴，则终身不辱也。"

［6］《史记·伯夷列传》"尧让天下于许由"张守节《正义》引皇甫谧《高士传》："许由，字武仲。尧闻致天下而让焉，乃退而遁于中岳颍水之阳，箕山之下隐。尧又召为九州长，由不欲闻之，洗耳于颍水滨。"

［7］《庄子·让王》："汤将伐桀，……汤又让务光曰：'知者谋之，武者遂之，仁者居之，古之道也。吾子胡不立乎？'务光辞曰：'废上，非义也；杀民，非仁也；人犯其难，我享其利，非廉也。吾闻之曰：非其义者，不受其禄；无道之世，不践其土。况尊我乎！吾不忍久见也。'乃负石而自沈于庐水。"

【录文】

172. 问俊乂聪辩

173. 问：古来俊乂聪哲异人，为是握锥[1]挂发之勤[2]，为是天然爽迈，

174. 为是博通经史，为复辩出心神。子既詑闻[3]，宜陈往德。

175. 某对：某闻六度所摄[4]，随报分而不同[5]；植业异端[6]，逐种子而差别[7]。

176. 禀五常之气[8]，皆以因其所因；受四大之躯[9]，并以果其前果。故知

177. 明暗不等，愚智悬殊者也。至如甘罗十二，处丞相之尊[10]；张强

178. 此年，任侍中之重[11]。昔士季九岁，明于五经[12]；仲宣十二，通经善史[13]。葛

179. 元逊之神辩[14]，吴国见而衔唇；秦子垫（勒）之讴讥[15]，蜀朝闻而结舌。至

180. 如崔琰九岁，杠（工）对越于汉朝[16]；杨氏此年，詶（酬）荅（答）惊乎晋日[17]。何必悬

181. 头刺股，遂著金箱；亦乃辩出无端，传兹玉箧。谨对。

【笺证】

［1］握锥，指苏秦事。《战国策·秦策一》："（苏秦）乃夜发书，陈箧数十，得《太公阴符》之谋。伏而诵之，简练以为揣摩。读书欲睡，引锥自刺其股，血流至足。……期年，揣摩成。"

［2］挂发，指孙敬事。《太平御览》卷三六三引《汉书》："孙敬字文宝，好学，晨夕不休。及至眠睡疲寝，以绳系头，悬屋梁。后为当世大儒。"

［3］詑闻，犹"博闻"。

［4］六度，佛教用语，指由生死之此岸度到涅槃之彼岸的六种法门：布施、持戒、忍辱、精进、精虑（禅定）、般若（智慧）。

［5］报分，佛教谓身口意之善恶业因所感之苦乐果报差别。

［6］植业，佛教指造作善恶等业。异端，不同。

［7］种子，佛教用语。以种子能生长相应的草木，比喻阿赖耶识中有产生各种现象之精神因素。

［8］五常，谓金、木、水、火、土五行。《云笈七籤》卷三五："夫禀五常之气，有静有燥。"

［9］四大，佛教以地、水、火、风为四大。认为四者分别包含坚、湿、暖、动四种性能，人身即由此构成，因亦用作人身的代称。

［10］《史记·甘罗传》："甘罗者，甘茂孙也。茂既死后，甘罗年十二，事秦相文信侯吕不韦。……始皇召见，使甘罗于赵。……甘罗还报秦，乃封甘罗以为上卿，复以始甘茂田宅赐之。"

［11］张强，指张良之子张辟强。《太平御览》卷二一九引《汉书》："张良子辟强，年十五为侍中。"文中"此年"承上文，当指十二岁，与《太平御览》所引《汉书》条略有差异。

［12］士季，指钟会。《三国志·魏书·钟会传》："钟会字士季，颍川长社人，太傅繇小子也。少敏惠夙成。中护军蒋济著论，谓'观其眸子，足以知人'，会年五岁，繇遣见济，济甚异之，曰：'非常人也。'及壮，有才数技艺而博学，精练名理，以夜续昼，由是获声誉。"同传裴松之注："会时遭所生母丧。其母传曰：'夫人性矜严，明于教训，会虽童稚，勤见规海。年四岁授《孝经》，七岁诵《论语》，八岁诵《诗》，十岁诵《尚书》，十一诵《易》，十二诵《春秋左氏传》《国语》，十三诵《周礼》《礼记》，十四诵《成侯易记》，十五使入太学问

四方奇文异训。'"

[13]仲宣，当指王粲。《三国志·魏书·王粲传》："王粲字仲宣，山阳高平人也。……献帝西迁，粲徙长安，左中郎将蔡邕见而奇之。时邕才学显著，贵重朝廷，常车骑填巷，宾客盈坐。闻粲在门，倒屣迎之。粲至，年既幼弱，容状短小，一坐尽惊。邕曰：'此王公孙也，有异才，吾不如也。吾家书籍文章，尽当与之。'年十七，司徒辟，诏除黄门侍郎。""通经善史"，未详所出。

[14]葛元逊，指诸葛恪。《三国志·吴书·诸葛恪传》："诸葛恪字元逊，瑾长子也。少知名。……恪父瑾面长似驴，孙权大会群臣，使人牵一驴入，长检其面，题曰诸葛子瑜。恪跪曰：'乞请笔益两字。'因听与笔。恪续其下曰'之驴。'举坐欢笑，乃以驴赐恪。……恪之才捷，皆此类也。"

[15]秦子勑，指秦宓。《三国志·蜀书·秦宓传》："秦宓字子勑，广汉绵竹人也。少有才学。……吴遣使张温来聘……温问曰：'君学乎？'宓曰：'五尺童子皆学，何必小人！'温复问曰：'天有头乎？'宓曰：'有之。'温曰：'在何方也？'宓曰：'在西方。诗曰：乃眷西顾。以此推之，头在西方。'温曰：'天有耳乎？'宓曰：'天处高而听卑，诗云：鹤鸣于九皋，声闻于天。若其无耳，何以听之？'温曰：'天有足乎？'宓曰：'有。诗云：天步艰难，之子不犹。若其无足，何以步之？'温曰：'天有姓乎？'宓曰：'有。'温曰：'何姓？'宓曰：'姓刘。'温曰：'何以知之？'答曰：'天子姓刘，故以此知之。'温曰：'日生于东乎？'宓曰：'虽生于东而没于西。'答问如响，应声而出，于是温大敬服。宓之文辩，皆此类也。"

[16]《三国志·魏书·崔琰传》："崔琰字季珪，清河东武城人也。

少朴讷，好击剑，尚武事。""工对"事未详所出。

[17]《太平御览》卷三八五引《郭子》："梁国杨氏子，年九岁，甚聪慧。孔君平诣其父，父不在，乃呼儿为设果。有杨梅，孔指以示儿：'此实君家果。'儿应声答曰：'未闻孔雀是夫子家禽。'"

【录文】

182. 僧尼犯法

183. 问：仏（佛）道二众，尚在研精。数息清虚[1]，思禅靖（静）默。比见出家之士，流宕

184. 俗尘，或犯奸非，或耽酒宋（肉），或竟财贿，或畜妻房。若为惩断，

185. 使能清肃。

186. 某对：某闻玄黄畜作，则教戒于是欝兴；二门启涂，训导之方著

187. 矣。然则阎浮五欲，尚在色声，道乃学似牛毛，成如麟角。且人之

188. 异也，所好不同，譬若箕星焰而风生，毕星兴而雨起[2]。或思禅而

189. 乐道，或嗜酒而贪媱（淫）。宜加勒三纲[3]，严持馆主[4]。若有清齐（斋）洁素，

190. 远色离声，不杂俗尘，无干世务，即遣随其行业，录上申台[5]，嘉

191. 其清善之功，重彼勤诚之志，可以在所官物资给衣粮，使香烛

192. 无亏，幡灯具足。以四弘之力[6]，熏被国王；行六度之功，庄严率土[7]。

193. 若有老弱之辈，通其酒药之方，如其碌碌之徒，虽无精行灼

194. 然，宜令自守。若犯奸资酒宾（肉），不惮宪章，公行秽杂之流，仰令

195. 通上，并依俗律，尽住推绳，使影正影端，源清流洁，智灯重

196. 显，惠日加晖。法鼓铿锵，法云靉靆（叆叇），人知回向，俗禀菩提，伫见

197. 精诚，何忧尘点。谨对。

【笺证】

[1]数息，静修方法之一，数鼻息出入，以达恬静专一之境。

[2]箕、毕为星宿名，均为二十八宿之一。箕星主风，毕星主雨。《文选·张协〈杂诗〉》："虽无箕毕期，肤寸自成霖。"张铣注："箕星主风，毕星主雨。期，会也，月与箕会则风，毕会则雨。"

[3]佛寺有上座、维那、典座，称三纲，均为寺内主要职司。

[4]馆主，指佛道寺观的头领。

[5]台，指御史台。

[6]四弘，佛教用语，谓习大乘求菩萨果者所立之四大愿：一、众生无边誓愿度，二、烦恼无尽誓愿断，三、法门无尽誓愿学，四、佛道无上誓愿成。

[7]庄严，佛家称以福德等净化身心。率土，境域之内。文中指境内的人民。

【录文】

198. 断贪浊

199. 问：夫以官人在任，贪浊者多，躬自治民，亲行大罪，若为惩断，

200. 使清得廉。

201. 某对：某闻设官分职，尚在得人，用非其才，则妨贤蠹政。巨

202. 川可满，厄漏难盈。渴马无让水之心，饿彪焉守宾（肉）之志。求牛

203. 觅马，宁可得乎；逆坂走丸，未之闻也。夫欲停断，理在钤（铨）衡。

204. 至如京师白劫之时[1]，元修吏部之日[2]，惧四知之士无可胜阶[3]，畏三或（惑）

205. 之贤将何进禄[4]，自我皇涤浇风而布有道，荡贪秽而举贤才。

206. 岂假胡质贞廉[5]，名彰晋室；羊（卓）茂清谨[6]，誉重汉朝。邦除李盛

207. 之谣[7]，国无袁毁（毅）之说叹[8]，自然清肃，绝彼贪婪者哉。谨对。

【笺证】

[1] 白劫，白昼抢劫，公开掠夺。

[2] 元修，指北魏元修义。《魏书·汝阴王天赐传》："天赐第五子修义，字寿安……累迁吏部尚书。及在铨衡，唯专货贿，授官大小，皆有定价。时中散大夫高居者，有旨先叙，时上党郡缺，居遂求之。

修义私已许人，抑居不与。居大言不逊，修义命左右牵曳之。居对大众呼天唱贼。人问居曰：'白日公庭，安得有贼？'居指修义曰：'此座上者，违天子明诏，物多者得官，京师白劫，此非大贼乎？'修义失色。"

［3］《后汉书·杨震列传》："杨震字伯起，弘农华阴人也。……大将军邓骘闻其贤而辟之，举茂才，四迁荆州刺史、东莱太守。当之郡，道经昌邑，故所举荆州茂才王密为昌邑令，谒见，至夜怀金十斤以遗震。震曰：'故人知君，君不知故人，何也？'密曰：'暮夜无知者。'震曰：'天知，神知，我知，子知。何谓无知！'密愧而出。"

［4］《后汉书·杨震列传》附其子杨秉传："震中子秉。……秉性不饮酒，又早丧夫人，遂不复娶，所在以淳白称。尝从容言曰：'我有三不惑：酒、色、财也。'"

［5］《三国志·魏书·胡质传》："胡质字文德，楚国寿春人也。……性沉实内察，不以其节检物，所在见思。嘉平二年薨，家无余财，惟有赐衣书箧而已。"《晋书·胡威传》："父质，以忠清著称。"

［6］《后汉书·卓茂传》："卓茂字子康，南阳宛人也。……后以儒术举为侍郎，给事黄门，迁密令。劳心谆谆，视人如子，举善而教，口无恶言，吏人亲爱而不忍欺之。……时光武初即位，先访求茂，茂诣河阳谒见。乃下诏曰：'前密令卓茂，束身自修，执节淳固，诚能为人所不能为。……'"

［7］《太平御览》卷四九二引《华阳国志》："李盛为太守，贪财重赋，国人詈之曰：'卢鹊何喧喧，有吏来在门。披衣出门应，府县欲得钱。语穷乞请期，吏怒反见尤。'"

［8］豛，"毅"讹字。袁毅，晋人，曾任鬲令，大肆行贿，后事败。

《晋书·山涛传》："初，陈郡袁毅尝为鬲令，贪浊而赂遗公卿。""说叹"事未详。

【录文】

208. 书籍帐[1]

209. 问：籍帐之体，贯编户丁，三年一书，恐繁文笔，若为折衷，以利君民。

210. 某对：某闻六书著矣，坟藉于是郁兴；八躰（体）斯陈[2]，史传于焉

211. 焕烂。所以贯编丁户，帐录军民。品其贫富之差，明其少老之

212. 异。斯乃陈其乡里，显以名年。恐其增减之愿（僭），防其除附之失[3]。

213. 或将生而代死，或取富而为贫，或卅而次男[4]，或六十而求养[5]。改

214. 张漏妄，奸多[6]。若非宰牧勤心，令长加意。精研蔺（简）皀（节）[7]，严

215. 勒薄书。岂不止彼奸非，防其狡猾。故三年一藉，上哲嘉谋；

216. 每年手实[8]，先王上策。繁之尚称疏漏，省之除削转滋。愚见

217. 管闻，宜依旧定。谨对。

【笺证】

[1] 籍帐，指登记户口、田地、赋税等内容的簿册。

［2］八体，与"六书"对举，当指书体。汉许慎《说文解字·叙》："自尔秦书有八体：一曰大篆，二曰小篆，三曰刻符，四曰虫书，五曰摹印，六曰署书，七曰殳书，八曰隶书。"

［3］除附，删除与增加。

［4］次男，似即指"中男"，指未成丁的男子。《新唐书·食货志一》："唐制：……凡民始生为黄，四岁为小，十六为中，二十一为丁，六十为老。"赋役均以丁任之，民年三十仍然冒充中男，目的在于逃避赋役。

［5］求养，似指官府"给侍丁"。侍丁，留侍父母的丁男。《旧唐书·职官志·户部尚书》："凡庶人年八十及笃疾，给侍丁一人；九十，给二人；百岁，三人。"唐代多次颁布侍丁孝者"免差科""免徭役"的法令。

［6］本句原卷空二字格。

［7］萠，"简"借字；皂，"节"借字。简节，犹简札，与"簿书"对文，指簿籍。

［8］手实，唐代民户户口和土地的实况记录。《新唐书·食货志一》："凡里有手实，岁终具民之年与地之阔狭为乡帐。乡成于县，县成于州，州成于户部。"

【录文】

218. 菌菀（苑）

219. 问：古者置园，其来久[1]。如有奇名异处，子可详焉。

220. 某对：某闻灵昆已茂，汉灵帝造灵昆菀（苑），太尉杨赐上书以菀（苑）劳民力。杨赐上书[2]；五菀（苑）豊（丰）

221. 成，应侯致请[3] 秦时天饥，应侯请发五菀给民。○王曰：赏有功，无功俱赏也。申明以之供孝，

申明孝
养，种菓

222. 供侍二亲。楚王闻之，召为左司马。王焕藉此养身。河内人，常债雍园，不交世利。菀园饶邯郸之

223. 宾[4]，二世菀园，覆水离合[5]，昭（晚）春旱（早），夏[6]，邯郸襄园丽人遊往斗鸡走菀之也。上林多骑射之士[7]。

汉上林菀（苑）广
三百，置令、丞、左

224. 右尉，养百兽无数。至秋冬射獵，容万骑千乘之。岂直素奈（柰）朱李，独献梁王；梁孝王东菀（苑）三百里[8]，菆足李捺（柰）。

225. 亦乃丹橘红桃，便供晋后。晋修（洛）阳宫有圃园、灵芝园、石榴园[9]，足桃橘之也。谨对。

【笺证】

［1］原卷此句"来""久"之间空缺一字。

［2］《后汉书·杨震列传》附其孙杨赐传："赐字伯献。……帝欲造毕圭、灵琨苑，赐复上疏谏曰：'窃闻使者并出，规度城南人田，欲以为苑。昔先王造囿，裁足以修三驱之礼，薪莱刍牧，皆悉往焉。先帝之制，左开鸿池，右作上林，不奢不约，以合礼中。今猥规郊城之地，以为苑囿，坏沃衍，废田园，驱居人，畜禽兽，殆非所谓"若保赤子"之义。今城外之苑已有五六，可以逞情意，顺四节也。宜惟夏禹卑宫、太宗露台之意，以尉下民之劳。'"

［3］应侯，指范雎。《韩非子·外储说右下》："秦大饥，应侯请曰：'五苑之草著、蔬菜、橡果、枣栗，足以活民，请发之。'昭襄王曰：'吾秦法，使民有功而受赏，有罪而受诛。今发五苑之蔬草者，使民有功与无功俱赏也。夫使民有功与无功俱赏者，此乱之道也。夫发五苑而乱，不如弃枣蔬而治。'"

［4］《古文苑·枚乘〈梁王菀园赋〉》："于是晚春早夏，邯郸、襄国、易涿容丽人及燕汾之游子，相予杂还而往焉。"今按：菀园即梁孝王东

苑之别称。下文提到"梁孝王东苑",本句注文将菟园系之秦二世,盖作者误将菟园与东苑误分为二,又张冠李戴为秦二世之园囿。

[5]《史记·梁孝王世家》:"于是孝王筑东苑,方三百余里,广睢阳城七十里。大治宫室,为复道,自宫连属于平台三十余里。""覆水离合"即指此而言。

[6]昭春旱夏,据前引枚乘《梁王菟园赋》,当为"晚春早夏"之讹。

[7]上林,古宫苑,故址在今陕西西安西及周至、户县界。秦旧苑,汉初荒废,汉武帝时扩建。《三辅黄图·苑囿》:"汉上林苑,即秦之旧苑也。《汉书》云:'武帝建元三年,开上林苑,东南至蓝田宜春、鼎湖、御宿、昆吾,旁南山而西,至长杨、五柞,北绕黄山,濒渭水而东,周袤三百果。'离宫七十所,皆容千乘万骑。"

[8]《史记·梁孝王世家》:"孝王,窦太后少子也,爱之,赏赐不可胜道。于是孝王筑东苑,方三百余里。"张守节《正义》引《括地志》:"兔园在宋州宋城县东南十里。葛洪《西京杂记》云:'梁孝王苑中有落猿岩、栖龙岫、雁池、鹤洲、凫岛。诸宫观相连,奇果佳树,瑰禽异兽,靡不毕备。'俗人言梁孝王竹园也。"

[9]《艺文类聚》卷六十五引《晋宫阙名》:"洛阳宫有琼圃园、灵芝园、石祠园。"

【录文】

226. 山石　天地无言,资四时而成岁;圣人端拱,仰百辟以和平[1]

227. 问:峻岭崚(崚)曾(嶒),非人所置;高岩崅叠,岂

日人功。既逐天地而

228. 栽成，与造化而同久。因何名号，谁所居焉。子乃练古知今，宜陈委实。

229. 某对：某闻华山之上，仍生千叶之莲[2]；出吴《华山记》。九极岩中[3]，还

230. 起九峰之势。出《皇览·冢[墓]记》。此乃因华立号，逐数兴名。昔夷齐

231. 首阳之阿[4]，巢许箕山之曲[5]。七贤逸乎晋岭[6]，四皓潜于华

232. 山[7]。四皓出《三秦记》。禹游覆釜之岗[8]，龙符乃见；出晋《大（太）康记》。穆帝羽陵[9]尧生[10]。之

233. 所，蠹蕳（简）仍逢。能使汉武清斋，登乎玉女之室；丽（骊）山头有秦始皇祠，不斋

234. 戒不得上。故汉武帝亏乃上之，有仙人玉女官室之也[11]。列长求道[12]，便逢石髓之泥[13]。列长休，一邯郸人，与

235. 嵇康善，入太行山隐，东北雷声，往视，见山破，石中有孔尺许，有青泥流出，列取抟之，随手即拨，味如粳米饭也。列食九，捉归与康，皆为青石，拊作铜鸣。案神山五

236. 百岁一开，其中有髓，服之与天地同毕之。斯并上哲前踪，后贤继轨。其山名也如此，

237. 其登陟者如彼。谨对。

【笺证】

[1] "天地无言，资四时而成岁；圣人端拱，仰百辟以和平"一句，写在"山石"章题下，字体与前后差异较大，内容也与本章正文无关，显为他人所书。

[2] 千叶莲，指多瓣莲花。《艺文类聚》卷八十二引《华山记》："山顶池中生千叶莲，服之羽化，因名华山也。"

［3］九极岩，疑指"九疑"。《史记·五帝本纪》"葬于江南九疑，是为零陵"裴骃《集解》引《皇览》："舜冢在零陵营浦县。其山九溪皆相似，故曰九疑。"《史记·秦始皇本纪》"十一月，行至云梦，望祀虞舜于九疑山"张守节《正义》引《皇览·冢墓记》："舜冢在零陵郡营浦县九疑山。"

［4］夷齐，指伯夷、叔齐，商末孤竹君的两个儿子。《论语·季氏》："伯夷、叔齐，饿于首阳之下，民到于今称之。"《史记·伯夷列传》："武王已平殷乱，天下宗周，而伯夷、叔齐耻之，义不食周粟，隐于首阳山，采薇而食之。"

［5］巢许，指巢父与许由，二人均隐居于箕山。晋皇甫谧《高士传·巢父》："巢父者，尧时隐人也，山居不营世利，年老以树为巢而寝其上，故时人号曰巢父。"

［6］七贤，指魏晋时嵇康、阮籍、山涛、向秀、刘伶、阮咸、王戎等七位名士。《晋书·嵇康传》："所与神交者惟陈留阮籍、河内山涛，豫其流者河内向秀、沛国刘伶、籍兄子咸、琅邪王戎，遂为竹林之游，世所谓竹林七贤也。"

［7］四皓，当指商山四皓。《汉书·张良传》"顾上有所不能致者四人"唐颜师古注："四人，谓园公、绮里季、夏黄公、甪里先生，所谓商山四皓也。"文中将其隐居地系之华山。

［8］覆釜之岗，指覆釜山。《太平御览》卷四十七"覆釜山"条："《郡国志》曰：台州覆釜山，云夏帝登此得龙符处。"

［9］穆帝：指周穆王。羽陵，典出《穆天子传》卷五："仲秋甲戌，天子东游，次于雀梁，□蠹书于羽陵。"

［10］《太平御览》卷八〇引《帝王世纪》："帝尧陶唐氏，祁姓也。

母曰庆都，孕十四月而生尧于丹陵。"注文以"尧生"注羽陵，传闻有异也。

[11]《太平寰宇记》卷二十七引《三秦记》："骊山巅有始皇祠，不斋戒而往，即风雨迷道。"武帝登临事未详所出。

[12]列长，指王烈。《晋书·嵇康传》："康又遇王烈，共入山，烈尝得石髓如饴，即自服半，余半与康，皆凝而为石。"《太平广记》卷九"王烈"条："王烈者，字长休，邯郸人也。……中散大夫谯国嵇叔夜，甚敬爱之，数数就学。共入山游戏采药。后烈独之太行山中，忽闻山东崩坋，殷殷如雷声。烈不知何等，往视之，乃见山破石裂数百丈，两畔皆是青石，石中有一穴口，经阔尺许，中有青泥流出如髓。烈取泥试丸之，须臾成石，如投热蜡之状，随手坚凝。气如粳米饭，嚼之亦然。烈合数丸如桃大，用携少许归，乃与叔夜曰：'吾得异物。'叔夜甚喜，取而视之，已成青石，击之锃锃如铜声。"

[13]石髓，石钟乳。

【录文】

238. 善治术

239. 问：古来宰政治民，修何异术，物咏其苏[1]；有何清素，而能致感。

240. 某对：某闻子产郑邦，皷（鼓）休风而训俗[2]，政无刑罚，路不拾

241. 遗。时生得留犊之名[3]，田子乃送牛之美[4]。故景升在任，民

242. 禯负而争归[5]；桓公佐时，兽投河而去境[6]。至若岑

君除其枳

243. 棘（棘）^[7]，仇氏化以鹖（鸥）枭^[8]。交州起贾父之歌^[9]，南阳兴杜母之誉^[10]。岂

244. 独虞延放囚之德^[11]，起自汉年；亦乃谢明踵此遗风^[12]，传

245. 香晋室。谨对。

【笺证】

[1] 其苏，指自困苦中复苏。典出《尚书·仲虺之诰》："攸徂之民，室室相庆曰：'傒予后，后来其苏！'"孔传："汤所往之民皆喜曰：'待我君来，其可苏息。'"

[2] 子产，春秋时期郑国大夫，郑穆公之孙，名侨。《左传·襄公三十年》："子产使都鄙有章，上下有服，田有封洫，庐井有伍。大人之忠俭者，从而与之。泰侈者，因而毙之。"《左传》载子产不毁乡校、铸刑书诸事，教化有方。

[3] 见"世间贪利不惮刑书"章注。

[4] 田子，指田豫。《三国志·魏书·田豫传》裴松之注引《魏略》："鲜卑素利等数来客见，多以牛马遗豫，豫转送官。"

[5] 景升，指刘表。《后汉书·刘表传》："刘表字景升，山阳高平人，鲁恭王之后也。……于是开土遂广，南接五领，北据汉川，地方数千里，带甲十余万。初，荆州人情好扰，加四方骇震，寇贼相扇，处处麋沸。表招诱有方，威怀兼洽，其奸猾宿贼更为效用，万里肃清，大小咸悦而服之。关西、兖、豫学士归者盖有千数，表安慰赈赡，皆得资全。遂起立学校，博求儒术，綦母闿、宋忠等撰立五经章句，谓之后定。爱民养士，从容自保。"

[6] 桓公，指刘昆。《后汉书·刘昆传》："刘昆，字桓公，陈留

东昏人，梁孝王之胤也。……征拜议郎，稍迁侍中、弘农太守。先是崤、黾驿道多虎灾，行旅不通。昆为政三年，仁化大行，虎皆负子度河。"

［7］岑君，指岑彭。《后汉书·岑彭传》："（岑熙）迁魏郡太守，招聘隐逸，与参政事，无为而化。视事二年，舆人歌之曰：'我有枳棘，岑君伐之。我有蟊贼，岑君遏之。狗吠不惊，足下生牦。含哺鼓腹，焉知凶灾？我喜我生，独丁斯时。美矣岑君，于戏休兹！'"

［8］仇氏，指仇览。《后汉书·仇览传》："仇览字季智，一名香，陈留考城人也。少为书生，淳默，乡里无知者。年四十，县召补吏，选为蒲亭长。……览初到亭，人有陈元者，独与母居，而母诣览告元不孝。览惊曰：'吾近日过舍，庐落整顿，耕耘以时。此非恶人，当是教化未及至耳。母守寡养孤，苦身投老，奈何肆忿于一朝，欲致子以不义乎？'母闻感悔，涕泣而去。览乃亲到元家，与其母子饮，因为陈人伦孝行，譬以祸福之言。元卒成孝子。乡邑为之谚曰：'父母何在在我庭，化我鸱枭哺所生。'"鸱枭，即鸱鸮。

［9］指贾琮事。《后汉书·贾琮传》："贾琮字孟坚，东郡聊城人也。……有司举琮为交址刺史。琮到部，讯其反状，咸言赋敛过重，百姓莫不空单，京师遥远，告冤无所，民不聊生，故聚为盗贼。琮即移书告示，各使安其资业，招抚荒散，蠲复徭役，诛斩渠帅为大害者，简选良吏试守诸县，岁闲荡定，百姓以安。巷路为之歌曰：'贾父来晚，使我先反；今见清平，吏不敢饭。'在事三年，为十三州最，征拜议郎。"

［10］指杜诗事。《后汉书·杜诗传》："杜诗字君公，河内汲人也。……（建武）七年，迁南阳太守。性节俭而政治清平，以诛暴立威，善于计略，省爱民役。造作水排，铸为农器，用力少，见功多，百姓便之。又修治陂池，广拓土田，郡内比室殷足。时人方于召信臣，前

书曰：'召信臣字翁卿，九江寿春人也。迁南阳太守，为人兴利，务在富之，开通沟渠凡十数处。'故南阳为之语曰：'前有召父，后有杜母。'"

［11］《后汉书·虞延传》："虞延字子大，陈留东昏人也。……建武初，仕执金吾府，除细阳令。每至岁时伏腊，辄休遣徒系，各使归家，并感其恩德，应期而还。"

［12］谢明，指东晋末、南朝宋大臣谢晦。《宋书·谢晦传》："谢晦字宣明，陈郡阳夏人也。……高祖尝讯囚，其旦刑狱参军有疾，札晦代之，于车中一览讯牒，催促便下。相府多事，狱系殷积，晦随问酬辩，曾无违谬。高祖奇之，即日署刑狱贼曹，转豫州治中从事。义熙八年，土断侨流郡县，使晦分判扬、豫民户，以平允见称。"高祖指刘裕。谢晦事刘裕，以治狱平允获信用，其事在晋末义熙年间，故文中称"传香晋室"。

【录文】

246. 问：因何曰山，仁者所爱。有何灵悸（怪）[1]，谁感其征。子既博闻，迟

247. 能嘉说。

248. 某对：某闻山者产也，生乎万物，鸟兽依焉；吐纳风云，成

249. 乎镇岳，出乎宝贝，富国兴邦。故仁者以安人，山者以养人，

250. 则仁人爱矣。夏桀道丧，尧山乃崩[2]；幽厉德衰，禄山便

251. 坏[3]。 桀励，昔扇恈（怪）兴。出《随巢子》。 越王筑垒，恈（怪）埠忽来[4]；

范蠡（蠡）候城记怔山一夜从东海中
来，百姓怔（怪）之，故曰怔（怪）山。

252. 出《吴越春秋》也。黑帝兴悲，鬼哭山陷[5]。出《易通》也。然河东王屋[6]，陇西鸟鼠[7]，

253. 弘农熊耳[8]，南郡荆山[9]，并栖贤集智之方，盘龙巢凤之

254. 所。岂直华太桓霍，嵩高岩丽者哉[10]。谨对。

【笺证】

[1] 怔，"怪"俗字。"怪"俗作"怔"，形讹作"怔"。

[2]《淮南子·俶真训》："逮至夏桀殷纣……当此之时，峣山崩，三川涸。"《竹书纪年》载，商纣四十三年"峣山崩"。文中将此事系之夏桀。

[3]《太平御览》卷八〇五引《随巢子》："幽、厉之时，奚禄山坏。天赐玉玦于羿，遂以残其身，以此为福而祸。"

[4]《吴越春秋·勾践归国外传第八》："于是范蠡乃观天文，拟法于紫宫，筑作小城，周千一百二十二步，一圆三方。……城既成而怪山自生者，琅琊东武海中山也。一夕自来，故名怪山。"

[5] 黑帝，古代神话中的北方之神。"鬼哭山陷"事未详。

[6] 王屋，山名。在山西阳城、垣曲之间。山有三重，其状如屋。

[7] 鸟鼠，古山名。在今甘肃渭源西。

[8] 熊耳，山名，秦岭东段支脉。在今河南宜阳。

[9] 荆山，山名。在今湖北南漳西。

[10] 华太桓霍嵩高，即五岳。《尔雅·释山》："泰山为东岳，华山为西岳，霍山为南岳，恒山为北岳，嵩高为中岳。"郭璞注："（霍山）即天柱山。"《史记·封禅书》："登礼灊之天柱山，号曰'南岳'。"

天柱山在今安徽霍山西北。

【录文】

255. 问：山用岳为宗，水以海为主。五岳之名既别，四海之号应

256. 差。山以载负称仁，海据何能显德。宜陈所在，无俟游辞。

257. 某对：某闻孟子之说，观海叹水，游圣难言[1]；子而陈[2]，

258. 水莫大海，不可为量[3]。故曰：海者，晦也。引乎浊秽，故黑而

259. 晦。君乘土德，海水于夷，故称仁也。然东海之东，碧海斯

260. 而不醎（咸）[4]。蓬莱溟海，无风自波[5]。此乃海之异也。鲸鲵涌而鼓（鼓）

261. 洪涛，鲲鸿举而曳云翼[6]，可称壮也。万川归之而不溢，江河

262. 注之而不盈，故可称其深也。灵槎应期而不爽[7]，足可称其

263. 信也。其智非通圣人，异景纯身[8]，无尺水之才，讵识溟波

264. 之量。聊凭（凭）布鼓，冒应雷门[9]。怅忽迷神，周悼不具。谨对。

【笺证】

[1] 典出《孟子·尽心上》："故观于海者难为水，游于圣人之门者难为言。"

[2] 本句句首有一字空格，当缺一字。

[3] 典出《淮南子·泰族训》："太山不可丈尺也，江海不可斗斛也。"

[4]《海内十洲记》："扶桑在东海之东岸一万里，复得碧海。海广狭浩汗，与合东海等大，碧水既不咸苦，正作碧色，甘香味美。"

[5]《海内十洲记》："沧海岛在北海中，地方三千里，海四面绕岛，各五千里。……外别有圆海绕山，圆水色正黑，谓之溟海。无风而洪波百丈，不可得往。"

[6] 鲲鸿，即鲲鹏。《庄子·逍遥游》："北冥有鱼，其名为鲲；鲲之大，不知其几千里也！化而为鸟，其名为鹏；鹏之背，不知其几千里也！怒而飞，其翼若垂天之云。"

[7]《博物志》卷十："近世有人居海渚者，年年八月有浮槎去来，不失期。"槎，船筏。

[8] 景纯，指郭璞。《晋书·郭璞传》："郭璞字景纯，河东闻喜人也。……璞著《江赋》，其辞甚伟，为世所称。"

[9] 聊凭布鼓，冒应雷门：谦辞，自称浅陋。布鼓，布制的鼓，敲击无声。《汉书·王尊传》："毋持布鼓过雷门。"颜师古注："雷门，会稽城门也，有大鼓。越击此鼓，声闻洛阳。"

【录文】

265. 地

266. 问：地之四极，并至何方。方别相去，复应几里。东

西南北，并

267. 有何名。子既括综典坟，宜明指说。

268. 某对：某闻秦（泰）远居东，传之孔载；邠国西处，其来邈

269. 焉；北典祝栗之名，南阐濮鈆之号[1]。出《尔雅》。南北二亿三万五

270. 千余里，东西二亿三万三千里乎[2]。出《酒（河）图括[地]象》。齐州以南戴日，为

271. 丹穴之乡[3]；北极戴斗，寔曰崆峒之地[4]。出《尔雅》。昔桓公问地数

272. 于管子，管子陈之以里名[5]。某识谢前规，才非天性，性猥蒙提，

273. 弊添（忝）预宾王，智不谋身，焉能度土。管阕（窥）前典，傍采退

274. 书，轻敢述焉，何䛴万一。战惶交争，悚悸多兼。谨对。

【笺证】

[1]《尔雅·释地》："东至于泰远，西至于邠国，南至于濮鈆，北至于祝栗，谓之四极。"郭璞注："皆四方极远之国。"

[2]《太平御览》卷三六引《河图括地象》："八极之广，东西二亿三万三千里，南北二亿三万一千五百里。"

[3]《尔雅·释地》："岠齐州以南，戴日为丹穴。"郭璞注："戴，值也。"戴日，指位于在太阳之下。

[4]《尔雅·释地》："北戴斗极为空桐。"戴斗，指位于北斗之下。

[5]《管子·地数》："桓公曰：'地数可得闻乎？'管子对曰：'地

之东西二万八千里，南北二万六千里，其出水者八千里，受水者八千里，出铜之山四百六十七山，出铁之山三千六百九山，此之所以分壤树谷也。……'"

【录文】

275. 江河

276. 问：水以海为宗，引苞容而为德，至如江河浩汗，犹注沧

277. 溟。未委江河[1]，若为苞异。如有灵贶，子可陈焉。

278. 某对：某闻泜（派）江鼓浪，著乎山海之经[2]；白奔涌[3]，出于寻

279. 扬之记[4]。所以淮南款四江水，肥仁养稻[5]，寔美前书；姜诗

280. 之母好焉，传于列女之说[6]。遂使魏文怅望，万骑亭（停）骖[7]。^{魏文帝出}

281. ^{广陵，欲伐吴，叹曰：吴据洪流，旦夕粮罄。魏虽武骑千队，魏（无）可用之乃也}[8]张禹勤公，单舟触浪[9]。^{《东观汉纪》曰：张禹事（字）}

282. ^{伯达，扬州刺史，当行部别驾，四江有五（伍）胥神不可渡。禹曰：子胥忠臣也。知刺史衔命，必收波之也。}河乃昆仑所出，《尔雅》之

283. 所著焉[10]；马颣（颊）腾波，郭生^{郭璞}之所注矣[11]。主弱臣强之兆，斯

284. 而乃闻[12]；世道当应浊乱，其水便昏。岂虚言哉，非虚言

285. 也。^{言出京房《易传记》。}自我皇膺箓，河乃频清。五色掞天，三光动

286. 地。龟龙献瑞，玄石呈祥。海出明珠，江输巨见（蚬）。
丝纶杂

287. 沓，难可言哉。瞻候吉凶，并其灵也。谨对。

【笺证】

［1］委，知、知悉。（参阅蒋礼鸿《敦煌变文字义通释》"委"条。）

［2］泜，当为"泚"讹字。山海之经，即指《山海经》。《山海经·北山经》："敦与之山……泚水出于其阴，而东流注于彭水。"

［3］本句"白"字后留有一字空格。

［4］寻扬之记，当指《寻阳记》。晋人张僧鉴撰，又作《浔阳记》。《史记·夏本纪》"九江甚中"司马贞《索隐》："按：《寻阳记》九江者，乌江、蚌江、乌白江、嘉靡江、沙江、畎江、廪江、堤江、箘江。又张须《九江图》所载有三里、五畎、乌土、白蚌。九江之名不同。"据此，上句"白"字后所留空格，可能为"江"或"蚌"字。

［5］《淮南子·坠形训》："是故白水宜玉，黑水宜砥，青水宜碧，赤水宜丹，黄水宜金，清水宜龟，汾水蒙浊而宜麻，沛水通和而宜麦，河水中浊而宜菽，雒水轻利而宜禾，渭水多力而宜黍，汉水重安而宜竹，江水肥仁而宜稻。"

［6］《后汉书·列女传·姜诗妻庞氏》："广汉姜诗妻者，同郡庞盛之女也。诗事母至孝，妻奉顺尤笃。母好饮江水，水去舍六七里，妻常溯流而汲。"

［7］《艺文类聚》卷十三"魏文帝"条引《江表传》："魏文帝出广陵，欲伐吴，临大江叹曰：吴据洪流，且多粮谷，魏虽武骑千队，无所用之，乃还。"

［8］据上引《江表传》，"魏"当为"无"之讹。

[9]《后汉书·张禹传》："张禹字伯达，赵国襄国人也。……永平八年，举孝廉，稍迁；建初中，拜杨州刺史。当过江行部，中土人皆以江有子胥之神，难于济涉。禹将度，吏固请不听。禹厉言曰：'子胥如有灵，知吾志在理察枉讼，岂危我哉？'遂鼓楫而过。"注中并讹"字"为"事"。

[10]《尔雅·释水》："河出昆仑虚，色白，所渠并千七百一川，色黄，百里一小曲，千里一曲一直。"

[11]《尔雅·释水》"马颡"郭璞注："河势上广下狭，状如马颡。"

[12]主弱臣强之兆，斯而乃闘，未详，待考。

【录文】

288. 请雨

289. 问：天雨不降，禾穄（穀）燋（焦）萎。施何异方，而能感泽。

290. 某对：某闻云兴础润，阴阳之气和，《春秋元命苞》曰：阴阳和而为雨之名。雾宿三朝，

291. 神图之欲降。《帝王世纪》曰：黄帝时，天大雾三日，帝游洛水，见大鱼，煞（杀）五牲醮（醮）之，天甚雨七日七夜。鱼流得图书。今附图视萌篇是也。
《文士传》曰：雾

292. 三日必甚大雨，自此为始[1]。楚歌才奏，秦国滂沱。《蜀王本纪》曰：秦王枉诛其子蜀侯辉弦，知无罪，迎葬，咸阳雨三月，道路不通。

293. 因葬成都，能兴风雨。蜀人请雨，祠侯，以楚歌歌之，名曰天鬼，辄有报应也[2]。天檄特成，魏朝洪泻。魏《管辂别传》曰：清河儿（倪）府君

294. 问辂：今早，何时雨。辂曰：天撅召五星宣布黄符，命雷公电父风伯雨师。十日向暮，了无处气泉。共噬辂。辂曰：树上巳少女微风，树闲已有阴阳鸟和鸣，若少男反风[3]，阴鸟乱翔，

295. 其应至矣。曰：未东北雷起，一更中大雨，洪注流溢[4]。广汉焚躯之土，遂获奔流；谅辅，字汉儒，广汉人

也。白五官
掾，夏旱

296. 出祷，连日无效，乃积薪自焚，自旦至隅中，山气转起，雷雨大作，一郡沾润之也^[5]。洛阳曝体之人，便蒙皷（鼓）浪。

297. 《长沙[者]旧传》曰：治（祝）良，字召卿，为洛阳令时，旱，天子祈雨不得。良乃曝身阶庭，自晨至中，紫云翰起^[6]，甘雨大大降也^[7]。岂暇日傍赤气，即

298. 致风雨。汉《东方朔别传》曰：武章日旁有赤云^[8]，如冠洱（珥）^[9]。上召太史，曰：恐有岳气。更问朔，朔曰：太史言非也。紫，不有大风，即有大雨。后数日，果大风暴雨。赐朔帛五十疋^[10]。

299. 亦以牛血涂牛，终归大雨。顾微《广州记》曰：爵林祈山东南有池，有石牛，民祠之，岁旱煞（杀）牛，以牛血和泥，泥石牛背，天祀毕，天即大雨洗牛

300. 背，泥尽后睦之^[11]。阆中之齐（斋）息供，主薄之火停薪。《益部耆旧传》曰：汉中赵瑶，字充珪，为阆中令，遭旱，率

301. 掾史齐（斋）讃^[12]。四年旱，张喜主薄宣山宋等，积柴自焚，大雨也。但使令长勲心，何忧不降者也。谨对。

【笺证】

[1]指海本《帝王世纪》："黄帝五十年秋七月庚申，天大雾三日三夜。雾除，帝游洛水之上，见大鱼负图书，杀五牲以醮之，天乃甚雨七日七夜，鱼流于海，始得图书。今《河图帝视萌》之篇是也。凡重雾三日，必大雨。雨未降，其雾不可冒行也。"

[2]《太平御览》卷十一引《蜀本记》："秦王诛蜀侯恽，后迎葬，咸阳天雨，三月不通，因葬成都。故蜀人求雨，祠蜀侯必雨。"注文所引详于《御览》。

[3]反风，风向倒转。

[4]《三国志·魏书·管辂传》："后得休，过清河倪太守。时天旱，倪问辂雨期，辂曰：'今夕当雨。'是日晹燥，昼无形似，府丞及

令在坐，咸谓不然。到鼓一中，星月皆没，风云并起，竟成快雨。于是倪盛修主人礼，共为欢乐。"裴松之注引《辂别传》："辂与倪清河相见，既刻雨期，倪犹未信。辂曰：'夫造化之所以为神，不疾而速，不行而至。十六日壬子，直满，毕星中已有水气，水气之发，动于卯辰，此必至之应也。又天昨檄召五星，宣布星符，刺下东井，告命南箕，使召雷公、电母、风伯、雨师，群岳吐阴，众川激精，云汉垂泽，蛟龙含灵，堑堑朱电，吐咀杳冥，殷殷雷声，嘘吸雨灵，习习谷风，六合皆同，咳唾之间，品物流形。天有常期，道有自然，不足为难也。'倪曰：'谭高信寡，相为忧之。'于是便留辂，往请府丞及清河令。若夜雨者当为啖二百斤犊肉，若不雨当住十日。辂曰：'言念费损！'至日向暮，了无云气，众人并嗤辂。辂言：'树上已有少女微风，树间又有阴鸟和鸣。又少男风起，众鸟和翔，其应至矣。'须臾，果有艮风鸣鸟。日未入，东南有山云楼起。黄昏之后，雷声动天。到鼓一中，星月皆没，风云并兴，玄气四合，大雨河倾。"

[5]《后汉书·谅辅传》："谅辅字汉儒，广汉新都人也。仕郡为五官掾。时夏大旱，太守自出祈祷山川，连日而无所降。辅乃自暴庭中，慷慨咒曰：'辅为股肱，不能进谏纳忠，荐贤退恶，和调阴阳，承顺天意，至令天地否隔，万物焦枯，百姓喁喁，无所诉告，咎尽在辅。今郡太守改服责己，为民祈福，精诚恳到，未有感彻。辅今敢自祈请，若至日中不雨，乞以身塞无状。'于是积薪柴聚茭茅以自环，构火其傍，将自焚焉。未及日中时，而天云晦合，须臾澍雨，一郡沾润。"

[6] 輪，"轄"的讹字。"轄"即"杳"繁文。

[7]《太平御览》卷十一引《长沙耆旧传》："祝良为洛阳令。时亢旱，天子祈雨不得。良暴身阶庭，告诚引罪。紫云杳起，甘雨乃降。"

[8]武章，为"武帝时"之误。

[9]冠珥，太阳四周的光晕。

[10]《北堂书钞·天部·云》"冠珥"条引《东方朔别传》："武帝时，日傍有赤云，如冠珥。"《古今图书集成·乾象典·云霞部》引《东方朔别传》："有赤云如冠珥。上问朔，朔曰：不大雨，即日晕。后果大雨。"

[11]《古今图书集成·坤舆典·泥部》引《广州记》："郁林郡山东南有池，有石牛在池下，民常祀之，岁旱百姓杀牛祀之，以牛血和泥，泥石牛背，祀毕天雨。洪注洗背，泥尽而后晴。"

[12]《艺文类聚》卷二引《益部耆旧传》："赵瑶为阆中令，遭旱，请雨于灵星，应时大雨。"《古今图书集成·庶征典·旱灾部》引《益部耆旧传》："赵瑶为阆中令，时西州遭旱。瑶率掾吏斋戒于灵星池，归咎自责，稽首流血，应时大雨。"

主要参考文献

（唐）欧阳询撰，汪绍楹校：《艺文类聚》，上海：上海古籍出版社，1982年。

（唐）白居易：《白氏六帖事类集》，台北：新兴书局有限公司，1971年影印宋绍兴丙辰刻本。

（唐）虞世南：《北堂书钞》，天津：天津古籍出版社，1988年影印本。

（宋）李昉等编：《太平广记》，北京：中华书局，1986年。

（宋）李昉等：《太平御览》，北京：中华书局，1985年。

（清）陈梦雷等原辑，（清）蒋廷锡等重辑：《古今图书集成》，北京：中华书局；成都：巴蜀书社，1986年影印本。

《十三经注疏》，北京：中华书局，1980年影印清阮元刻本。

（汉）司马迁撰，（南朝宋）裴骃集解，（唐）司马贞索隐，（唐）张守节正义：《史记》，北京：中华书局，1959年。

（汉）班固撰，（唐）颜师古注：《汉书》，北京：中华书局，1959年。

（汉）范晔撰，（唐）李贤等注：《后汉书》，北京：中华书局，1965年。

（晋）陈寿撰，陈乃乾点校：《三国志》，北京：中华书局，1959年。

（唐）房玄龄等：《晋书》，北京：中华书局，1974年。

（南朝梁）沈约：《宋书》，北京：中华书局，1974年。

（唐）李百药：《北齐书》，北京：中华书局，1972年。

（唐）魏徵、令狐德棻：《隋书》，北京：中华书局，1973年。

（五代）刘昫等：《旧唐书》，北京：中华书局，1975年。

（宋）欧阳修、宋祁：《新唐书》，北京：中华书局，1975年。

《战国策》，台北：台湾中华书局，1981年影印《四部备要》本。

（汉）赵晔：《吴越春秋》，北京：中华书局，1985年影印《丛书集成》本。

（南朝梁）沈约注：《竹书纪年》，北京：中华书局，1985年影印《丛书集成》本。

（晋）皇甫谧：《帝王世纪》，北京：中华书局，1985年影印《丛书集成》据《指海》本排印本。

（汉）东方朔：《海内十洲记》，北京：商务印书馆，2005年影印文津阁《四库全书》本

（晋）张华：《博物志》，北京：中华书局，1985年影印《丛书集成》本。

（晋）郭璞注：《山海经》，北京：中华书局，1985年影印《丛书集成》本。

（汉）班固：《汉武故事》，北京：商务印书馆，2005年影印文津阁《四库全书》本。

（晋）郭璞注：《穆天子传》，北京：中华书局，1985年影印《丛书集成》本。

（汉）刘向：《列仙传》，北京：中华书局，1985年影印《丛书集成》本。

（晋）皇甫谧：《高士传》，北京：中华书局，1985年影印《丛书集成》本。

《韩非子》，台北：中华书局，1981年影印《四部备要》本。

《荀子》，台北：中华书局，1981年影印《四部备要》本。

《庄子》，台北：中华书局，1981年影印《四部备要》本。

《管子》，台北：中华书局，1981年影印《四部备要》本。

《鹖冠子》，台北：中华书局，1981年影印《四部备要》本。

《吕氏春秋》，台北：中华书局，1981年影印《四部备要》本。

《淮南子》，台北：中华书局，1981年影印《四部备要》本。

（汉）班固：《白虎通义》，北京：中华书局，1985年影印《丛书集成》本。

（汉）王充：《论衡》，台北：台湾中华书局，1981 年影印《四部备要》本。

（汉）刘向：《说苑》，台北：台湾中华书局，1981 年影印《四部备要》本。

（宋）王谠撰，周勋初校证：《唐语林》，北京：中华书局，1987 年。

（北魏）杨衒之撰，周祖谟校释：《洛阳伽蓝记》，上海：上海书店出版社，2000 年。

（宋）乐史撰，王文楚等点校：《太平寰宇记》，北京：中华书局，2007 年。

何清谷校注：《三辅黄图》，西安：三秦出版社，2000 年。

（宋）张君房辑：《云笈七籤》，济南：齐鲁书社，1988 年影印涵芬楼翻正统《道藏》本。

（南朝梁）萧统编，（唐）李善注：《文选》，上海：上海古籍出版社，1997 年。

（宋）章樵注：《古文苑》，北京：中华书局，1985 年影印《丛书集成》本。

（汉）许慎：《说文解字》，北京：中华书局，1963 年影印清陈昌治刻本。

（辽）行均撰：《龙龛手镜》，北京：中华书局，1985 年影印高丽版影辽刻本。

（清）郝懿行：《尔雅义疏》，北京：中国书店，1983 年影印清咸丰六年刻本。

蒋礼鸿：《敦煌变文字义通释》（新三版，增补定本），上海：

上海古籍出版社，1997 年。

张涌泉：《敦煌俗字研究导论》，台北：新文丰出版公司，1996 年。

（笺证部分条目承方韬博士指正，谨此致谢。）

（原载《文津学志》第三辑，北京：国家图书馆出版社，2010 年 5 月，署名刘波、林世田）

普林斯顿大学藏吐鲁番文书唐写本经义策残卷之整理与研究 ①

普林斯顿大学东亚图书馆是北美收藏中国文献最负盛名的图书馆之一，其敦煌西域文献藏量仅次于哈佛大学福格艺术博物馆，居北美第二位。该馆中国古写本藏品包括汉文佛典，汉文古籍，汉文官文书，回鹘、西夏、粟特文残卷，绢纸绘画残片等。这些文献至今没有完整的目录或图录公布于世，因此研究还很不充分。

最近，该馆藏中国古写本已由国际敦煌项目（IDP）完成数字化，并通过 IDP 网站发布了高清晰图像。因此，对其进行综合整理的时机已经成熟。本文拟初步整理其中的策问残卷，并对相关问题略加研究。

一、此前关于本组策问残片的介绍与研究

1989 年，布里特女士（Judith Ogden Bullitt）在《葛斯

---

① 本文曾提交北京大学中国中古史研究中心、国家图书馆古籍馆、中国人民大学国学院共同举办的"敦煌西域文献读书班"讨论，与会专家对本文提出了非常有益的指教，谨此致谢。

德图书馆馆刊》(*The Gest Library Journal*)^① 发表《普林斯顿
收藏的敦煌写本残卷》(Princeton's Manuscript Fragments from
Tunhuang)一文，介绍了该馆所藏的 83 件写本残卷。此文刊
布 21 幅文献图版中 8a、8b 两幅为策问残卷。杨富学、李吉和
翻译了此文，1994 年刊发于《敦煌学辑刊》，但因技术原因未
能刊布原文图版^②。

在很长一段时间里，布里特文所刊布的图版是国内学界研
究普林斯顿藏品的主要依据。荣新江根据此文所附图版，指出
其中有《论语》《策问卷》等典籍^③。1997 年，陈国灿根据布里
特刊布的图版，发表《美国普林斯顿所藏几件吐鲁番文书跋》
一文^④，转录并研究了 Peald 1a、1c、5c 两件官文书与 Peald 7i、
7q 两件策问残卷。不仅对两件策问残卷予以准确的定名，而且
考证了策题的出处，并对相关问题加以考察。

此后，陈怀宇利用在普林斯顿大学攻读博士学位的机会，
编撰了普林斯顿藏品中的中文文书的目录^⑤。荣新江《吐鲁番文

---

① 该刊于 1994 年改名为《东亚图书馆馆刊》(*The East Asian Library Journal*)。

② ［美］J.O. 布里特著，杨富学、李吉和译：《普林斯顿收藏的敦煌写本残卷》，《敦煌学辑刊》1994 年第 1 期，第 111—116 页。

③ 荣新江：《海外敦煌吐鲁番文献知见录》，南昌：江西人民出版社，1996年，第 225 页。

④ 陈国灿：《美国普林斯顿所藏几件吐鲁番文书跋》，《魏晋南北朝史资料》第十五辑，第 109—117 页。

⑤ CHEN Huaiyu（陈怀宇）. "Chinese Manuscripts from Dunhuang and Turfan at East Asian Library." *The East Asian Library Journal*. Vol. 14, no. 2（2010 Autumn）. 文后刊载了全部残片的彩色图版。

书总目（欧美收藏卷）》利用陈氏目录的稿本，著录了其中的吐鲁番文书部分，包括 23 件策问残片[①]，并有简短说明。

本文根据 IDP 网站公布的全部 23 件策问残卷图像，在上述研究的基础上，加以综合分析，并结合其他材料，揭示其在中国古代教育史及科举制度研究方面的价值。

二、写本残片概况与录文

策问残片共 23 件，编号为 Peald 7a 至 Peald 7s 与 Peald 11a、11b、11d，分属两个大号之下。Peald 11a、11b、11d 与 11c《唐天宝八载二月交河郡仓史令狐奉琼牒为兵健粮料事》编为一组，但从内容、形制、书法等各方面看，它们无疑与 Peald 7a–7s 为同一组文书，而与 Peald 11c 没有直接联系，可能此批文书入藏时即已混乱错杂。

兹略述其文献概况并录文如下：

Peald 7a

一纸。26.5×8cm（高 × 宽）（《吐鲁番文书总目（欧美收藏卷）》著录为 25.2×7.2cm（宽 × 高）。残存文字 3 行，第一行下半 5 字仅存其半。录文如下：

（前缺）

---

① 荣新江主编：《吐鲁番文书总目（欧美收藏卷）》，武汉：武汉大学出版社，2007 年，第 949—952 页。

1. □然后能保其禄位而守其祭祀□□□

2. □因何禄位言保，祭祀言守，亦须明解。

3. 慈第对：此明士人行孝之法。在家孝养□□□

（后缺）

今按：此文献存留策问一条，前两行为策题，基本完整；后一行为答策。策题出自《孝经·士章第五》："故以孝事君则忠，以敬事长则顺。忠顺不失，以事其上，然后能保其禄位而守其祭祀。盖士之孝也。"所问为士人行孝之义，并要求解释"禄位言保"而"祭祀言守"的用词差异。答策句首，标明制策人"慈第"①。

Peald 7b

一纸。9.5×6cm。残存文字3行，墨迹较淡。右侧有明显的粘连痕迹，第一行骑缝书写，仅存其半。录文如下：

（前缺）

1. □□□不与□□□□

2. □□□之第也。注□□

3. □□□□□□□

（后缺）

今按：此残片所存当为答策文字。惟残存文字太少，无法推知其策题。

---

① 此制策人名本批文献中出现多次，但首字均仅留存下部。综合多处残字来看，似为"慈"字。

Peald 7c

一纸。7.5×7.5cm。四边经剪裁。残存文字3行。录文如下：

（前缺）

1. ☐☐☐下堂之时☐☐☐

2. ☐☐☐人。注云射平☐☐

3. ☐☐☐至于揖射☐☐

（后缺）

今按：此残片所留存当为答策文字。策题出自《论语·八佾第三》："子曰：君子无所争，必也，射乎。揖让而升，下而饮，其争也君子。"策题内容为射礼。

Peald 7d

一纸。9.6×21cm。上下及左侧边曾被剪裁，右侧边有粘连痕迹。残存文字7行。录文如下：

（前缺）

1. ☐☐☐内外之礼既㿟☐☐☐

2. ☐☐☐能保其禄☐☐☐☐

3. ☐☐☐长守富贵，然☐☐☐

4. ☐☐☐☐祭祀，食禀（廪）☐☐☐

5. ☐☐☐继代日祀，因☐☐☐

6. ☐☐☐者，亦须明☐☐☐

7. ☐☐☐是私私故☐☐☐

（后缺）

今按：残存部分当为答策文字。策题出自《孝经·士章第五》："故以孝事君则忠，以敬事长则顺。忠顺不失，以事其上，然后能保其禄位而守其祭祀。盖士之孝也。"与 Peald 7a、Peald 7k（2）策题相同。

答策所据为《孝经》郑注。"然后能保其禄位而守其祭祀"句郑注："内孝父母，外顺君长，然后乃能安其禄位而守其祭祀。食廪曰禄，居官曰位。生……始为曰祭，继世曰祀也。"① 答策多有引用。郑注"继世曰祀"，答策引作"继代"，为避唐太宗讳。

Peald 7e

一纸。11×26.7cm。右侧边有粘连痕迹。残存文字 10 行。录文如下：

（前缺）

1. 问：与其煞（杀）弗辜 ⬚⬚⬚

2. 人心，兹用不妃 于 ⬚⬚⬚

3. 定是何文？

4. 桥敏对：此论谷 毉 ⬚⬚⬚

5. 之德也，故云与开 ⬚⬚⬚

6. 经。宁，安也。弗是 不 ⬚⬚⬚

7. 民心洽合也。兹 ⬚ ⬚⬚⬚

8. 辜，罪。经，常。 ⬚⬚⬚

9. 帝之德，所 以 ⬚⬚⬚

---

① 郑注从陈铁凡《孝经学源流》附录一《孝经今古文传解注汇集》所录新辑本（台北："国立编译馆"，1986 年，第 311 页）。

10. 不常之罪□ □□□

（后缺）

今按：此残片留存文书上半截，相对较为完整。策题出自《尚书·大禹谟》："与其杀不辜，宁失不经，好生之德，洽于民心。"伪孔传："辜，罪。经，常。司，主也。皋陶因帝勉己，遂称帝之德，所以明民不犯上也。宁失不常之罪，不枉不辜之善，仁爱之道。"答策全文引用。答策中也运用词义训诂的方法来阐发经义，如"宁，安也"。答策首句标明制策人"桥敏"。《大禹谟》的"民心"，策题中作"人心"，亦避唐太宗讳。

Peald 7f

一纸。8×17.5cm。上下侧边有剪裁痕迹。残存文字5行。录文如下：

（前缺）

1. □□□乐者，非贵□□□

2. □□□帛云乎哉□□□

3. □□□□云，礼者□□□□

4. □□□是礼合敬□□□

5.   云□□□

（后缺）

今按：此残片留存部分当为答策文字。策题出自《论语·阳货第十七》："子曰：礼云，礼云，玉帛云乎哉？乐云，乐云，钟鼓云乎哉？"

Peald 7g

一纸。8.8×16.5cm。上下侧边有剪裁痕迹，右侧边有粘连痕迹。残存文字6行。录文如下：

（前缺）

1. ☐时习之，不亦☐
2. ☐□辞。古者称☐
3. ☐□时时谓心精☐
4. ☐悦乎，言乐□☐
5. ☐□仰显时习☐
6. ☐是也。谨对。

（后缺）

今按：此残片所留存为答策文字。策题出自《论语·学而第一》："子曰：学而时习之，不亦说乎？"可与 Peald 7p 缀合。

Peald 7h

一纸。9×13.4cm。上下侧边有剪裁痕迹，左侧残破，右侧边有明显粘连痕迹。残存文字6行，右侧第一行骑缝书写，字迹仅存其半。录文如下：

（前缺）

1. ☐□□☐
2. ☐病者，使不☐
3. ☐□所以养病□☐
4. ☐□明天子诸侯☐
5. ☐有三侯也。谨对。☐

6. ⬜⬜ 画 文 注 并明 ⬜⬜

（后缺）

今按：此残片留存策问两则。前者存文字四行，策题出自《论语·卫灵公第十五》："子曰：君子病无能焉，不病人之不己知也。"后者仅存一行，策题当出自《尚书·禹贡》："荆及衡阳惟荆州。……包匦菁茅，厥篚玄纁玑组，九江纳锡大龟。"

Peald 7i

一纸。11×31.5cm。剪裁为鞋底样，右侧边有明显粘连痕迹。残存文字13行，为原卷的上半截，第13行字迹仅存其半。录文如下：

（前缺）

1. ⬜者岂止贵⬜ ⬜⬜

2. ⬜乐能移风易 俗 ⬜⬜

3. 礼者非贵 其 器 ⬜⬜

4. 云乎哉。若其⬜ ⬜⬜

5. 殊乎合敬者 异 ⬜⬜

6. 问：子曰：学而时习 ⬜⬜

7. 习，仍显时习年 几 ⬜⬜

8. 桥敏对：此孔子言 学 ⬜⬜

9. 岂不亦析（忻）悦乎？ 故 ⬜⬜

10. 乎。注子者行（谓）孔 ⬜⬜

11. 威仪。孔时时之言 ⬜⬜

12. 悦乎，言乐道至心⬜ ⬜⬜

13. 年 凡 者 □□ □□

（后缺）

今按：此残片陈国灿已有录文，略有误字，今正之。留存策问两则。前者策题出自《论语·阳货第十七》："子曰：礼云！礼云！玉帛云乎哉？乐云！乐云！钟鼓云乎哉？"陈国灿文推测前者策题出自《先进》篇"先进于礼乐，野人也；后进于礼乐，君子也。如用之，则吾从先进"章①，不确。后者策题出自《论语·学而第一》："子曰：学而时习之，不亦说乎？"制策人为"桥敏"。

Peald 7j

一纸。$9.5 \times 20\text{cm}$②。上粘附织物，部分字迹被织物覆盖。四侧边均经裁剪。残存文字 5 行，第 1 行、第 5 行文字仅存其半，无法辨识。录文如下：

（前缺）

1. □□□□□ □

2. 问：子 曰 鲁 □

3. 鲁是 兄 □□

4. 智力对：此 明 □□

5. □□□□□ □

---

① 陈国灿：《美国普林斯顿所藏几件吐鲁番文书跋》，《魏晋南北朝史资料》第十五辑，第 116 页。

② IDP 数据库未记录此残片的尺寸信息，此从《吐鲁番文书总目（欧美收藏卷）》所载。

（后缺）

今按：此残片留存策问两则。前者文字难以辨识，无法推断其策题内容；后者策题出自《论语·子路第十三》："子曰：鲁卫之政，兄弟也。"制策人为"智力"。

Peald 7k（1）

一纸。7.5×9cm。上下及右侧边均经剪裁，左侧边有粘连痕迹。残存文字4行，录文如下：

（前缺）

1. ☐☐文仲居蔡☐☐

2. ☐☐欂也，刻之为☐☐

3. ☐☐□是，何如其☐☐

4. ☐☐知龟出蔡☐☐

（后缺）

今按：此残片留存策问一则。策题出自《论语·公冶长第五》："子曰：臧文仲居蔡，山节藻棁，何如其知也。"

Peald 7k（2）

一纸。9×9.2cm。上下边均经剪裁，左侧边有粘连痕迹。残存文字3行，录文如下：

（前缺）

1. ☐☐□二亲出外顺☐☐

2. ☐☐禄位之道，斯☐☐

3. ☐☐而守其祭祀☐☐

（后缺）

今按：此残片留存策问一则，当为答策文字。策题出自《孝经·士章第五》："故以孝事君则忠，以敬事长则顺。忠顺不失，以事其上，然后能保其禄位而守其祭祀。盖士之孝也。"

Peald 7l

一纸。8.8×13.4cm。上下边均经剪裁，左侧边有明显粘连痕迹，右侧断烂。残存文字 4 行，录文如下：

（前缺）

1. ☐☐☐|画|文注玉以|礼|☐☐☐☐
2. ☐☐☐|虐于民成☐|☐☐☐
3. ☐☐☐|☐既见■入国|☐☐☐
4. ☐☐☐|☐奔☐☐|☐

（后缺）

今按：此残片留存策问两则。前者仅存答策末句，策题可能出自《尚书·汤誓》："夏师败绩，汤遂从之，遂伐三朡，俘厥宝玉。"（参见 7q 第一则及相应按语。）后者策题内容不明，观其文字，似出自《春秋》。"民"字缺末笔，避唐太宗李世民讳。

Peald 7m

一纸。8×13cm。上下边均经剪裁，左侧边有明显粘连痕迹，第一行文字骑缝书写，仅存其半。残存文字六行，录文如下：

（前缺）

1. |生|对|：|此|论|周|☐☐☐

2. 配天，在于明 □□□□

3. 配上帝。注云 □□□□

4. 宫。上帝者，天 □□□□

5. 后稷（稷），尧臣，周 □□□□

6. □始祖配天 □□□□

（后缺）

今按：此残片留存策问一则，为答策文字。制策人为"□生"。此残片可与 Peald 7o 缀接。

策题出自《孝经·圣治章第九》："昔者周公郊祀后稷以配天，宗祀文王于明堂以配上帝。"答策所依据为《孝经》郑注。"昔者周公郊祀后稷以配天"句郑注："后稷者，是尧臣，周公之始祖。""宗祀文王于明堂以配上帝"郑注："明堂，天子布政之宫。上帝者，天之别名。"[①] 答策均曾引述。

Peald 7n

一纸。$20.5 \times 31 cm$[②]。剪裁成鞋面形状。残存文字 13 行，录文如下：

（前缺）

1. □□□□ 故能移风亦（易）俗。谨对。□ □□□□

2. □□星鸟，以殷仲春。画文注其七星之名，亦□ □□□□

① 陈铁凡：《孝经学源流》，台北："编译馆"，1986 年，第 326—327 页。
② 本件尺寸《吐鲁番文书总目（欧美收藏卷）》著录为 $31 \times 10.5 cm$（宽 × 高），有误。

3. □ 生 对：于昼夜中分，刻漏正等。天星朱鸟南 □□□□

4. □ 宿 合，昏必见，以此天时之候，调正仲春之 □□□

5. □ 云 ：日中星鸟，以殷仲 春 。 注云 ：日中胃（谓）春分之 □

6. 鸟 ，南方朱鸟七 宿 □□□□□□分之昏，鸟星 □□□

7. □ 以政仲春之 气 □□□□□□则可知。其 □□□

8. □ 之名亦须具数 □□□□□ 柳星张翼 □□□

9. □ 对。通。

10. □ 身 匪玄縳（繡）玑 □□□□

11. □ 生 对：此论大 水 □□□□

12. □ 厄，四奥困 浩 □□□

13. □ 贡 方物，故 □□□□□

（后缺）

今按：此残片留存策问三则，制策人为"□生"。第一则仅存答策末句，综合其他残片内容推测，其策题当出自《论语·阳货第十七》："子曰：礼云，礼云，玉帛云乎哉？乐云，乐云，钟鼓云乎哉？"（参见 7i 第一则。）

第二则策题出自《尚书·尧典》："日中星鸟，以殷仲春。"伪孔传："日中，谓春分之日。鸟，南方朱鸟七宿。殷，正也。春分之昏，鸟星毕见，以正仲春之气节。转以推季孟则可知。"答策全文引述。"柳星张翼"，为具体解释"南方朱鸟七宿"的文字。

本则策问保存较为完整，其结构主要包括四部分：首先概述经义，然后引述经文，其次引述伪孔传，最后解释伪孔传。

答策之后，有大字"通"，字迹与其他文字迥然不同，书法较成熟，当为教师对此策的评语。

第三则策题出自《尚书·禹贡》："荆及衡阳惟荆州。……包匦菁茅，厥篚玄纁玑组，九江纳锡大龟。"

Peald 7o

一纸。25.5×21cm。剪裁成鞋面形状，左侧边有粘连痕迹。鞋样两翼较 Peald 7n 短，且上翼可与 Peald 7m 缀接，Peald 7m 显系脱落自此件。残存文字 9 行，前 6 行以墨笔涂抹，文字难以辨识。谨录后 3 行文字如下：

1. □崇祀文王于明堂 □□□□□ □经注仰明堂 □□□

2. □阔狭仰显□ □□□

3. □生对：此论周□□□□ 见逐尊其□□

（后缺）

今按：此残片留存策问两则。前者以墨笔涂抹，难以完全辨识；后者策题出自《孝经·圣治章第九》："昔者周公郊祀后稷以配天，宗祀文王于明堂以配上帝。"制策人为"□生"。

Peald 7p

一纸。25.7×15.5cm[①]。剪裁成鞋面形状，左侧边有粘连痕迹。鞋样两翼较 Peald 7n 短，显然有脱落。经比对，上翼可与

---

①　此件 IDP 数据库著录尺寸为 25.5×21cm，与照片对照，明显有误，今从《吐鲁番文书总目（欧美收藏卷）》。

Peald 7g 缀接，文字出自同一人之手。残存文字 7 行，录文如下：

（前缺）

1. ＿＿＿＿□ 天 子 六 军 ，诸 侯 大 国 ＿＿＿＿

2. ＿＿＿＿ 天 子合有几军者，惣有九 军 □□＿

3.　　　　　　　　　　　不

4. □ 子 曰：学而时习之，不亦悦乎。具解 文 ＿□＿＿

5. □ 既云时习，仍显时习年几。

6. 慈 第对：此明为人学问之事，言人从 师 ＿＿＿＿

7. 学 问，又能心精 ＿□□＿ 解既得，其时＿□□＿

（后缺）

今按：此残片留存策问二则。前者策题出自《周礼·夏官司马》："凡制军，万有二千五百人为军，王六军，大国三军，次国二军，小国一军，军将皆命卿。"此则后空行内有墨笔大字"不"，笔迹、墨色均与其他文字不同，为教师批注。后者策题出自《论语·学而第一》："子曰：学而时习之，不亦说乎？"制策人为"慈 第"。

Peald 7q

一纸。25.5×17cm。剪裁成鞋面形状，左侧边有粘连痕迹。鞋样两翼较 Peald 7n 短，显然有脱落。残存文字 7 行，录文如下：

（前缺）

1. ＿＿＿□ 奔南巢。俘，取。玉以礼 ＿□□＿

2. ＿＿＿ 之灾，故取而保之。谨对。

3.　　　　注虽得，错处太多

4. 问: 身薝玄纁机组画文，注此是何州？经

5. □主定出何文？

6. 慈第对: 此明□————————也。今云身薝玄

7. 纁玑组者，□————————色善，故宜之

（后缺）

今按: 此残片陈国灿已有录文，略有误字，今正之。留存策问两则。前者仅存答策后两行，策题出自《尚书·汤誓》:"夏师败绩，汤遂从之，遂伐三朡，俘厥宝玉。"孔安国传:"汤缓追之，不迫，遂奔南巢。俘，取也。玉以礼神，使无水旱之灾，故取而宝之。"残存答策文字与伪孔传基本相符。此则后有教师行书批语一行:"注虽得，错处太多。""注虽得"即指答策符合伪孔传而言。

后者策题出自《尚书·禹贡》:"荆及衡阳惟荆州。……包瓯菁茅，厥篚玄纁玑组，九江纳锡大龟。"孔传曰:"此州染玄纁色善，故贡之。"第七行答策作"色善故宜之"，"宜"字有误，右侧有淡墨一道，为教师所作批改，提示学生此处有错误。

Peald 7r

一纸。11×32.2cm［《吐鲁番文书总目（欧美收藏卷）》著录为32.3×11cm］。剪裁成鞋底形状，左侧边有粘连痕迹。残存文字13行，录文如下:

（前缺）

1. □而罪莫大于不————

2. □有几条□——

3. 刑之所不容□□□□

4. 莫大于不孝，圣□□□□

5. 数三千，一刑有几□□□□

6. 千，剕罚之属五百，宫□□□

7. 五刑之属惣三千也。□□□

8. 问：然后能保其禄位□□□

9. 禄位言保，祭祀言守□□□

10. 桥敏对：此言士之□□□

11. 如此之后，即能□□□

12. 孝父母，不顺君长□□□

13. 其祭祀食□□□□

（后缺）

今按：此残片留存策问二则。制策人为"桥敏"。

前者策题出自《孝经·五刑章第十一》："子曰：五刑之属三千，而罪莫大于不孝。"第 6 行"千，剕罚之属五百，宫"，系引《尚书·吕刑》"墨罚之属千，劓罚之属千，剕罚之属五百，宫罚之属三百，大辟之罚其属二百"文句来具体阐释"五刑之属三千"。

后者策题出自《孝经·士章第五》："故以孝事君则忠，以敬事长则顺。忠顺不失，以事其上，然后能保其禄位而守其祭祀。盖士之孝也。"

Peald 7s

一纸。7×6cm［《吐鲁番文书总目（欧美收藏卷）》著录为 7.5×6cm］。上下缘均经剪裁，左侧边有粘连痕迹。残存文字两行，录文如下：

（前缺）

1. ☐☐亦忻悦乎☐☐
2. ☐☐注云子者☐☐☐

（后缺）

今按：此残片当为答策文字，策题出自《论语·学而第一》："子曰：学而时习之，不亦说乎？"

Peald 11a

一纸。11×33.5cm[①]。剪裁成鞋底样。残存文字 15 行，录文如下：

（前缺）

1. ☐☐☐此☐☐☐
2. ☐☐ 众不容不☐☐☐
3. ☐之恶，莫大于不☐☐
4. 条中仰明三千☐☐
5. 《周书·甫刑》云：劓☐☐
6. 三千，大辟荆罚☐☐
7. 大僻之属二百☐☐☐
8. 问：然后能保其禄☐☐

---

① 此件尺寸 IDP 数据库著录为 11×24cm，对照图片，显然有误，今从《吐鲁番文书总目（欧美收藏卷）》。

9. 因何禄位言保，祭 ▢▢

10. 智力对：此明士人行 ▢▢

11. 外顺从于君长，内外 ▢▢

12. 故之，然后乃能保■ ▢▢

13. 长守富贵，然食禀（廪）▢▢

14. 曰礼，因何禄位 ▢▢

15. 遏▢之故言保，祭祀 ▢▢

（后缺）

今按：此残片留存策问二则。制策人为"智力"。前者策题出自《孝经·五刑章第十一》："子曰：五刑之属三千，而罪莫大于不孝。"答策引《尚书·吕刑》"墨罚之属千，劓罚之属千，剕罚之属五百，宫罚之属三百，大辟之罚其属二百"文句，来具体阐释"五刑之属三千"。

后者策题出自《孝经·士章第五》："故以孝事君则忠，以敬事长则顺。忠顺不失，以事其上，然后能保其禄位而守其祭祀。盖士之孝也。"两则策题的先后顺序与 Peald 7r 完全一致。答策所据亦当为《孝经》郑注。答策以"孝经父母"与"顺从君长"内外两方面立论，与郑注"内孝父母，外顺君长"相合；答策提到"食禀"，与郑注"食禀曰禄，居官曰位"相合①。

① 郑注从陈铁凡《孝经学源流》附录一《孝经今古文传解注汇集》所录新辑本，原文见前 Peald 7d 所引。

Peald 11b

一纸。11×35.8cm。剪裁成鞋底样。残存文字 12 行，录文如下：

（前缺）

1. ☐☐言☐☐☐☐
2. ☐☐☐与谁百☐
3. ☐☐☐六军，诸侯大
4. ☐☐有几军者，揔
5. ☐☐乎尽经注既
6. ☐☐学者，觉也。己不知
7. ☐☐☐之辞。时习之者，
8. ☐☐不亦说乎者，言乐
9. ☐☐☐孔子。曰者，语辞。
10. ☐☐不时之时谓心精
11. ☐☐心精专一而修
12. ☐☐解释☐

（后缺）

今按：此残片留存策问二则。前者策题出自《周礼·夏官司马》："凡制军，万有二千五百人为军，王六军，大国三军，次国二军，小国一军，军将皆命卿。"后者策题出自《论语·学而第一》："子曰：学而时习之，不亦说乎？"

Peald 11d

一纸。25×27.5cm。剪裁成鞋面样。残存文字 14 行，录文如下：

（前缺）

1. ☐☐☐罚之属千，剕罚之属千五百，宫☐☐☐☐

2. ☐☐☐辟之属二百。谨对。通

3. ☐☐曰：臧文仲居蔡，山节藻棁，何如其智☐☐☐

4. ☐臧文仲是鲁大夫，据何得知？

5. ☐生对：此论文仲奢泰，僭用天子之仪，山节☐

6. ☐之文，时人谓之有智，夫子所以刺之。注云：臧文

7. ☐鲁大夫臧孙臣辰也。☐☐☐☐☐☐守龟出蔡地

8. ☐焉。节槏■克☐☐☐☐☐藻之文。文仲奢

9. ☐如是何如其智☐☐☐☐文仲是鲁大夫

10. ☐何得知者，据古☐☐☐

11.　　　　　　　　　　　通

12. ☐子曰：学而时习☐☐☐

13. ☐时习年几。

14. ☐生对：此夫子言☐☐☐

（后缺）

今按：此残片制策人为"☐生"。留存策问三则。前者策题出自《孝经·五刑章第十一》："子曰：五刑之属三千，而罪莫大于不孝。"与 Peald 7r、11a 类似，答策同样引《尚书·吕刑》"墨罚之属千，劓罚之属千，剕罚之属五百，宫罚之属三百，大辟之罚其属二百"文句具体说明"五刑之属三千"。

第二则策题出自《论语·公冶长第五》："子曰：臧文仲居蔡，山节藻棁，何如其知也。""臧文仲居蔡"注："包曰：臧文

仲，鲁大夫臧孙辰。文，谥也。蔡国君之守龟出蔡地，因以为名焉。"答策基本引述全文，而文字略有不同。"山节藻棁"注："包曰：节者，栭也，刻镂为山。棁者，梁上楹，画为藻文。言其奢侈。"答策并未全文引述，而依据注文加以解说。

第三则策题出自《论语·学而第一》："子曰：学而时习之，不亦说乎？"

文中有多处教师涂改与评语：第一则与第二则之后，均有教师评语"通"；第一行"荆罚之属千"的"千"字，教师涂改为"五百"；第七行"臧孙臣"的"臣"字误，教师涂改为"辰"。

三、本组文书的分析

如上文所述，本组文书大多数均有剪裁的痕迹。其中有 9 件剪裁成鞋样，其中鞋底样 4 件，鞋面样 5 件，另有两件残片可与鞋面样缀合。这些迹象表明，这些文书残片当出自墓葬，它们被当作废纸制成纸鞋等明器。敦煌藏经洞中出土的文献没有类似形制的东西，它们肯定不会出自藏经洞，更大的可能是来自吐鲁番。因此，布里特的《普林斯顿收藏的敦煌写本残卷》一文通称所藏文献为"敦煌写本"，很容易造成误会。事实上，荣新江已经指出它们是吐鲁番文书[1]，这是可以信从的。

Peald 7 号下的 4 件鞋面样左侧双翼均有粘连痕迹，另有

---

① 荣新江：《海外敦煌吐鲁番文献知见录》，第 226 页。

11 件右侧均有粘连痕迹，显然这些残片原本前后互相粘连，后因黏合剂失效而脱落。这也说明，它们原初的装帧形制应为卷轴装。

Peald 7l 号"虐于民"的"民"字缺末笔，Peald 7d 答策引郑注"继世曰祀"的"世"改作"代"，Peald 7e 策题引《大禹谟》"民心"作"人心"，均避唐太宗讳，表明这批文书当为唐写本，写作年代在贞观元年以后。而《孝经》策多引用郑注，则可表明其写成年代在开元十年（722）唐玄宗御注颁行天下以前。

这批策问残片书法不佳，答策前标明制策人，显然出自学生之手；有的答策之后还有批语，批语的书法则流畅圆熟，当出自教师之手。这批残片的性质，应为学生的经义策习作。

11 件残片留存了答策开头部分，加上另一件可以缀合的残片，这使得我们得以确认一些有关制策学生及其习作的情况。制策学生至少有四位：桥敏，Peald 7e、7i、7r 三号为其所作；慁第，Peald 7a、7p、7g、7q 四号为其所作；智力，Peald 7j、11a 二号为其所作，另外，Peald 11b 从笔迹看似出自智力之手；□生，Peald 7m、7n、7o、11d 四号为其所作。其他十件残片无法确认作者，可能并非全部为上述四人所作。这一学堂中的学生，至少有四人，这是毫无疑问的。

综观 23 块残片，共可整理出策问 33 则，内容均为经义，其中大部分策题出处能明确考知。就其所试经典而言，《孝经》九则，《论语》十四则，《尚书》七则，《周礼》二则，另有一则疑出自《春秋》。唐制："凡《礼记》《春秋左氏传》为大经，《诗》《周礼》《仪礼》为中经，《易》《尚书》《春秋公羊传》《谷梁传》为小经。通二经者，大经、小经各一，若中经二。通三经者，大经、中经、小经各一。通五经者，大经皆通，余经各一，《孝经》《论语》皆兼通之。"① 策题以出自《孝经》《论语》者为最多，一方面反映了儒生须兼通《孝经》《论语》的教育考试制度，另一方面也说明这些士子的学业程度尚处于比较低的层次，课业偏重比较简易的《孝经》《论语》二经。相对于《文苑英华》所录策问来说，此批残片所留存的策问篇幅比较短小，文辞与经义阐发均较浅显，这也是本文认定它们出自学生之手的原因之一。

策题具体内容包括以下几个方面：一、经义，如"学而时习之不亦说乎""然后能保其禄位而守其祭祀""与其杀不辜宁失不经"等经文涵义的阐发；二、礼制，如射礼、军制及祭礼等；三、天文地理等其他内容。当然，后两者与解释经义关系也很密切，它们的立足点是没有本质区别的。除直接询问经文出处与涵义之外，策题也关注文字用法上的差异，如 Peald 7a 等"保其禄位而守其祭祀"题，均要求明解"因何禄位言保，祭祀言守"，从词语使用的细微差别入手阐发经文涵义。

这几位学生所作策论的策题多有交叉：桥敏、慈第、□生都做过"学而时习之"题；"厥篚玄纁玑组"题，桥敏与□生均做过；"然后能保其禄位而守其祭祀"题，除桥敏、慈第、□生所作外，另存有 Peald 7d 与 Peald 7k（2）两件写本。从存有

---

① （宋）欧阳修、宋祁撰：《新唐书》，北京：中华书局，1986年，第1160页。

两至三则策问的残卷上，可以看到策题之间的组合搭配关系，Peald 7p 与 Peald 11b 策题相同，Peald 7r 与 Peald 11a 策题相同。可见这几位学生的学业程度相当，教师给他们的作业也大体相同。

不过，同样值得注意的是，每位学生制策的策题也存在明显的差别，策题之间前后组合的差异更能说明这一点。如 Peald 7n 与 Peald 7q 后半均为《禹贡》"厥篚玄纁玑组"题，但其前半的策题则完全不同；又如 Peald 7r、Peald 11a、Peald 11d 所存前半均为"五刑之属三千"题，而 Peald 11d 后半策题则与 Peald 7r、Peald 11a 完全不同。这些迹象表明，学生的课程是有所区别的，教师乃是根据学生的不同情况实施有差别的教育。

《吐鲁番文书总目》将此批残片的性质界定为"考试时学生所答策问卷"。我们认为，这是值得商榷的，更大的可能是学生习作。作出这一推论的根据主要有两个：其一，如上文所述，每位学生所答的策题并不完全相同。如果是考试，那么程度相当的考生理应回答相同的考题。其二，除批语之外，残卷中尚有多数修改痕迹：Peald 11d 第一行"千"字涂改为"五百"，第七行"臣"字涂改为"辰"；Peald 7q 第七行"宜"字右侧有提示性符号。这几处涂改、标识的墨迹、字体均与对策正文有明显差别，而与批语接近，当与批语出于一手。批阅考卷的考官，当无替考生修改考卷的必要，因而它们更可能是学生习作。

同批文书中有几件为官文书且钤有朱印，据此推测，这批策问残卷来自官学的可能性较大。

四、敦煌吐鲁番策问类文献及其文献价值

通过此批文书，可以窥得唐代西州地方教育之一斑。学生规模、教学内容等，已具见上文。更为重要的是，它们还保留了能反映教学过程的教师批语。

本组文书中，留存有教师批语五条：Peald 7n 有一字批语"通"；Peald 11d 有两处批语"通"；Peald 7p 有批语"不"；Peald 7q 有批语"注虽得，错处太多"。

批语"通"与"不"有特定的含义。宋人王栐《燕翼诒谋录》卷二"举人命题"条云："试场所问本经义疏，不过记出处而已，如吕申公试卷问：'子谓子产有君子之道四焉，所谓四者何也？'答曰：'对：其行己也恭，其事上也敬，其养民也惠，其使人也义。谨对。'试卷不誊录，而考官批于界行之上，能记则曰'通'，不记则曰'不'。十问之中四通，则合格矣。其误记者，亦只书曰'不'。"[①]"通""不"是批语中的惯用模式，为唐宋时期为教师、考官所沿用。此批残卷中的"通"当指经文记诵与阐释无误，而"不"则反之。Peald 7q 批语则表明，经义策也同样注重对经典传注的记诵。

教师对学生习作的批改，现知敦煌吐鲁番文献中留存甚少。郑阿财、朱凤玉《开蒙养正》中有《学生的作业与批改》一节，

---

① （宋）王栐撰，诚刚点校：《燕翼诒谋录》，北京：中华书局，1981 年，第11 页。

而所列举的教师批改材料仅止 S.2703 一号而已 ①。该卷教师批改的对象是习字作业，且批语解读尚有值得商榷之处。这批残片则属于层次较高的对策练习，所留存的教师批语也更丰富，并可与传世文献的记载相印证，可谓了解中古时代基础教育难得的材料。

对策是唐代进士、明经考试的主要形式之一②，传世文献中保存了为数不少的策题与对策，如白居易《策林》及《文苑英华》卷四七三至卷五〇二所载策问等，其中不乏陆贽、宋之问、骆宾王等名家之作。学生、士子准备科举考试，对策也是其日常练习的主要科目之一。学生、士子的对策读本与习作的实物遗存，有幸于 20 世纪初我国西陲出土的敦煌吐鲁番文书中成批出现。

《文苑英华》没有载录完整的唐代经义策。敦煌吐鲁番文书中，存有此类文献三宗：一是吐鲁番阿斯塔那 27 号墓文书《唐经义〈论语〉对策残卷》③；二即是本文所论普林斯顿大学藏唐写本经义策残片；三为 S.6082《诗经》对策残卷④。

王素考定阿斯塔那 27 号墓文书《唐经义〈论语〉对策残卷》

---

① 郑阿财、朱凤玉：《开蒙养正：敦煌的学校教育》，兰州：甘肃教育出版社，2007 年，第 118—122 页。

② 参阅陈飞《唐代试策考述》，北京：中华书局，2002 年。

③ 新疆维吾尔自治区博物馆、武汉大学历史系编：《吐鲁番出土文书［四］》，北京：文物出版社，1996 年，第 149—152 页。

④《英藏敦煌文献（汉文佛经以外部分）》第十卷，成都：四川人民出版社，1994 年，第 74 页。

所用经文注文纯为《郑注》，因此定名为《唐写〈论语郑氏注〉对策残卷》①，确为的论。该批残片答策以"对"开头；多以"子张篇也"（第二则）、"［八］佾篇也"（第三则）、"［乡］党篇也"（第七则）作结，说明策题往往包含经文出处的问题。这组残片的抄写也有其特点：策题以开头的"问"字高出其他文字一字，答策紧随策题抄写，不另起一行，仅与策题之间留两字空格。对策内容均由经义解说、全章（或节）经文、该章节郑注、郑注的解释、策问篇名等五部分组成；相较于《文苑英华》载权德舆所作明经策问的范围广泛、内容灵活、联系时事，这批残片断章取义，内容呆板，强调记诵而不联系现实政治，应为"唐代经义对策的低级类型"②。关于文书的性质，王素认为这是唐代西州比较流行的一件《郑注》对策范本，不是对策人的原卷，而是传抄卷③，并以此解释残卷"字迹稍有异同，似不出一人之手"④的现象。这种解释并不圆满。我们认为，残卷所载策问程度较低，答策文字简单，不太可能是流行的范本；残卷笔迹不一，或出自多人之手，因此很可能也是学生的习作。

　　普林斯顿大学藏经义策残卷中，保留了几则相对比较完

---

① 王素：《唐写〈论语郑氏注〉对策残卷考索》，见《唐写本〈论语郑氏注〉及其研究》，北京：文物出版社，1991年，第259—271页。

② 王素：《唐写〈论语郑氏注〉对策残卷与唐代经义对策》，《文物》1988年第2期，第56—62页。

③ 王素：《唐写〈论语郑氏注〉对策残卷考索》，见《唐写本〈论语郑氏注〉及其研究》，第267页。

④ 新疆维吾尔自治区博物馆、武汉大学历史系编：《吐鲁番出土文书［四］》，第149页。

整的策问，如 Peald 7n、11d 等。根据它们提供的信息，可以
推知其答策的结构。答策主要包括五部分内容：其一，阐述
策题主旨，如 Peald 7a "此明士人行孝之法"，Peald 11d "此
论文仲奢泰，僭用天子之仪"等；其二，引述经文原文，如
Peald 7n 第二则答策中引述 "日中星鸟，以殷仲春"；其三，
引述传注原文解释经文，如 Peald 7e、7n、7q 引用《尚书》
伪孔传，Peald 11d 引述《论语》包咸注，Peald 7d、7m、11a
引用《孝经》郑注，Peald 7c、7s 也提到 "注云……"，显然
也引用了注文；其四，解释注文，如 Peald 7n、7m、11a 答策
中对注文涉及的南方朱鸟七宿的解释；其五，解释策题要求解
答的其他问题，如 "学而时习之" 题中回答 "时习年几" 这
一问题。

　　值得注意的是，涉及《孝经》的几则策问，所依据的注释
多为郑注。《孝经》郑注于晋元帝大兴年间（318—321）始立
学官，南朝齐仍之；梁则与孔传并立；北朝则纯用郑注[①]。北朝
时期，吐鲁番一带虽有《孝经》流传，但以胡语本为多。《周
书·高昌传》载，麴氏高昌 "文字亦同华夏，兼用胡书。有《毛
诗》《论语》《孝经》，置学官弟子，以相教授。虽习读之，而
皆为胡语"[②]。这批残卷则表明，唐初西州依然沿袭北朝风气，
通行郑注。这与唐初西州沿袭北朝经学传统、流行郑注的背景

---

　　① 陈铁凡:《孝经学源流》，第 146—147 页。
　　② （唐）令狐德棻等:《周书》，北京：中华书局，1971 年，第 915 页。

是相吻合的[①]。开元十年（722），唐玄宗"训注《孝经》，颁于天下"[②]，其后"又特令元行冲撰御所注《孝经》疏义，列于学官"[③]。天宝三载（744），又"诏天下民间家藏《孝经》一本"[④]。玄宗御注《孝经》颁行天下并列于学官之后，科举考试必以其为依据。郑注的流传与消长，于此可见一斑。

此外，值得注意的是解说经义的方法。除引证注文之外，答策还常用词义训诂的方式解释经义，如 Peald 7e "宁，安也"；又如 Peald 11b "曰者，语辞"。这些方面都体现出经义策的特点。

从内容与结构角度看，这批残卷与《唐写〈论语郑氏注〉对策残卷》有类似之处，均包括解释题旨、征引经文、征引注文、解释注文等内容，策题都限于一章一句，强调对传注的记诵，也不联系时事，因此这两批残卷的性质是比较接近的。

综观这两宗性质接近的经义策残卷，可以大致归纳出唐代经义策的基本行文格式：策题均以"问"字开头；答策则以"对""××对"开头，随后多以"此明""此论"引出经义解释；答策之末，以"谨对"作结。

① 姚崇新：《唐代西州的私学与教材》，《西域研究》2005 年第 1 期，第 5—10 页。

② （后晋）刘昫等：《旧唐书·玄宗本纪》，北京：中华书局，1975 年，第 183 页。

③ （后晋）刘昫等：《旧唐书·元行冲传》，第 3178 页。

④ （后晋）刘昫等：《旧唐书·玄宗本纪》，第 218 页。

　　S.6082《诗经》对策残卷[①]，郑阿财曾发表录文[②]。该卷残存
文字十行，存策问两则，其中后者策题完整："问曰：唐虞远古，
复有咏有歌，何以商王近代，而不风不雅。"[③]系就郑玄《诗谱
序》"迄及商王，不风不雅"一句发问，不涉及具体经文的阐释，
而是要求学生论述经学上的某些疑难问题。答策以"答曰"开
头，首先引用了《诗谱序》的原文，指出策题的出处；然后申
述对这一问题的见解，认为商代无风雅传世的原因是周代采诗
时所得已不完整。S.6082 结构较前述两宗经义策残卷简单：策
题以"问曰"开头，以"答曰"引出答策，答策之末不用"谨
对"作结。此残片抄写较草率，且有修改的痕迹：写卷多误字，
如"迄及商王"误作"迄乃"，"雅"误作"种"等；有误倒，
第 2 行"明论诗"为"明诗论"之倒，行间有乙倒符；又有涂
改。这些迹象都表明，它很可能也是学生习作之类的文献。郑

---

　　① 此卷的命名，诸家目录各有不同：翟理斯 *Descriptive Catalogue of the
Chinese Manuscripts from Tunhuang in the British Museum* 著录作 "of a text in the form
of question and answer in which the Odes of the 诗经 *Shih ching* are discussed"（关于
《诗经》的问答）；《伦敦藏敦煌汉文卷子目录提要》作 "诗论"；《敦煌遗书总目索
引》作 "论风、雅"；黄永武《敦煌遗书最新目录》作 "论诗经风雅"；施萍婷《敦
煌遗书总目索引》"论风、雅九行"；《英藏敦煌文献》作《明诗论》，系截取残存的
第一则策问中的部分字句拟名。各家拟名均准确指明其内容与《诗经》有关，但
均未能明确指出其性质为策问，故本文不取，而以 "《诗经》对策残卷" 称之。
此材料承荣新江先生提示，谨申谢忱。
　　② 郑阿财：《敦煌本〈明诗论〉与〈问对〉残卷初探》，《第四届唐代文化学
术研讨会论文集》，成功大学教务处出版组，1999 年，第 303—325 页。
　　③ 策题郑阿财录文作 "唐虞远于商，复有咏有歌，何以商王近代而不风不
雅"，略有误字，本文谨校核图版，加以修正。

阿财在探讨其内容与孔《疏》异同的基础上，指出"其作用很明显的是明经考生为准备笔试，或准备口试所作的事前练习"，这一论断是可以信从的。

与学生的对策习作相关的，还有对策范文写卷。敦煌遗书中主要有两种：一是《兔园策府》写卷，学界多有研究①，兹不具论；一是国家图书馆藏 BD14491+BD14650 唐写本《问对》写卷②，刊布较晚且不完整。郑阿财曾发表 BD14491 的录文，并对其内容、性质进行了研究③。BD14491+BD14650 存对策 30 则。每则有简洁的标题，其中有几则有注释，注解正文的出典、词义等，这说明它的性质是对策的范本，郑阿财、朱凤玉称之为"士子准备考试所用之参考读本"④，是很准确的界定。策问多为政治与社会道德方面的内容，属时务策，当为准备应进士科

①　比较重要的研究论著有：王国维《唐写本兔园册府残卷跋》，《观堂集林》卷二十，北京：中华书局，1959 年，第 1014—1015 页。郭长城《敦煌写本〈兔园策府〉叙录》，《敦煌学》第 8 辑，1984 年，第 47—61 页。郭长城《敦煌写本兔园策府研究》，中国文化大学中文研究所硕士论文，1985 年。周丕显《敦煌古钞〈兔园策府〉考析》，《敦煌学辑刊》1994 年第 2 期，第 17—29 页。刘进宝《敦煌本〈兔园策府·征东夷〉产生的历史背景》，《敦煌研究》1998 年第 1 期，第 111—116 页。屈直敏《敦煌本〈兔园策府〉考辨》，《敦煌研究》2001 年第 3 期，第 126—129 页。王璐《敦煌写本类书〈兔园策府〉探究》，西北师范大学硕士论文，2006 年。

②　刘波、林世田：《敦煌唐写本〈问对〉笺证》，《文津学志》第三辑，北京：国家图书馆出版社，2010 年。

③　郑阿财：《敦煌本〈明诗论〉与〈问对〉残卷初探》，《第四届唐代文化学术研讨会论文集》，第 303—325 页。

④　郑阿财、朱凤玉：《开蒙养正：敦煌的学校教育》，第 123—126 页。

的士子所用。策题与答策均为骈体，对仗工整，长于用典。唐初，衡量策文的标准主要是文采辞藻，而不是内容，《文苑英华》所载贞观二年（628）及二十年（646）上官仪、张昌龄等策文，均文辞华美、讲究声律且用典工丽 [1]。策问的策题，往往不外乎礼制刑法、施政宽猛、选贤举能等雷同的主题，因此士子们把模拟旧策作为学习的重要内容，以至于高宗永隆二年（684）八月《条流明经进士诏》指斥"进士不习史传，只读旧策，共相模拟，本无实才" [2]。流风所及，敦煌这样偏远的边陲地带的士子，也受到时代风尚的熏染，BD14491+BD14650写卷反映的正是初唐对策崇尚文辞、士子习于揣摩旧策的时代特色。

这些策问范文与学生试策均产生于唐代前期，反映出当时西部边陲的沙州、西州等地，学生与士子们揣摩、练习对策，准备进士、明经科举考试的情形。学校的设置、发展与科举有着紧密的联系。武德七年（624），唐高祖下《置学官备释奠礼诏》，命"州县及乡里，并令置学" [3]。此后，不仅州县遍设学校，乡学、里学、村学的建立也较为普遍 [4]，私学也非常兴盛。唐灭高昌以后，唐代的地方教育制度也迅速在西州得到推行，官

---

[1] 吴宗国：《唐代科举制度研究》，沈阳：辽宁大学出版社，1997年，第144—145页。

[2] （宋）宋敏求编：《唐大诏令集》卷一百六，北京：中华书局，2008年，第549页。

[3] （宋）宋敏求编：《唐大诏令集》卷一百五，第537页。

[4] 万军杰：《试析唐代的乡里村学》，《史学月刊》2003年第5期，第29—35页。

学运转良好，即使在中原官学中衰的武周时期依然得以维持不辍①。同时，私学也有所发展，且同内地相似，与寺院有着深厚的渊源关系②。阿斯塔那《唐写〈论语郑氏注〉对策残卷》、普林斯顿大学藏经义策残卷、S.6082《诗经》对策残卷，就其残存文字虽难以判断其到底是出自官学还是私学，但它们无疑能表明，西州一带也同内地一样，建立了以准备科举考试为直接目的的学校。这不仅是唐政府在西州的统治坚实有力的表现，也是儒家文化与儒学传统在西州得以确立的明证。在中国古代教育史与文化史研究方面，这些应是值得注意的材料。

（原载《文献》2011 年第 3 期，署名刘波）

---

① 姚崇新：《唐代西州的官学》，《新疆师范大学学报》（哲学社会科学版）2004 年第 1 期，第 62—68 页。

② 姚崇新：《唐代西州的私学与教材》，《西域研究》2005 年第 1 期，第 1—5 页。

黑水城汉文刻本文献定名商补

黑水城出土文献中，有不少为印本书籍残片。有的残片残损过甚，留存的文字不多，较少引起研究者的注意，《中国藏黑水城汉文文献》等大型文献图录没有著录其书名，因而未能完整揭示出其文献价值。兹择取部分印本残片，考订其题名，以略补其缺。

一、M1·1239［F89：W2］，《中国藏黑水城汉文文献》拟名为"印本残件"。

此件文献残存 7 行，移录如下：

1. 生囷
   □世称

2. 几先 要 安 详恭

3. 庄而不懈执 今
   志一而不杂

4. 后世教法不明
   情骄则安于

5. □而无检束摄 到
   以困其美质

6. □□粗恶凶很非
      学积习以至

7. 已 冇

今按：根据残存文字，可考定其为朱熹《小学》注本残叶。所存文字为《嘉言》篇的篇首部分。《小学·嘉言》篇曰："横

渠张先生曰：<u>教小儿，先要安详恭敬</u>。<u>今</u>世学不讲，<u>男女从幼</u>
<u>便骄惰坏了</u>，<u>到长益凶很</u>。只为未尝为弟子之事，则于其亲，
<u>已有物我</u>，不肯屈下，病根常在。"①

　　经比对可知：本件文献第 1 行为"横渠张先生"的注文；
第 2 行为"先要安详恭敬"一句的正文；第 3 行双行小字部分
为"安详恭敬"的注文，"今世学不讲"仅存首字；第 4 行至第
5 行双行小字部分为"男女从幼便骄惰坏了"，"到长益凶很"
存首字；第 6 行为"凶很"的注文；第 7 行残存"已有物我"
的"已有"两字。

　　《中国古籍善本书目·子部》儒家类著录元刻本《标题注
疏小学集成》十卷一种②，此书现藏国家图书馆，存卷八《嘉言
第五》之下、卷九《善行第六》之上的前半及卷十《善行第六》
之下。卷十末署"建安 ☐☐☐☐ 士信辑"，此"士信"可能即
是辑《增修笺注妙选群英草堂诗余》《小学书》三卷的何士信。
此残片文字字体、刀法与该书极为相似，可能即《标题注疏小
学集成》十卷元刻本的残片，可惜该书卷七不存，无法核对。

　　二、M1·1240［F14：W9A］，《中国藏黑水城汉文文献》
拟名为"印本残件"。

　　此件文献残存二碎片，其一存文 2 行，移录如下：

　　甲：

---

① 《小学集注》，台北：中华书局，1981 年影印《四部备要》本。与此件文
献对应文字加下划线，下同。

② 《中国古籍善本书目·子部》，上海：上海古籍出版社，1996 年，第 60—
61 页。

1. 手 曰曩

2. 上昼食 上

其二存文4行，其第2行无字，第4行残损过甚，无法辨识。移录如下：

乙：

1. 祠其冢终

2.

3. 也夫恭显之谮

4. □□□□

今按：此件为《资治通鉴》卷二十八残叶。其原文为：

> 天子闻之惊，拊手曰："曩固疑其不就牢狱，果然杀吾贤傅！"是时，太官方上昼食，上乃却食，为之涕泣，哀动左右。于是召显等责问以议不详，皆免冠谢，良久然后已。上追念望之不忘，每岁时遣使者祠祭望之冢，终帝之世。

> 臣光曰：甚矣孝元之为君，易欺而难寤也！夫恭、显之谮诉望之，其邪说诡计，诚有所不能辨也。[①]

值得注意的是，与通行本对勘，此件文献存有异文。第4行"祠其冢"，中华书局标点本作"祠祭望之冢"。

根据残文，我们可以推知这个版本的部分特点。此残片第1行之"曩"字至第2行之"昼"字，共21字；"臣光曰"至第5行之"谮"字，亦为21字。由此可以推知，《资治通鉴》的这个刻本为每行21字。此外，残片乙第2行无字，表明以"臣

---

① （宋）司马光：《资治通鉴》，北京：中华书局，1956年，第902页。

光曰"领起的司马光史论，这个版本另起一行，与《四部丛刊》影印本及国图所藏多种宋刻 11 行行 21 字本空二字格均不同。

三、M1·1243［F19：W30］，《中国藏黑水城汉文文献》拟名为"印本残件"。

此件文献残存 2 行，第 2 行无字，其第 1 行存下半截，谨录文如下：

1. 而 哇之　盖音阁辟音避
　　　　　　频与颦同顾与

今按：此件文献为朱熹《孟子集注》残片。其正文见《孟子·滕文公》：

> 曰："仲子，齐之世家也。兄戴，盖禄万钟。以兄之禄为不义之禄而不食也，以兄之室为不义之室而不居也。辟兄离母，处于于陵。他日归，则有馈其兄生鹅者，己频顣曰：'恶用是鶃鶃者为哉？'他日，其母杀是鹅也，与之食之。其兄自外至，曰：'是鶃鶃之肉也。'出而哇之。"

朱熹集注：

> 盖，音阁。辟，音避。频，与颦同。顣，与蹙同，子六反。①

同书另收《孟子》及其注本三种，分别为 M1·1255、M1·1256、M1·1257。本件四周单边，其版刻特征与上述四件均不相同，当为另一版本。

四、M1·1244［F20：W7B］，《中国藏黑水城汉文文献》

---

① （宋）朱熹：《孟子集注》，见《四书五经》，北京：中国书店，1985 年影印本，第 49—50 页。

拟名为"印本残件"。

此件文献残存 4 行，录文如下：

1. 渭以自彰秽迹 故其

2. 漆不知其所出故其名 曰黑

3. 也彼得之而不辞穷万世 而

4. 与美 为子 所喜而

今按：此件为柳宗元《愚溪对》的残文。其原文为：

秦有水，掎汨泥淖，挠混沙砾，视之分寸，眙若睨壁，浅深险易，昧昧不觌，乃合泾渭，以自彰秽迹，故其名曰浊泾。雍之西有水，幽险若漆，不知其所出，故其名曰黑水。夫恶、弱，六极也；浊、黑，贱名也。彼得之而不辞，穷万世而不变者，有其实也。今予甚清与美，为子所喜，而又功可以及圃畦，力可以载方舟，朝夕者济焉。子幸择而居予，而辱以无实之名以为愚，卒不见德而肆其诬，岂终不可革耶？

此件当为柳宗元文集残叶。据残存文字，可以得知该书的某些版刻特征，即该书为每行 21 字。

五、M1·1248 [F96：W4]，《中国藏黑水城汉文文献》拟名为"印本残件"。

此编号有残叶二片，各残存文字 2 行。谨录文如下：

甲：1. 定待□也

2. 首更始入洛

乙：1. 衤

2. □位三

今按：残片甲为司马光《稽古录》卷十三残片。《稽古录》卷十三"魏文帝黄初元年"条末有司马光论赞曰：

> 臣光曰：新室之末，民心思汉，如渴之望饮、饥之待<u>铺也</u>，是以诸刘奋臂一呼，而远近响应，曾未期年，元恶授首。<u>更始入洛之初</u>，天下已服矣，而素无人君之器，纪纲不修，诸将暴横，不旋踵而亡，固其宜也。①

据残存文字推算，原书应为每行 25 字。《中国古籍善本书目》著录《司马温公稽古录》的最早刻本为明刻本。此残片表明，此书在明代以前已有刻本。

残片乙残存 2 行，第 1 行仅存偏旁"礻"，第 2 行存两字，"位"之上尚残存一竖笔。存文过少，出处难以查核。

检《稽古录》，"位三"二字连用的组合仅出现一次，卷五《夏后氏下》首句，其文为："舜受禅，使禹宅百揆。舜老，以位传禹，曰：朕居帝位三十有三载，耄期倦于勤，汝惟不怠总朕师。"残片乙"位三"上的竖笔与"位"的偏旁"亻"位置较为接近，看似"亻""彳"或"忄"之类含有长竖笔的偏旁的残存，不太可能为"帝"字的残笔。此外，假使残片乙为《稽古录》残文，则第 1 行的"礻"只能为"禅"的偏旁，以此推算，此书应为每行 17 字，与残片甲不合。因此可推知，残片甲与残片乙并非同一部书的残片，将这二者编为同一个号，是不合适的。

---

① （宋）司马光著，王亦令点校：《稽古录点校本》，北京：中国友谊出版公司，1987 年，第 309—310 页。

六、M1·1249［F19：W31］，《中国藏黑水城汉文文献》拟名为"印本残页"。

此件文献残存 3 行，注文作双行小字。录文如下：

1. 在上人便圈的道理 诗

2. 母 好的君□ 呵是百

3. 能顺民

今按：此为《孝经》注残叶，存文为《广至德章》。《孝经·广至德章》：

> 子曰：君子之教以孝也，非家至而日见也。教以孝，所以敬天下之为人父者也。教以悌，所以敬天下之为人兄者也。教以臣，所以敬天下之为人君者也。诗云：恺悌君子，民之父母。非至德，其孰能顺民如此其大者乎？①

残文第一行为"所以敬天下之为人君者也"的注文，其下残存的笔画当为经文下一句首字"诗"的残笔；第二行存经文"民之父母"之末字，及注文六字；第三行存本章末句"其孰能顺民如此其大者乎"中"能顺民"三字的右半残笔。

黑水城出土《孝经》及其注本多种。《中国藏黑水城汉文文献》中收有另一刻本，编号为 M1·1259［F197：W2B］，拟名为"《孝经》残页"。该件文献亦为《孝经》注本，其注文多用白话，口语成分较重，可能为乡塾教本之属，与此件并非同一版本。

七、M1·1250［Y1：W7A］，《中国藏黑水城汉文文献》拟

① 《十三经注疏》，北京：中华书局，1980 年影印阮元校刻本，第 2557 页。

名为"印本残件"。

此件文献残存三片，其文为：

甲：1. 合也壹

乙：1. 等分

丙：1. □□

    2. 调临病济

    3. 花实诸虫

今按：此文献为《太平惠民和剂局方》残片。残片甲、丙存字较多，出自《太平惠民和剂局方·指南总论·论合和法》。其原文为：

> 凡言等分者，非分两之分，即诸药之斤两多少皆同，为等分也。凡煮汤，云用水大盏者约一升也，一中盏者约五合也，一小中者约三合也。务从简易，庶免参差，俾修合煎调，临病济急，不更冗繁，易为晓了也。凡草有根、茎、枝、叶、皮、骨、花、实，诸虫有毛、翅、皮、甲、头、足、尾、骨之属，有须烧、炮、炙，生熟有定，一如其法，顺方者福，逆方者殃。[①]

准此，残片乙文字在甲之前，二者排列位置应互倒。

据残片丙推测，此书为每行 23 字。经比勘，此残片并非出自元建安郑天泽宗文书堂刻本、元至正二十六年（1366）建安高氏日新堂刻本《太平惠民和剂局方》，为此二本之外另一

---

① （宋）太平惠民和剂局编，刘景源点校：《太平惠民和剂局方》，北京：人民卫生出版社，1985 年，第 409—410 页。

刻本。

八、M1·1251〔84H·F116：W400/1572〕，《中国藏黑水城汉文文献》拟名为"印本残件"。

此件文献残存5行，纸张残破，其文字不尽可识。谨录文如下：

1. □□

2. 座起偏

3. 恭敬

4. 善护

5. □□

今按：此即《金刚经·善现启请分》残文。其原文如下：

> 时长老须菩提在大众中即从座起，偏袒右肩，右膝着地，合掌恭敬而白佛言："希有！世尊！如来善护念诸菩萨，善付嘱诸菩萨。世尊！善男子、善女人，发阿耨多罗三藐三菩提心，应云何住，云何降伏其心？"①

据此推算，此本每行应为12字。另据该书提供的尺寸推估，此本版框高约为10厘米，加上天头地脚，也不过13厘米左右，属于开本较小的刻本。

九、M1·1252〔F2：W1〕，《中国藏黑水城汉文文献》拟名为"印本残件"。

此件文献残存2行，录文如下：

1. 起土山射

2. □楼皆破

---

① 《大正藏》，第8册第748页。

今按：此为《后汉书》或《三国志·魏书·袁绍传》的残文。《后汉书·袁绍传》文曰：

> 绍为高橹，起土山，射营中，营中皆蒙楯而行。操乃发石车击绍楼，皆破，军中呼曰霹雳车。[①]

《三国志·魏书·袁绍传》文曰：

> 绍为高橹，起土山，射营中，营中皆蒙楯，大惧。太祖乃为发石车，击绍楼，皆破，绍众号曰霹雳车。[②]

因残存文字过少，难以判断残文是哪一部书的残片。如为《后汉书》残片，则可推知此书每行为 19 字，且为无注白文本；如为《三国志》残片，则可推知其为每行 21 字。现知宋元本《后汉书》均为李贤注本[③]，因此该残片出自《三国志》的可能性较大。

十、M1·1267［83H·F9：W37/0291］，《中国藏黑水城汉文文献》拟名为"印本残页"。

此件文献存一叶 12 行，但揉皱残破，字迹难以辨认。兹就其略可辨识者录文如下：

1. ☐☐☐ 具吐情 实 ☐☐ 人崇 ☐ 所遗

2. ☐ 屠刀 ☐☐☐ 日 大 设合境屠 者 皆集

---

① （南朝宋）范晔撰，（唐）李贤注：《后汉书》，北京：中华书局，1965 年，第 2400 页。

② （晋）陈寿撰，（南朝宋）裴松之注：《三国志》，北京：中华书局，1971 年，第 199 页。

③ ［日］尾崎康：《正史宋元版の研究》，东京：汲古书院，1989 年，第 271—311 页。

3.☐☐以俟宰杀既而☐☐☐☐刀翌日再

4.至☐命☐人刀换下☐☐☐各来认刀

5.☐☐☐☐☐☐☐☐☐☐☐某刀问

6.☐☐☐☐☐☐☐☐☐之则已窜矣

7.☐☐☐是某人☐☐毙之窜者闻

8.☐☐☐富商子☐☐家杖背而已

9.

10.☐☐☐☐☐☐☐有术换刀者迹贼之

11.术☐☐☐☐☐☐冤何由释

12.故☐☐☐☐☐亦不可☐☐

今按：此件文献为宋郑克《折狱龟鉴》"刘崇龟"条。其原文为：

刘崇龟在镇。有富商子泊船江岸，见一高门中有美姬，殊不避人。因戏语之曰："夜当诣宅矣。"亦无难色，启扉待之。忽有盗入其室，姬即欣然往就。盗谓见擒，以刃刺之，逃去。富商子继至，践其血，泞而仆，闻胘胝血声未已，觉有人卧于地，径走至船，夜解维遁。其家踪迹，讼于公府。遣人追捕，械系考讯，具吐情实，惟不招杀人。崇龟视所遗刀，乃屠刀也，因下令曰："某日大设，阖境屠者皆集球场，以俟宰杀。"既而晚放散，令各留刀，翌日再至。乃命以杀人刀换下一口。明日，诸人各认本刀。一人不去，云非某刀。问是谁者？云某人刀。亟往捕之，则已窜矣。于是以他囚合死者为商人子，侵夜毙之。窜者闻而还，乃擒，置于法。富商子坐夜入人家，杖背而已。

按：凡欲释冤，必须有术。换刀者，迹贼之术也；毙

囚者，谲贼之术也。贼若不获，<u>冤何由释</u>？故仁术有在于

是者，君子<u>亦不可忽也</u>。①

《中国古籍善本书目》著录此书明万历二十三年张泰征刻

本与万历间王邦才刻本②。此本版刻时代不晚于元末，当为《折

狱龟鉴》现存最早刻本。据现存文字推算，此本每行 18 或 19

字不等。

与通行本相比，此本有异文。第 4 行"各来认刀"，通行

本作"各认本刀"；第 5 行"某刀问"之前，有 15—16 字，但

通行本只有"一人不去云非"6 字，通行本恐有删削，可惜此

本残缺过甚，无法详考。于此可见《折狱龟鉴》一书文本修订

过程之一斑。

十一、俄藏 TK318，《俄藏黑水城文献》拟名"古籍残片"

此件《俄藏黑水城文献》的《叙录》定为宋刻本③。残存文

字 2 行，录文如下：

1. 谓悲哀在心故闻
乐不以为乐也

2. 戚之情

今按：此亦为《孝经》注本，存文为《丧亲章》，所存为书

叶的右上角。《丧亲章》：

子曰：孝子之丧亲也，哭不偯，礼无容，言不文，服

---

① （宋）郑克：《折狱龟鉴》，见《丛书集成》第 783 册，北京：中华书局，
1985 年据《墨海金壶》本排印，第 11—12 页。

② 《中国古籍善本书目·子部》，上海：上海古籍出版社，1996 年，第 146 页。

③ ［俄］孟列夫、蒋维崧、白滨：《叙录》，《俄罗斯科学院东方研究所圣彼得
堡分所藏黑水城文献》，上海：上海古籍出版社，1998 年，第 6 册第 37 页。

美不安，闻乐不乐，食旨不甘，此哀戚之情也。[①]

TK318 第 1 行双行小字为"闻乐不乐"之注文，第 2 行为经文"此哀戚之情也"一句之残存。

十二、OR.8212/1314，《斯坦因第三次考古所获汉文文献（非佛教部分）》拟名"印本残片"

此件文献残存 2 行，录文如下：

1. 使黑风吹其

2. 刹鬼国其

今按：此残片即隋阇那崛多、达摩笈多所译《添品妙法莲华经》卷第七《观世音菩萨普门品第二十四》残文，原文为：

> 若有百千万亿众生为求金银、琉璃、车璩、马瑙、珊瑚、琥珀、真珠等宝，入于大海，假使黑风吹其船舫，飘堕罗刹鬼国，其中若有乃至一人称观世音菩萨名者，是诸人等皆得解脱罗刹之难，以是因缘，名观世音。[②]

据残存文字推测，此印本当为每行 10 字。

此前经学者考定的黑水城印本文献残叶，还有《碎金》《尚书》《文献通考》《薛仁贵征辽事迹》等，以及 M1·1247［F90：W1］、M1·1263［F90：W2］、M1·1264［F90：W3］袁俊翁《新编待问集四书疑节》残叶[③]，M1·1266［F6：W36］、TK316、OR.8212/813 武夷詹光祖月厓书堂刻本朱熹《资治通鉴纲目》

---

① 《十三经注疏》，第 2561 页。

② 《大正藏》，第 9 册第 191 页。

③ 虞万里：《黑城文书〈新编待问〉残叶考释与复原》，《汉学研究》2003 年第 2 期。

卷二十残片 ①，M1·1253〔F64：W1〕希麟《续一切经音义》卷六 ②，TK314、TK322.2、TK322.5《初学记》残片 ③ 等。上述诸种刻本古书，大多为残片断叶，留存的文字不多，某些经典注本的注释者甚至无法考定，它们的文献价值与校勘价值虽然有限，不过从文化史、书籍史的角度来看，却有着不同寻常的意义。

这些残叶中，有儒家经典的注本、史籍、文集、类书及医药、断案等应用文献，品类繁多。这些材料说明，在元代，像亦集乃路这样的远离中原的边远地区，必然有一定数量的儒生群体生活在那里；与内地一样，朱子的学说在当地颇受尊崇，汉文化的影响深刻而普遍。东南一带雕版印刷的书籍，如詹光祖刻《通鉴纲目》，竟然在西北边陲发现，说明元代图书的流转网络，能从东南跨过中原，远达西北地区，文化交流的广度于此可见一斑。

《稽古录》《折狱龟鉴》等书，以往所知的最早刻本均为明刻本，黑水城出土残片中有它们的元刻本存在，虽然零碎，却

---

① 虞万里：《黑城文书〈资治通鉴纲目〉残叶考释》，《欧亚学刊》第七辑，北京：中华书局，2007 年，第 180—202 页。

② 聂鸿音：《黑城所出〈续一切经音义〉残片考》，《北方文物》2001 年第 1 期。虞万里：《黑城文书辽希麟〈音义〉残叶考释与复原》，载《庆祝吴其昱先生八秩华诞敦煌学特刊》，台北：文津出版社，2001 年；收入《榆枋斋学术论集》，南京：江苏古籍出版社，2001 年。

③ 段玉泉：《俄藏黑水城文献〈初学记〉残片补考》，《宁夏社会科学》2006 年第 1 期，第 109—110 页。

也可让我们知晓这些书在明代以前已刻版印行。这些残片提示我们，《太平惠民和剂局方》等书，在已知宋元刻本之外，还有更多的版本。梳理这些书籍的版本源流与流传历史，黑水城出土残片一定程度上可弥补文献不足的缺憾。这些信息，对文化史、书籍史相关问题的研究，都不无小补。

（原载《文献》2013 年第 2 期，署名刘波）

《孟姜女变文》残卷的缀合、
校录及相关问题研究

一、敦煌本孟姜女故事文献研究综述

孟姜女故事为我国源远流长的民间故事，习见于历代歌咏诗文。敦煌文献中有多种孟姜女故事文献。

P.5039 号王重民《伯希和劫经录》中拟名《孟姜女变文》[①]。王重民等校录的《敦煌变文集》收录了该卷的录文。随后，该卷引起了国内学术界的注意，中国小说史、戏曲史、民俗史等领域的研究者们尤其关注这一文献。潘重规《敦煌变文集新书》，黄征、张涌泉《敦煌变文校注》，周绍良等《敦煌变文讲经文因缘辑校》重加校录，录文更加精审。将该卷认定为变文，也成为学术界的主流意见。关于该卷的性质，学术界也有不同的看法。周绍良认为该卷"体裁与变文基本相似，只是没有我

---

① 《伯希和劫经录》著录 P.5039 号为"残文一片（十三断行似为孟姜女变文）"，P.5019 号为"孟姜女变文（卅九行）"。缩微胶卷与此后出版的图录均显示，《伯希和劫经录》实将此二文献的著录倒置。这一疏忽致使众多著作将这两件文献的卷号混淆。

们所能找出变文的特征"，将其归入"诗话"类①。程毅中认为
该卷"体制与标准的变文（如《汉将王陵变》）略有不同。它
虽是散韵相间，诗文结合，但文的部分却是押韵的四言句，实
际上是赋体"，将其归入"故事赋"一类②。

P.5019 号王重民《伯希和劫经录》中推测其似为《孟姜女
变文》。可能是因为残缺过甚，1957 年出版的《敦煌变文集》
中并未收录该号③，潘重规《敦煌变文集新书》亦未收录该号。
迄今为止，P.5019 先后有两种录文发表。高国藩《论敦煌写本
中孟姜女故事的形成和价值》一文中发表了 P.5019 的录文，同
时指出："伯 5019 是一篇不知名的残卷，卷面暗黑，字迹不易
辨认，而且残缺太甚，只能认出一百五、六十字。"④ 该文校录
错误较多，难以卒读。黄征、张涌泉《敦煌变文校注》收有
P.5019 的录文，其校注第一条称"伯五○一九胶卷，勉强可读，
但原卷卷面甚暗"⑤。《校注》的录文是该号迄今为止最为精善的
校录。不过，由于缩微胶卷不够清晰，录文尚有某些缺陷，从
而影响了文本解读的准确性。《法国国家图书馆藏敦煌西域文
献》刊布了该卷更为清晰的图片，因此我们有必要也有条件对

---

① 周绍良：《唐代变文及其他》，见《敦煌文学刍议及其他》，台北：新文丰
出版公司，1992 年，第 91 页。

② 程毅中：《唐代小说史话》，北京：文化艺术出版社，1990 年，第 86 页。

③ 王重民、启功等先生编辑《敦煌变文集》时，即已注意到该写卷。启功
先生遗赠国家图书馆敦煌吐鲁番资料中心的变文资料中，存有该号的录文。

④ 高国藩：《1983 年全国敦煌学术讨论会文集·文史遗书编（下）》，兰州：
甘肃人民出版社，1987 年，第 210 页。

⑤ 黄征、张涌泉：《敦煌变文校注》，北京：中华书局，1997 年，第 62 页。

其重加校录，为学术界提供一个更为准确的校录本。

1991 年，荣新江从英国国家图书馆斯坦因所获敦煌遗书残片中，发现 S.8466 与 S.8467 两件文献内容与孟姜女故事相关，并据文中"榆林长城""秦王"等词，推测其为《孟姜女变文》的前半。S.8466 首尾下均残，存 26 行；S.8467 首尾上均残，存 23 行。两件纸质、书法均同，应为同一写本的割裂①。项楚、宁可、张鸿勋均有校录发表。关于这一文献的性质与定名，学界主要有两种看法。其一是认为它以七言诗句咏唱为主，夹有散说，属于说唱结合、散韵相间的变文，并认定它为《孟姜女变文》的前半。持这一观点的代表人物为张鸿勋②。另一种观点则认为这两件文献为诗词类作品。项楚《敦煌诗歌导论》将其放在文人诗歌中与边疆有关的闺怨诗下论述，认为它"有可能是长篇孟姜女韵文的一部分"，"从残诗的语言风格看，不像是民间作品，而像是初唐骆宾王、卢照邻、刘希夷一类人的长篇歌行一体"③。宁可将这两件文献称为"孟姜女诗"，亦认定其为诗歌类作品，并认为其"诗辞较工，与《孟姜女变文》《捣练子》的风格不一样"④。由于这一文献残缺严重，学界对其性质与内

① 荣新江：《英国图书馆藏敦煌汉文非佛教文献残卷目录》，台北：新文丰出版公司，1994 年，第 94 页。

② 张鸿勋：《新发现的英藏"孟姜女变文"之意义》，《北京图书馆馆刊》1998 年第 2 期，第 108—111 页。又《新发现的英藏"孟姜女变文"校证》，见张鸿勋《敦煌俗文学研究》，兰州：甘肃教育出版社，2002 年，第 245—259 页。

③ 项楚：《敦煌诗歌导论》，台北：新文丰出版公司，1993 年，第 86 页。

④ 宁可：《敦煌遗书散记二则》，见《敦煌吐鲁番研究》第一卷，北京：北京大学出版社，1996 年，第 316 页。

容很难获得一致的认识。

敦煌文献多个写卷中保留了与孟姜女故事有关的诗歌作品。P.2809、P.3319 背、P.3911 载咏孟姜女故事的《捣练子》曲四首，王重民《伯希和劫经录》P.2809 著录为"杂曲子七首"，P.3319 注"背有孟姜女小唱残文"，P.3911 著录了曲名"捣练子"。此四首曲子词王重民《敦煌曲子词集》，饶宗颐、戴密微《敦煌曲》，任半塘《敦煌歌辞总编》均有校录。

左景权在《敦煌词曲识小录》中首先校录出 P.3718 卷背与孟姜女故事有关的曲子词六则。其后，饶宗颐、戴密微《敦煌曲》，任半塘《敦煌歌辞总编》均收录了其录文。任、饶二先生就其中二曲的校录有过激烈的争论，潘重规续有订补[①]。

除上述写卷之外，我们调查发现中国国家图书馆所藏 BD11731 号残片也与孟姜女故事相关，并可与 P.5019 号缀合，为新发现的《孟姜女变文》残片。

二、写卷概述与缀合

BD11731 号残片宽 24.9 厘米，高 27.2 厘米，上宽下窄，残损严重。纸质厚而疏，为归义军时期敦煌本地生产的纸张，写卷应即抄写于归义军时期。正面残存文字 12 行，为较端正的行楷字体，字迹清晰。前 6 行每句连写，后 6 行每两句之间

---

① 潘重规：《敦煌写本曲子孟姜女的震荡》，见《敦煌词话》，台北：石门图书公司，1981 年，第 3—7 页。

空一至二个字。背面为毛笔所绘图画一幅。

P.5019 号残片宽 22 厘米，高 25 厘米 [1]，残损严重。正面残存文字 13 行，字迹端正清晰；背面为毛笔所绘图画一幅。《敦煌遗书总目索引》中《伯希和劫经录》王重民拟名《孟姜女变文》，并为此后众多目录与著作所沿用。

经过认真的比对，我们发现 P.5019 号与 BD11731 号可以缀合（见图 1）。缀合之后，撕裂处原来一分为二的"晓夜""乡"等文字得以清晰呈现。背面图画拼合之后，成为一幅相对完整的变相（见图 2）。

图 1　P.5019 与 BD11731 缀合图

---

① *Catalogue des manuscrits chinois de Touen-houang：fonds Pelliot chinois.* v.4.Paris：Bibliothèque nationale，1995.P.483.

图 2 P.5019v 与 BD11731v 缀合图

三、校录

校录说明: 本录文为 P.5019 号与 BD11731 号缀合之后的录文, 部分文字与文句原割裂为二, 今得以拼合; 录文尽量保持原卷格式, 按原行录出, 不连写; 原卷残损部分视其位置, 标"（前缺）""（后缺）"; 残字或字迹模糊而不可辨识者以"□"代之, 可辨识者则补入, 并外加"□"以示慎重; 俗字径改正字; 讹字、通假字照录, 后加括弧注明正字; 对部分字词的校录与意义, 以注释方式略加说明。

【录文】

1.（前缺）万重泣。□（后缺）

2. 虏庭役尽人生力[1][2]。猍□（后缺）

3. 秦王远托金河[3]北，筑城本拟防胡贼。砂□□

4. 烽火急。千军万众殡其身，帝乡[4]父母□□

5. 莫贺延碛[5]里，汉月停停[6]立。诺直山[7]上□□

6. 被押身终，魂埋塞北。说道燕支山[8]里，胡□□

7. 风吹金色。食尽人劳，咸言并力[9]。大荒[10]寂寞，□□

8. 颜容憔悴干枯尽，须臾大命飯（归）蒿里。霜沾玉面[11]□□

9. 强强[12]台（抬）身入蘑位[13]。疮痂秧垳（浃洽）[14]如鱼鳞，被伤之□□

10. 闺人[15]报道徒相忆，白骨无年还桑井[16]。语里□□□

11. 愁云爱鼬（暧瞱）[17]胜沙漠。男儿案剑觅封侯，流落沉□□

12. 杞梁[18]处役甚难辛[19]，晓夜悲啼泪难止。□□□

13. 休作倚坐长城，望家乡而大[20]□□

14. 苦处先登，无时蹔息。不经旬□□□

15. 驰准试，当作之官见逃兵，却[21]□□

16. 犹未息。离家渐远，求飯（归）不得。还□长城□□

17. 恰似两剑分张[22]，又更双雁背翼[23]。数步之间，啼

18. 泪流沾臆。影灭身死，由（犹）居门侧。

19. 各自信因缘，至死长相待[24]。两俱凄怆，

20. 桑田变成海。人寿七十早是稀，红颜随日改。

21. 相见在何年，别后知谁在。□言筑长□，

22. 请勿忧家内，勤心事将□□

23. 妾心若松竹，岁寒终 不 □□

【笺证】

[1] 力、色、忆、息、翼、臆、侧，并入声职韵字；北、贼、得，并入声德韵字。职德同用通押。

[2] 生力：气力，生命力。《史记·匈奴列传》："且礼义之敝，上下交怨望，而室屋之极，生力必屈。"

[3] 金河：河流名。北方有多条水道曾名金河，比较重要者有二：一即古芒干水，今内蒙古呼和浩特市南大黑河。《隋书·突厥传》："大业三年，炀帝幸榆林……亲巡云内，溯金河而东，北幸启民所居。"一即今内蒙古乌拉特中旗东南摩楞河。《新唐书·地理志》夏州塞外道大同城："北经大泊，十七里至金河。又经故后魏沃野镇城，傍金河，过古长城。"

[4] 帝乡：指地处中原的故乡。

[5] 莫贺延碛：古亦称沙河，现名哈顺戈壁，位于罗布泊和玉门关之间。

[6] 停停：高耸貌。又作"亭亭"。

[7] 诺直山：黄征、张涌泉《敦煌变文校注》认为"直"当为"真"之讹字，其山当在诺真水流域一带。《新唐书·地理志》："夏州……又东北至诺真水讫。"诺真水即今内蒙古达尔罕茂明安联合旗北之艾不盖河，诺真山应即位于今艾不盖河附近。

[8] 燕支山：山名，亦称焉支山，在今甘肃山丹东南。

[9] 并力：合力，协力。《孙子兵法·行军》："兵非益多也，惟无武进，足以并力、料敌、取人而已。"韩愈《论淮西事宜状》："知国家必不与之持久，并力苦战。"

［10］大荒：荒远的地方，边远地区。《山海经·大荒东经》："东海之外，大荒之中，有山名曰大言，日月所出。"《文选·左思〈吴都赋〉》："出乎大荒之中，行乎东极之外。"

［11］玉面：美好的容貌。《公羊传·宣公十二年》："是以使寡人得见君之玉面。"唐李白《浣纱石上女》："玉面耶溪女，青蛾红粉妆。"

［12］强强：勉强。

［13］蘆位：蘆，疑与"庐"通。庐位，疑指临时住所。

［14］秩垎：通"浹洽"。意为遍及。《文选·司马相如〈封禅文〉》："休列浃洽，符瑞众变。"刘良注："浃，及；洽，遍。"元稹《奏制试乐为御赋》："斯御也，动无险阻，发自和平，周旋罔害，欢爱则行。止之而优游灵府，推之而浃洽寰瀛。"浃洽又作"狎帢"。环绕貌。杜甫《送蔡希曾都尉还陇右因寄高三十五书记》："马头金狎帢，驼背锦模糊。"钱谦益注："狎帢，匝匝。《韵会》：周绕貌。"黄征、张涌泉《敦煌变文校注》校录为"秩垎"，而疑其为"狎洽"，极有见地。

［15］闺人：指妻子。

［16］桑井：代指家园、故土。《资治通鉴·齐武帝永明三年》："虽桑井难复，宜更均量。"胡三省注："桑井，谓古者井田之制，五亩之宅，树墙下以桑也。"

［17］爱麶：下一字右半部原裂为二，拼合后仍难以认清，右半部声符"代"清晰。爱麶，通"暧曃"，意为昏暗不明貌。《楚辞·远游》："时暧曃其曭莽兮，召玄武而奔属。"洪兴祖补注："暧音爱，曃音逮。暗也。"

［18］杞梁：上一字右上角残，左旁及右下角笔画清晰，似即"杞"字。

[19] 难辛：犹言艰辛。

[20] 本行或断作"休作，倚坐长城望家乡，而大"。未知孰是。

[21] 本行语义难以索解，姑试断句如此。

[22] 分张：分离。李白《白头吟》："宁同万死碎绮翼，不忍云间两分张。"参见蒋礼鸿《敦煌变文字义通释》"分张"条。

[23] 背翼：犹言分飞。

[24] 此句换韵，待、海、改、在并上声海韵字。

四、关于《孟姜女变文》的几个问题

BD11731 与 P.5019 缀合之后，残文篇幅更长，保存的信息更为丰富，这也为厘清与这一写卷相关的一些问题提供了基础。

1. 该文的内容

P.5019《敦煌遗书总目索引》拟名为《孟姜女变文》，这一拟名为《敦煌遗书总目索引新编》《敦煌宝藏》《法国国家图书馆藏敦煌西域文献》等多种目录与图录沿用。我们认为，从残文中出现的人名"杞梁"与筑城等情节以及写卷背面的变相等因素来看，这一拟名应是很准确的。

不过，也有学者对这一问题深表怀疑。高国藩认为，这一残卷并不像《孟姜女变文》残断，原因有二："第一，此残卷后有一幅图画，长城的门开着，内外有两个男人，不是孟姜女找丈夫。第二，'男儿案剑觅封使 ①'，是中间的重要情节，与孟

---

① "使"当为"侯"字，高文校录有误。

姜女故事无关。这两个疑点不排除掉，很难确定它便是《孟姜女变文》残段。"①

高氏提到的第一点，我们认为并不成其为怀疑的理由，因为与变文相配合的变相极有可能类似于今天的连环画，将同一故事的不同场景绘成多幅图画，我们不能因为该部分图画所绘不是孟姜女寻夫，便轻易否定该文为《孟姜女变文》的可能性。高氏提到的第二点，确为本文的一大疑点，有深入讨论的必要。

"男儿案剑觅封侯"一句，富有苍莽豪迈的英雄气概，有典型的边塞诗风格，类似语句常见于唐代边塞诗。杜甫《复愁十二首》之一："胡虏何曾盛，干戈不肯休。闾阎听小子，谈笑觅封侯。"高适《送兵到蓟北》："积雪与天迥，屯军连塞愁。谁知此行迈，不为觅封侯。"王涯《塞上曲》："塞虏常为敌，边风已报秋。平生多志气，箭底觅封侯。"这些诗句中，"觅封侯"多指征服外族、建功边关的事业，与杞梁被迫修筑长城，确实有着明显的差距。

此外，我们也注意到，文中出现的"燕支山""金河""汉月"，也是边塞诗中常见的意象。唐诗中常用"燕支"来泛指北地、边地。李白《王昭君》之一："燕支长寒雪作花，蛾眉憔悴没胡沙。"李白《代赠远》："燕支多美女，走马轻风雪。""金河"常借指战争之所。上官仪《王昭君》："玉关春色晚，金河

---

① 高国藩：《论敦煌写本中孟姜女故事的形成和价值》，《1983 年全国敦煌学术讨论会文集·文史遗书编（下）》，兰州：甘肃人民出版社，1987 年，第 210—211 页。

路几千。"柳中庸《征人怨》:"岁岁金河复玉关,朝朝马策与刀环。"贺朝《从军行》:"金河未转青丝骑,玉箸应啼红粉颜。""汉月"则为身处边关的将士用以借指故乡的典型意象。杜甫《前出塞》之七:"已去汉月远,何时筑城还?"

文中多次出现的边塞意象,显示该文受到了边塞诗作的深刻影响。初盛唐时期,国力强盛,太宗、玄宗等几代帝王都大举拓边,大批士人走向边塞,幕府中更招揽了大批文士,在这一背景下,唐代边塞诗的创作非常繁荣,流传也较广。该文能吸收边塞诗的影响,有其内在的原因。其一,孟姜女故事本身与中原王朝和北方少数民族之间的战争密切相关。其二,敦煌地处边陲,居民与戍卒较容易接受描写边塞生活的作品。

值得注意的还有文中提到的莫贺延碛。莫贺延碛地近敦煌,在唐代是由沙州(今甘肃敦煌)、瓜州(今甘肃安西)转道伊州(今新疆哈密)的必经之地,其名当为西北一带民众所熟知。莫贺延碛并不在长城附近,也不是孟姜女故事的发生地,它在该文中的出现,很有可能是讲唱者有意无意地将自己与听众都熟悉的地名加入了变文中。从这个角度考虑,我们可以将莫贺延碛视为一个象征性的意象,其意义是泛指性的,指代广袤荒凉的北方边地。这显示了变文的发展,也显示了讲唱所流传的地域及民众的地理知识对于变文文本形成过程的影响。

2. 该文与 P.5039《孟姜女变文》的关系

敦煌遗书中,《孟姜女变文》尚有 P.5039 一号,该号亦残缺严重。黄征、张涌泉《敦煌变文校注》中,将 P.5039 与 P.5019 视为同一篇变文的两个片断,把 P.5019 录文置于 P.5039 之后。

通过对这两段变文内容的分析，我们认为，这一编排值得商榷。

P.5039 首尾俱缺，残存 800 余字。全文起自"珍重送寒衣"，次叙哭倒长城，随后铺陈寻夫骨、与髑髅对话及祭奠亡夫等情节。从故事情节发展逻辑的角度看，这段残文应是全文的后半段。

BD11731+P.5019 残文首先描述筑城的艰辛与苦楚（"强强台身""疮痂秩枱如鱼鳞""被伤"），随后描写盼望归还家乡的感情，最后以孟姜女的口吻表达了对杞梁的思念与忠贞。综观这段文字的内容，显然是孟姜女"送寒衣"前铺陈背景之词。可见，这段文字为《孟姜女变文》全文前半段之残片，可与 P.5039 号前后对照。

3. 背面变相的内容及其与正面变文的关系

此残片背面绘有图画，为变文与变相结合的最典型实例之一。P.5019v《敦煌遗书总目索引新编》拟名为《画稿》，《法藏敦煌西域文献》拟名《白画背篓人》，显然未将正背面的图与文联系起来考察。郭在贻等所著《敦煌变文校议》为其拟名《孟姜女变相》，我们认为这是极有见地的。

《敦煌变文校议》认为，"此图所画实为孟姜女一人往返搬运的两个特写镜头：身负竹筐，脚着长靴，顶盘云髻，一往一返地搬运于断壁残垣之间，正与变文中'更有数个髑髅，无人搬运'及'角束夫骨，自将背负'等描写相合"①。这一论断为

---

① 郭在贻、黄征、张涌泉：《敦煌变文校议》，长沙：岳麓书社，1990 年，第 62 页。

黄征、张涌泉《敦煌变文校注》所继承[1]，并得到了部分学者的赞同[2]。不过，也有学者认为这幅图画所绘为"两个人用竹筐背土筑墙"[3]，即认定这幅图所绘为杞梁筑城的情节。

缀合以后的图画更为完整，我们得以加深对于《孟姜女变相》的认识。

《孟姜女变相》残图为墨笔所绘，构图与笔画均较简洁。其主体为群山之间的一段长城城墙，右侧部分（BD11731 背）绘有四人，其中三人各手持一件长柄工具，另有一人位于城墙后，仅露出头部；左侧部分（P.5019v）绘有背着背篓的两个人物，城墙后另有一人，仅露出头部。所有人物均高髻阔面，具有明显的佛教绘画特点，显示了佛教艺术对世俗画的影响，或即出自佛教画家之手。

从笔画简单的残图中，我们可以发现，右侧部分所绘人物所持工具为夯木或锤之类的建筑工具，工具或扬或垂，整幅图所表现的显然是修筑长城的场景，与正面描写劳役艰辛的文字相表里，配合颇为紧密。左侧部分背篓人即是运送建筑材料的场景，与 P.5039 号背负夫骨的情节应无关联。

这一幅残图描绘了一个基本完整的场景，它极有可能是连环画型变相的其中一幅。画面两侧的山峰形象，在提示背景的同时，可能也起到了区隔长幅图画的不同场景的作用。

---

① 黄征、张涌泉：《敦煌变文校注》，北京：中华书局，1997 年，第 62 页。

② 李小荣：《变文变相关系论》，《敦煌研究》2000 年第 3 期，第 61 页。

③ 罗宗涛：《读"敦煌所发现的佛教讲唱文"》，载《中国敦煌学百年文库·文学卷二》，兰州：甘肃文化出版社，1999 年，第 375 页。

变文与变相常相辅而行。在敦煌写卷中，变文与变相有多种组合方式。其一为变文变相相间写绘。国家图书馆所藏BD0876《大目乾连冥间救母变文》正文间留有多段无字空白，显然为预留的绘图空间，形制较为特殊。虽然作品未最后完成，但其规制有迹可循，可以推知。该卷卷尾有题记"后有众生同发信心，写画①《目连变》者，同池（持）愿力，莫堕三途"，明确将"写"与"画"并提，显示抄写变文与绘制变相为互相配合的活动，这也从侧面反映了变文与变相的关系。其二为正面抄写变文背面绘变相。P.4524《降魔变文》背面绘有《降魔变相》，是这一类型的范例。BD11731+P.5019亦为此一类型的代表性写卷，同样是体现变文与变相关系的重要资料。

（原载《文献》2009 年第 2 期，署名刘波、林世田）

附记：张新朋《〈孟姜女变文〉、〈破魔变〉残片考辨二题》一文（载《文献》2010 年第 4 期）对本文有重要补正，请参看。

①　《敦煌变文集》"写画"录作"写尽"，《敦煌变文校注》等沿用。查原卷"画"字后补，补于"写"右下方，为题记写成后补写的字。细审字形，当为"画"字。"画""尽"二字的字形辨析，参看黄征《敦煌俗字典》"画""尽"二条。

国家图书馆藏 BD14546
背壁画榜题写本研究

一、写本概况与校录

国图所藏敦煌遗书 BD14546 号卷背为一件壁画榜题写本。该件文献首尾俱全，存文 55 行，1700 余字，其墨迹较淡，字体略显草率而并不稚拙。

这一文献有明显的榜题抄本特征："摩诃迦旃延论义第一"下书"右扇"二字；"富楼那说法第一"下书"如意仗"三字，"如意仗"与"扇"一样是画像所托持之物；"优波离持律第一"下书"口衔柳枝"四字，显然也是壁画中人物的标志性特征的描述；文中有多处为"……时"句式，为典型的壁画榜题文体格式。

与 P.3355 号卷背文献类似，该写卷亦存在不同内容穿插抄写的情况（如下文所述）。这显示，该写卷最初不太可能是画工或者他人草拟的榜题底稿，而更可能是壁画榜题抄本①。同

① 沙武田对榜题写本的性质有详细的考辨。参《敦煌画稿研究》第十章第二节《配合经变画画稿的文字稿：壁画榜题底稿》，北京：民族出版社，2006 年。

时，我们也注意到，十大弟子故事壁画榜题中，第（1）（2）（5）（6）（8）（9）（12）（15）等各条之首均标有"ㄱ"符号，笔迹粗犷，与抄录文字的笔迹明显不同，显然为抄录完成之后所标识。在敦煌文献中，这一符号常用以分隔章节段落[①]，这显示该写本在抄录之后必定曾被使用。壁画榜题抄本的实际利用，很有可能是被用作另一处壁画的榜题底稿，从这个意义上说，它又具有壁画榜题底稿的功用。也就是说，该文献很可能具有壁画榜题抄本与底稿双重性质。

"优波离持律第一"条后，有供养人题记一条："常乐县节度押衙兼水交录检太子宾客兼监察御史上柱国某乙。"从题记所署官名来看，壁画的绘制年代应为归义军时期。从写卷纸质及书法等情况分析，写卷的抄写时代也应在归义军时期。

谨录其全文如下，并略加校正。为后文论述的方便，将十大弟子故事壁画榜题按顺序编为第（1）—（19）号。十大弟子赞文在敦煌文献中另有三个抄本，今以之为校本，校出异文，以便比较：P.3355 号卷背，亦为榜题抄本，墨迹较浓，书写潦草而错讹较多，今以之为乙本；S.5706，字迹工整清晰，与《放亡躯节者从良书》混抄，尾残，今以之为丙本；S.1042 背，仅抄"舍利弗第一"一条，今以之为丁本[②]。

---

① 林聪明称之为"章节符"或"界隔符"。见《敦煌文书学》，台北：新文丰出版公司，1991 年，第 261—264 页。

② 张锡厚《全敦煌诗》校录了 S.5706 与 S.1042 背二号，郝春文主编《英藏敦煌社会历史文献释录》校录了 S.1042 背一号，并有校记，但均有多处误录误校，而以涉及佛教用语及典故处居多。

1. 舍利弗智惠第一[1]
2. 美哉身子[2]，胎内传芳，母谈异昔[3]，舅学殊方[4]。
3. 八岁包括[5]，十六论场[6]。裸形舌卷[7]，俱稀爪长[8]。
4. 威逾龙象[9]，智利金刚。颎鞞分卫[10]，进止安
5. 庠[11]。请说甘露，闻偈非常[12]。遗簪脱履[13]，
6. 归依法王。
7. 大目乾连神 [通] 第一[14]
8. 美哉采菽[15]，身子情同。譬犹管鲍，胶投膝（漆）
9. 中[16]。琢磨为器，高挹淳风[17]。诱诸异道[18]，师
10. 我人雄。最上罗汉，第一神通[19]。大入芥子，小
11. 遍虚空。梵志战摄[20]，魔王鞠躬[21]。助
12. 宣妙法，永绝无穷。
13. 摩诃迦叶头陀第一[22]
14. 美哉龟氏[23]，积学资身[24]。夫妻敬让，处世无尘。
15. 心辉白玉，体耀黄银。绍隆政教[25]，拯济沉沦。
16. 火宅虚伪，牛车实真。头陀兰若，弃富
17. 从贫。王城集法，鹫岭潜身[26]。龙花树下，
18. 冀奉慈仁[27]。
19. 须菩提解空第一[28]
20. 美哉善吉[29]，别号空生。褴褛之瑞，擅此嘉名。
21. 体达权实，穷研色声。埃尘异水，蜃气非城[30]。
22. 愍伤蠢动，哀念含灵[31]。嫌坐即立[32]，疑住便行。
23. 三脱妙解[33]，六度专明。怨亲等想[34]，无形现行[35]。
24. 富楼那说法第一如意仗[36]

25. 美哉满愿[37]，初学深山。采果[38]支命，披莎御寒。

26. 外道徒党[39]，梵志衣冠。鲽腹智溢[40]，明桴论端[41]。

27. 身子折挫[42]，意解情欢。剖析幽微，在义无难。

28. 辩流疾水[43]，依然涅盘。

29. 摩诃迦旃延论义第一右扇[44]

30. 美哉扇绳[45]，从臂立字[46]。母最娇怜，情无越异。

31. 挺特光颜，雍容雅志。论义高推，人天罕值。

32. 覆仰纵横[47]，支角俱备[48]。慧炬常明[49]，智刀恒利[50]。

33. 声闻外现，菩萨内秘。熟（孰）能若斯[51]。

34. 阿那律天眼第一

35. 善哉无灭，释子[52]秘传。厌斯名利，轨则人天。

36. 螺蚌悬记，终身不眠。弃舍五盖，割断十缠。

37. 眼既失食，无由可痊。欲览外道[53]，仍依四禅。

38. 修德报德，果现周旋[54]。半头清净[55]，彻见三千。

39. 优波离持律第一口衔柳枝[56]

40. 善哉上首，释子追随。虽沾财惠[57]，皆留树枝。

41. 恩爱已断，情无所规[58]。须发既堕[59]，法眼仍披[60]。

42. 贵族前礼，憍慢山移。五篇妙达[61]，七聚精知。

43. 迦叶有命，谈柄便挥。汪汪泉涌[62]，法水连猗[63]。

44. 弟子常乐县节度押衙兼水交录检太子宾客兼监察御史上柱国厶乙[64]。

45. 舍利子年始七岁，十六大国中论议第一，一切论场皆被打

46. 破，无有敢对，悉摧伏时。（1）

47. 舍利子见马胜子比丘，闻其说偈及佛功德，得初

48. 果时。（2）

49. 摩伽罗女后有身感，梦向天提舍说云：家无一人，

50. 身披甲胄牟稍，金刚摧破一切山，然后于山边住，白其夫

51. 妻，为解梦时。（3）女人相对[65]。

52. 提舍妻昔与兄俱絺那论议，兄恒时胜，自怀

53. 身兄不如妹时。（4）

54. 南天竺国有大论师，名优婆提舍，头戴火盆，铁鍱

55. 裹腹，遂打论鼓，欲定优劣时。（5）

56. 《智度论》云：王舍城中有大论师，名摩伽罗，聪惠

57. 封赏一邑时。（6）

58. 目连闻偈欢喜，与舍利子到世尊所受法出家，

59. 俱成无学，佛为改其名，立以新号，剃发。（7）

60. 目连姓俱律陀者，父母求俱律陀树而得故，立

61. 以为名时。（8）

62. 父母灭后家甚繁事，夫妻二人俱厌离，出家修道，

63. 并皆证无学时。（9）圣者阿难陀从大迦叶承受付嘱时。（10）

64. 婆罗门依金女作金女像[66]，巡行至一长者门，见金色女时。（11）

65. 迦叶父母嘱门师婆罗门，令求觅金色女时。（12）

66. 迦叶寝卧，金色女行道时。（13）

67. 妻子寝卧，迦叶行道时。（14）

68. 大目乾连是天竺国辅相之子，其姓因母好食诸豆而立时[67]。（15）

69. 那律　圣者灭度之门徒数千馀人，收取舍利，起塔供养时。（16）

70. 弟一梦见白象闭在一室，于小窗中出身并脚状，尾不

71. 得。世尊解曰：释迦末法时，出家之人能舍父母妻子

72. 等大事，出家曰了，不舍名闻利养等小事。

73. 弟二梦见栴檀香木，人不肯买。寻常弱木贵价

74. 买取者。末法之时，佛法经于人，不肯听，皆邪见时。

75. 弟三梦见众人在高山上无水之处，渴逼，见一枯井，欲入，

76. 恐押煞人，众皆思愿井水溢出，溢出已，人皆怕怖而走

77. 者。为今时行人初乐闻佛法，及其闻已，不能修行，

78. 怕善知识而走避。

79. 弟四梦见三斗珍珠博一斗面者，释迦末法之时，出

80. 家人为求小利奉上俗人三乘教法时。

81. 弟五梦见一疋马两头吃草者，为末法时官吏食

82. 官捧（俸）禄，更吃百姓也。

83. 弟六梦见小树生本菓，大树不生菓者，为末代

84. 时，女人十岁便有男女不同，劫初女年五百方始行嫁。

85. 弟七梦见燃三镬汤，东镬满，隔中间镬溢入西

86. 边，西镬溢出东镬中者，为今时兄弟分析，

87. 追游妻家，薄贱骨肉时也。

88. 弟八梦见众兽师子象虎等以猕猴为王者，

89. 为末代时坊政、里政等下人断割乡俗贤良，

90. 君子被他逐之。

91. 弟十梦见一张白谍，二十人争，小时之间为二

92. 十段者，释迦如来灭后，小乘人执著异见，分为二十

93. 部教也。

94. 弟九梦见堕转猕猴诸兽见者，散走避者，

95. 为末法时修行人不持戒，如堕转猕猴，一切众心不

96. 喜各驰舍者。

97. 圣者凡缘已毕，从身上出猛炎火，从其足下出水，

98. 现大神变时。（17）

99. 又于二时头上出水，足口下出火，化利有情时。（18）

100. 阿难陀临涅槃时，与神力分身，身为四分。（19）

【校笺】

[1] 乙本"弗"作"佛"，"惠"作"慧"，"舍利佛"前有"圣者"二字，左上角有小字"香炉"。

[2] 美，乙本、丙本、丁本作"善"。

[3] 乙本脱"昔舅"二字。

[4] 方，丁本作"芳"，误。

[5] 包，乙本作"苞"。

[6] 场，乙本、丁本讹作"伤"。

[7] 裸，丁本误作"踝"。

[8] 俱，丙本作"拘"。稀，乙本、丙本作"绨"。

[9] 逾，丁本作"喻"。象，丁本作"像"。

[10] 卫，乙本脱。

[11] 庠，丙本作"祥"，义长。

［12］常，乙本脱。

［13］履，乙本、丙本作"屟"。

［14］乙本"大目乾连"前有"圣者"二字，左上角有小字"念珠"。
通，据乙本、丙本补。

［15］采，乙本作"菜"。

［16］投膝，乙本作"涞投"，误倒。膝，"漆"借字。涞，"漆"
俗字。

［17］挹，乙本作"捐"。捐，"揖"俗字。挹，"揖"借字。

［18］异，乙本作"外"。

［19］第，乙本作"弟"。

［20］摄，乙本作"慴"。摄，"慑"或"慴"借字。

［21］躬，乙本作"恭"。

［22］乙本"摩诃迦叶"左上角有小字"拄杖"。

［23］美，丙本作"善"。

［24］身，乙本、丙本作"神"。

［25］政，乙本、丙本作"正"，是。

［26］鹫，乙本作"崇"。

［27］冀，乙本作"异"。

［28］乙本"须菩提"右上角有小字"托经"。

［29］美，丙本作"善"。

［30］城，乙本误作"诚"。

［31］哀，乙本写作"㝵"。㝵，"哀"俗字。

［32］即，乙本作"则"。

［33］三，乙本作"上"。

［34］想，乙本作"相"。

［35］现，乙本作"见"。

［36］说法，丙本作"辩才"。乙本"富楼那"右上角有"托意杖"三小字。

［37］美，丙本作"善"。

［38］采，乙本作"撰"。撰，"採"俗字。

［39］外，乙本讹作"引"。党，乙本、丙本作"侻"。

［40］鍱腹，乙本作"鏷肠"。鏷，"鍱"俗字。肠，当为"腹"之讹。

［41］端，乙本脱。

［42］挫，乙本作"坐"。

［43］疾水，乙本作"水疾"。乙本此句后有"得馥芳兰，所作已办"两句，丙本作"德馥芳兰，所作已办"，本卷脱。

［44］丙本无"摩诃"二字。

［45］美，丙本作"善"。

［46］臂，丙本作"譬"。

［47］仰，丙本作"却"。

［48］支，丙本作"芰"。

［49］慧，丙本作"惠"。常，丙本作"恒"。

［50］恒，丙本作"常"。

［51］丙本此句后有"何惟越智"一句，本卷脱。

［52］子，丙本作"种"。

［53］览，乙本作"鉴"，丙本作"监"。外，乙本、丙本作"六"，义长。

［54］周，乙本、丙本作"俱"。旋，丙本作"全"。

［55］头，乙本作"颐"。

［56］优波离，乙本作"优婆棃"。棃，"梨"俗字。乙本"优婆棃"右上注有小字"啮枝"。

［57］沾，乙本作"霑"。惠，乙本作"慧"。

［58］乙本"规"前衍"见"字。

［59］须发，乙本作"发须"。

［60］仍，乙本讹作"伋"。

［61］五篇，乙本作"篇篇"。

［62］汪汪，乙本脱一"汪"字。

［63］猗，乙本作"漪"。连猗，即涟漪。

［64］水交，原卷字迹较淡，似为"水交"二字，又似"永安"。"检"后疑脱"校"字。"兼水交录检太子宾客"不辞，这一官名书写可能有讹误。

［65］旁书"丈夫女"。此数字疑衍。

［66］"婆罗门"三字原卷以墨笔涂抹。据文意，"婆罗门"三字应保留。

［67］旁书"城"字。

二、十大弟子赞文

此件榜题写本包含多组壁画。第一组自卷首的"舍利弗智惠第一"条起至"优波离持律第一"止，为释迦十大弟子瑞像。不过，本件仅抄出八位弟子的画像榜题，而缺罗睺罗与阿难陀①。榜题为四言韵文，文体为赞体。每篇赞文各十六句，规制整齐。从赞文规模看，这一组壁画很可能是画幅较大的人物画像。

BD14546背与P.3355背榜题及S.5706中十大弟子赞文的内容与文辞基本一致，仅少部分文字略有不同。显然，它们依据的是同一个底本，但略有改编。综合起来看，P.3355背错讹脱漏字较多，但不无校勘价值；S.5706抄写较规整，文字错讹较少；BD14546背的抄写状况介于二者之间，也有一定校勘价值。S.1042仅抄"舍利弗"一条，墨迹清晰，但字迹潦草。这四件写本都没有完全抄录或留存完整的十大弟子赞文，虽各有缺失，但可以互相补足，得十大弟子赞文全貌。

BD14546背榜题的弟子顺序为：舍利弗、大目乾连、摩诃迦叶、须菩提、富楼那、摩诃迦旃延、阿那律、优波离。P.3355背榜题的十大弟子顺序为：须菩提、摩诃迦叶、大目乾连、舍利弗、富楼那、优婆梨、罗睺罗、阿难、阿那律。独缺摩诃迦旃延。二者十大弟子排列顺序完全没有相似之处。

S.5706写卷尾部残断，仅存六位弟子的赞文，其排列顺序为：舍利弗、摩诃迦叶、富楼那、阿那律、迦旃延、须菩提，与BD14546背及P.3355背两件榜题写本的顺序也完全不同。《放亡躯节者从良书》夹在"富楼那"条的中间，最有可能的

① 这说明本件榜题抄本并没有抄录壁画的所有榜题。因此，与P.3355背榜题类似的情形也是可能存在的：壁画中不仅有释迦十大弟子，还有其他高僧的画像。不过，这只是一种可能出现的情形。我们姑且依据现有资料，将其内容视为十大弟子画像。

情形是，抄录者用抄写了《从良书》的纸张抄写了十大弟子赞。而 S.1042 则仅抄"舍利弗第一"一条。从抄写形态上看，S.5706 及 S.1042 应当不是壁画榜题抄本。这表明，十大弟子赞文在敦煌流传较广，被反复改编，而且也被壁画绘制者所利用。

S.6006 残卷卷末抄《十大弟子赞》，但仅余两行，第二行"舍利弗智惠第一"即已残断，诸字仅存右半，首题"十大弟子赞"，下有撰人题名"僧字戒制"。可惜这一文献残缺太甚，正文完全没有存留，不能确证它与上述四种十大弟子赞文的关系，姑录此备考。虽然我们不能据 S.6006 确定赞文的作者就是"字戒"，不过可以确定的是，十大弟子像赞并非译自印度，而是创作于中土。"大目乾连"条有"譬犹管鲍"句，使用了春秋时期管鲍相知的典故，说明其作者应为中原人氏，或者是接受了中华文化的外方人氏。

P.3355 背与 BD14546 背榜题在很多方面具有相似性，我们觉得 P.3355 背的性质与拟名有重新讨论的必要。

王重民《伯希和劫经录》在 P.3355 条著录"背为付法藏传"[①]，这一著录虽然不无可商榷之处，但明确指出该文献与《付法藏因缘传》有关，是其贡献所在。《敦煌宝藏》则拟名为《付法藏因缘传》。施萍婷《敦煌遗书总目索引新编》将 P.3355 背分成两个文献，其一拟名为"十大弟子赞"，其二拟名为"付法藏因缘传"[②]，指出该文献的前半部分内容为十大弟子，文体

---

① 王重民：《敦煌遗书总目索引》，北京：中华书局，1983 年，第 285 页。

② 施萍婷：《敦煌遗书总目索引新编》，北京：中华书局，2000 年，第 279 页。

为赞，而对其性质或用途仍然没有准确的界定。近年，有的学者在讨论这一文献时，仍然把它视为《付法藏传》，同样没有注意到它是一件榜题写本①。《法国国家图书馆藏敦煌西域文献》则将其拟名为"付法藏因缘榜题"②，对其性质有准确的界定，但却没有吸收《敦煌遗书总目索引新编》的成果，将关于十大弟子等高僧的内容与后部出自《付法藏因缘传》的内容混同。

P.3355背的性质应是壁画榜题抄本，写卷有明显的榜题特征：其一，十大弟子等高僧赞文旁侧均有画像形态方面的说明。"须菩提解空"右上角注有小字"托经"，"摩诃迦叶头陀第一"左上角注有小字"拄杖"，"圣者大目乾连神通第一"左上角注有小字"念珠"，"圣者舍利弗智惠第一"左上角注有小字"香炉"，"富楼那说法第一"右上角注有"托意仗"，"优婆梨持律第一"右上角注有"啮枝"，这些都是关于壁画中人物情态的说明。其二，历代付法藏人部分，句式多为"……时"，如"圣者弥遮迦从尊者提多迦丞受付嘱深妙教时""圣者马鸣菩萨从尊者富那奢丞（承）受付嘱时"等，这也是典型的榜题格式。

除前述十大弟子赞文外，P.3355背还录有"弥天释道安第一""仏图澄圣僧"赞文两条。"弥天释道安第一"条为26句，"仏图澄圣僧"条为24句，文句较十大弟子赞文的16句为多。

---

① 马格侠：《敦煌〈付法藏传〉与禅宗祖师信仰》，《敦煌学辑刊》2007年第3期。王书庆、杨富学：《也谈敦煌文献中的〈付法藏因缘传〉》，《敦煌学辑刊》2008年第3期。

② 《法国国家图书馆藏敦煌西域文献》第23册，上海：上海古籍出版社，2002年，第331—338页。

它们均为四言韵文，其文体与十大弟子赞文相同，应属于同一组壁画。佛图澄本为天竺罽宾小王的长子，西晋永嘉四年（310）来到洛阳，深得后赵石勒、石虎的推崇。道安为东晋时高僧，受业于佛图澄。可见，P.3355背榜题所本壁画所绘的除释迦十大弟子外，也包括中土的高僧。因此，将这一部分文献的内容视为《十大弟子赞》是不够妥当的。

P.3355背高僧赞文与付法藏因缘壁画榜题之间，也存在着交叉抄写的情况。"阿难惣侍第一"与"阿那律天眼第一"之间，抄写了"圣者胁多从尊者伏陀律多丞受付嘱一代时""圣者伏陀陀密多从者伏陀难提丞受付嘱时""圣者伏陀难提从尊者弥鹿遮迦丞受付嘱十二弘教时""圣者弥遮迦从尊者提多迦丞受付嘱深妙教时"榜题四条，"第七代付法藏人圣者伏陀难提"以下的其他付法藏因缘壁画榜题，则抄写于"仏图澄圣僧"之后。这两部分的抄写笔迹并没有不同，也就是说，高僧赞文与付法藏因缘壁画榜题是杂糅在一起而且是一次抄成的。因此，将它们视为两个文献分别拟名似乎不是很允当的做法。我们认为，在很难拟定一个能总括其内容的标题的情况下，不如径直以"壁画榜题抄本"命名，似更为妥当。

三、十大弟子故事壁画

第二组为佛经故事画，壁画的主要人物为舍利弗、迦叶、目连、阿那律、阿难陀，均属释迦十大弟子中人物，因此这一组壁画可能即为十大弟子故事壁画。属于这一组的榜题计有十九条［编号为（1）至（19）］，其中（1）至（16）条集中抄写于写卷中部，另三条抄于十梦壁画榜题之末。虽然抄写分散，但从内容看，它们无疑为同一系列的壁画。

（1）、（6）条为舍利弗故事，其本事见《大智度论·释初品中舍利弗因缘第十六》：

> 复次舍利弗智能多闻有大功德，年始八岁，诵十八部经，通解一切经书义理。是时摩伽陀国有龙王兄弟，一名姞利，二名阿伽罗，降雨以时，国无荒年。人民感之，常以仲春之月一切大集至龙住处，为设大会，作乐谈义，终此一日。自古及今，斯集未替，遂以龙名以名此会。此日常法敷四高座：一为国王，二为太子，三为大臣，四为论士。尔时舍利弗以八岁之身，问众人言：此四高座为谁敷之。众人答言：为国王太子大臣论士。是时舍利弗观察时人婆罗门等，神情瞻向无胜己者，便升论床结跏趺坐。众人疑怪，或谓愚小无知，或谓智量过人。虽复嘉其神异，而犹各怀自矜，耻其年小不自与语，皆遣年少弟子传言问之。其答酬旨趣辞理超绝，时诸论师叹未曾有，愚智大小一切皆伏。王大欢喜，即命有司，封一聚落，常以给之。王乘象舆，振铃告告，宣示一切，十六大国六大城中无不庆悦。……于阎浮提中，第一安乐有摩伽陀国。是中有大城名王舍，王名频婆娑罗。有婆罗门论议师，名摩陀罗，王以其人善能论故，赐封一邑，去城不远。是摩陀罗遂有居家，妇生一女，眼似舍利鸟眼，即名此女为舍利。次生一男，膝骨粗大，名拘絺罗。拘絺罗是婆罗门，既有居家，

畜养男女，所学经书皆已废忘，又不业新。是时南天竺有一婆罗门大论议师字提舍，于十八种大经皆悉通利。是人入王舍城，头上戴火，以铜鍱腹。人问其故，便言：我所学经书甚多，恐腹破裂，是故鍱之。又问：头上何以戴火。答言：以大暗故。众人言：日出照明，何以言暗。答言：暗有二种，一者日光不照，二者愚痴暗蔽，今虽有日明而愚痴犹黑。众人言：汝但未见婆罗门摩陀罗，汝若见者，腹当缩，明当暗。是婆罗门径至鼓边，打论议鼓。……提舍纳其女为妇。其妇怀妊，梦见一人，身被甲胄，手执金刚，摧破诸山，而在大山边立。觉已，白其夫言，我梦如是。提舍言：汝当生男，摧伏一切诸论议师，唯不胜一人，当与作弟子。舍利怀妊，以其子故，母亦聪明，大能论议。其弟拘郗罗与姊谈论，每屈不如。①

依据情节发展逻辑，这六幅壁画的排列顺序为：（5）—（6）—（3）—（4）—（1）—（2）。

当然，紧随其后的壁画（7）内容与舍利弗和大目乾连都有关系，也可以算作舍利弗故事壁画。不过，因为壁画（6）说明了舍利弗故事的来源《大智度论》，可能为这一组壁画的首幅，事实上这一组榜题的逻辑顺序也是从后往前排列的，因此我们认为（7）更有可能属于目连故事系列。

（7）、（8）与（15）—（18）为目连故事壁画榜题。其中（8）、（15）两幅分别描绘的是目连姓与名的来历。多部佛经或论疏都

---

① 《大正藏》，第 25 册第 136—137 页。

有对目连姓名来历的解说。如 P.2269《盂兰盆经赞述》："言目连者，目连是姓，字俱律陀，以祠俱律陀树神故，即以为名。以彼国人贵其姓故，从姓为名，故曰目连。"① 唐澄观撰《大方广佛华严经疏》卷第五十四："目揵连，此云采菽氏，上古仙人山居豆食，尊者母是彼种，从外氏立名。有大神通，拣余此姓，故复云大。"②

（7）为大目乾连成道故事。本自《大智度论》：

> 是时佛度迦叶兄弟千人，次游诸国，到王舍城，顿止竹园。二梵志师闻佛出世，俱入王舍城，欲知消息。尔时有一比丘，名阿说示，着衣持钵，入城乞食。舍利弗见其仪服异容，诸根静默，就而问言：汝谁弟子，师是何人。答言：释种太子厌老病死苦出家，学道得阿耨多罗三藐三菩提，是我师也。舍利弗言：汝师教授为我说之。即答偈曰：我年既幼稚，学日又初浅。岂能宣至真，广说如来义。舍利弗言：略说其要。尔时阿说示比丘说此偈言：诸法因缘生，是法说因缘。是法因缘尽，大师如是说。舍利弗闻此偈已，即得初道。还报目连，目连见其颜色和悦，迎谓之言：汝得甘露味耶。为我说之。舍利弗即为其说向所闻偈。目连言：更为重说。即复为说。亦得初道。③

（16）、（17）、（18）为大目乾连涅槃故事。出自《增一阿含经》卷第十九《四意断品第二十六之余》：

---

① 《大正藏》，第 85 册第 541 页。
② 《大正藏》，第 35 册第 913 页。
③ 《大正藏》，第 25 册第 136 页。

是时，目连躬自露地敷座而坐，而入初禅。……从初禅起，飞在空中，坐卧经行，身上出火，身下出水，或身下出火，身上出水，作十八变，神足变化。……尔时。大目捷连已取灭度。……尔时，世尊从罗阅城渐渐乞食，将五百比丘，人中游化，往诣那罗陀村，五百比丘俱。尔时，舍利弗、目连取灭度未久。……尔时，世尊告诸比丘：……若论财施者，当从舍利弗、目连比丘求。若欲求法施者，当从我求之。所以然者，我今如来无有财施。汝等今日可供养舍利弗、目捷连比丘舍利。尔时，阿难白佛言：云何得供养舍利弗、目捷连舍利。世尊告曰：当集种种香华于四衢道头，起四寺偷婆。①

这六幅壁画虽在写卷中抄录比较分散，但其顺序依然有迹可循，其故事发展逻辑顺序为（15）—（8）—（7）—（17）—（18）—（16）。

（9）—（14）为迦叶故事，其本事出《付法藏因缘传》：

至年十五，欲为娉妻，迦叶闻之，深生愁恼，白父母言：我志清净，不须妻也。如是至三，父母不听。于是迦叶知事难免，便设权谋，白父母言：能为我得金色女人，恣容超世，然后乃当开意纳之，若不得者，终不取也。尔时父母敬念彼，故不违其语，实时延召诸婆罗门遣行国界，若有女人身真金色，端严殊妙，为我娉之。诸婆罗门便共为谋，铸金为人，颜貌奇特，众共舆之，游诸聚落，高声

---

① 《大正藏》，第2册第642页。

唱言：若有女人，见此金神，礼拜供养，未来必得微妙智能，身真金色。诸女闻已，皆出礼敬。时有一女，颜容瑰伟，体紫金色，禀性柔和，智能深远。即是往日金珠女也，以昔胜缘，有此妙身。立志坚固，独不出外。诸女咸问不出之意，答言：诸姊，我意闲寂，不愧余愿，故不出耳。时诸女人强将此女往观金神，此女光明形貌恣容，映蔽金神，悉不复现。诸婆罗门即为聘之，遂相然可，计期成婚。彼女闻之，亦甚愁恼，志不自从，即便行嫁。二人相对，志各凝洁。虽为夫妻，了无欲意。共立要曰，我等今者宜各异房，不相娆近。尔时父母知是事已，即便敕人去除一室，令共同处，空其室内，唯置一床。于是迦叶更共妻要，今此室中唯有一床，我等二人理无同寝。我若眠息，汝当经行。汝若睡卧，我当经行。……于是夫妻深厌诸有，不生甘乐，如人净洗，不喜尘垢。诣父母所，求欲出家。既蒙听许，便作沙门。清净守素，无为无欲。在于空闲，勤修苦行。于是迦叶作是誓言：世界所有成罗汉者我悉归依。作是语已，出家威仪所有诸戒皆悉具足。……摩诃迦叶垂涅槃时，以最胜法付嘱阿难，而作是言：长老当知，昔婆伽婆以法付我。我年老朽，将欲涅槃，世间胜眼，今欲相付。汝可精勤守护斯法。阿难曰诺，唯然受教。于是阿难演畅妙法，化诸众生。[①]

从故事情节发展的逻辑角度看，这组壁画的顺序应为：

---

① 《大正藏》，第 50 册第 298 页。

（12）—（11）—（14）—（13）—（9）—（10）。

迦叶故事又见道略集《杂譬喻经·迦叶本生因缘事》，所述情节与之基本一致。其中有一处比较大的改编，《付法藏因缘传》述迦叶夫妻获得父母允许后出家，《杂譬喻经》亦述迦叶夫妻辞别父母出家，榜题则将其改编为父母死后，夫妻二人厌离家事，出家修道。这个情节的改编源自《佛本行集经·大迦叶因缘品》，《佛本行集经》叙迦叶在父母去世后，夫妻操持家业，有感于"见诸众生，受彼种种无量苦恼"，复因"住在家内难行清净"①，故而共同出家修行。这一改编显示了孝道观念的影响。在深受儒家孝道思想浸润的中国社会，赡养双亲是为人子的基本义务，父母在世时出家修行，是与孝道互相冲突的。改编者将迦叶夫妻的出家安排在父母去世之后，让他们完成为人子的义务，避免了这一冲突。自然，这样的解说更容易被中国百姓所接受。

（19）为阿难故事。其本事见《付法藏因缘传》：

> 阿难乘船在河中流，王即直进，稽首白言：三界明灯已弃我去，今相凭仰，愿勿涅盘。阿难默然而不许可，于时大地六种震动。……踊身虚空，作十八变，入风奋迅三昧，分身为四分：一分向忉利天与释提桓因，一分与大海娑伽龙王，一分与彼毗舍离子，一分授与阿阇世王。如是四处各起宝塔，烧香散华，供养舍利。②

由于抄录榜题中诸位尊者的故事多少不一，因此这里抄录

---

① 《大正藏》，第 3 册第 865—866 页。
② 《大正藏》，第 50 册第 303 页。

的榜题很有可能是很不完整的。其中比较完整的是舍利弗故事、目连故事与迦叶故事，每位尊者壁画均为六幅。它们的排列也有着某种相似性，故事发展的逻辑顺序与榜题的抄录顺序隐然有一定的对应关系：舍利弗与迦叶故事壁画大体上两两一组，逻辑顺序往往与写卷顺序颠倒，目连故事也略有类似情形。这为我们推估壁画的形制和规模提供了线索。这些壁画很有可能是 Z 字形排列的，抄录者依照习惯的从右至左顺序抄录，造成了上述的状况。

四、十梦壁画本事

第三组可称为十梦壁画。十梦本事分别见于《增一阿含经》卷五十一《大爱道般涅槃品》第九经、《俱舍论颂疏论本》卷第九，而各有改编，今具述其梦象与解说的内容如下：

榜题第一梦为白象闭在一室，从小窗中出身，但脚尾不得出，世尊解为末法时出家人能舍父母妻子等大事，不舍名闻利养等小事。源出《俱舍论颂疏论本》："王梦见有一大象被闭室中，更无门户，唯有小窗。其象方便，投身得出，尾犹窗碍，不能出者。此表释迦遗法弟子能舍父母妻子出家，而于其中尚怀名利，如尾碍窗。"①榜题与《俱舍论颂疏论本》所述梦象与解说均大体相同。

---

① 本条及下文源出《俱舍论颂疏论本》诸条均见：《大正藏》，第 41 册第 868—869 页。

榜题第二梦为人不买栴檀香木，而高价买取普通木材，世尊解为末法时人不肯听佛法而生邪见。源自《俱舍论颂疏论本》："又梦见有人将栴檀木博以凡木。此表遗法弟子以内正法博外书典。"榜题将以栴檀木交换普通木材的梦象改编为选择买取普通木材而舍弃栴檀木，相应地，世尊的解说也略有不同。将交换改编为购买时的选择，似乎更贴近货币经济已经取代物物交换的社会经济发展状况，更易于被当时当地的民众接受。

榜题第三梦为众人在高山上口渴思饮，枯井溢出，众人反而怕怖而走。解为人虽然最初乐闻佛法，但不能修行，逃避善知识。源出《俱舍论颂疏论本》："又梦见一渴人求觅水饮，便有一井，具八功德，井随逐渴人，人不欲饮。此表释迦遗法弟子诸道俗等不肯学法，有知法者为名利故随彼为说，而犹不学。"此处的改编点有三处：其一，将"一渴人"改为"众人"，使其更具有普世意义。其二，将梦象"人不欲饮"改为"怕怖而走"，强调了人的心理活动，同时也强化了前后态度的对比。其三，相应地，世尊的解说也不同，同样强调人的心理活动及其前后对比。

榜题第四梦为三斗珍珠交换一斗面，解为出家人为求小利向俗人奉上三乘教法。改编自《俱舍论颂疏论本》："又梦见一人，将一升真珠博一升麨。此表释迦遗法弟子为求利故，将佛正法为他人说。"梦象与解说大体相同，但细节则有所改编。榜题将"一升"改为"三斗"，并以三斗珍珠象征三乘教法，使得梦中的物象具有更明确更具体的象征意义。

榜题第五梦为一匹马两头吃草，解为末法时官吏既领取俸禄又盘剥百姓。出自《增一阿含经》卷五十一[1]："王梦见马口亦食，尻亦食，后世人民，大臣百官、长吏公卿，廪食于官，复食于民，赋敛不息，下吏作奸，民不得宁，不安旧土。王梦见二事，正为此耳。"[2] 梦象与解说均没有大的改编，都意在讥刺官吏贪赃枉法、鱼肉百姓。

榜题第六梦为见小树生果，大树不生果，解为末代时女人十岁便有男女之事，与劫初女子年五百方才出嫁不同。源出《增一阿含经》卷五十一："王梦见小树生果，后世女人年未满十五，便行求嫁，抱儿来归，不知惭愧。王梦见四事，正为是耳。"榜题的解说省去了"抱儿而归"的情节，但其主旨仍然是指斥女子少年出嫁。榜题解说中所述女子年五百方才出嫁，本自《中阿含经·王相应品说本经第二》："世尊告曰：诸比丘，未来久远当有人民寿八万岁。人寿八万岁时，此阎浮洲极大富乐，多有人民，村邑相近，如鸡一飞。诸比丘，人寿八万岁时，女年五百乃当出嫁。"[3]

榜题第七梦为见三镬汤，东镬隔中镬溢入西镬，西镬隔中镬溢入东镬，解为今时兄弟骨肉疏离，而亲近妻家。源出《增

---

① 《增一阿含经》卷五十一《大爱道般涅槃品第五十二》第九经述佛在舍卫国祇树给孤独园为国王波斯匿解十梦，西晋失译《舍卫国王梦见十事经》、西晋失译《佛说舍卫国王十梦经》、东晋竺昙无兰译《国王不梨先泥十梦经》为其同本异译经，译文略有不同。参陈士强《大藏经总目提要·经藏三》，上海：上海古籍出版社，2007 年，第 319—321、366—370 页。

② 本条及下文源出《增一阿含经》，诸条均见《大正藏》，第 2 册第 829—930 页。

③ 《大正藏》，第 2 册第 509 页。

一阿含经》卷五十一："王梦见三釜罗，两边釜满，中央釜空，两边釜沸气相交往，不入中央空釜中者。后世人民皆当不给足养亲贫穷，同生不亲近，反亲他人，富贵相从，共相馈遗。王梦见一事，正为此耳。"梦象情节一致，解说略有不同，榜题将《增一阿含经》的"反亲他人"改编为亲近妻家。

榜题第八梦为狮虎等猛兽以猕猴为王，解为末代时坊正、里正等小吏欺凌贤良君子。出自《俱舍论颂疏论本》："又梦见一猕猴，实无有德，众共扶捧，海水灌顶，立以为王。此表遗法弟子，诸恶朋党，举破戒僧，犹以为众首。"梦象情节基本一致，但解说完全不同，《俱舍论颂疏论本》解说主旨为弘法，而榜题则解为吏治败坏。

榜题第九梦为见诸兽见堕转猕猴散走躲避，解为末法时修行人不持戒，为众心所不喜。语本《俱舍论颂疏论本》："又梦有一猕猴，身涂粪秽，溏突己众，众皆避也。此表遗法弟子以诸恶事诬谤良善，见皆远避。"二者梦象细节略有差异，解说则大体一致。

榜题第十梦为二十人争一张白㲲，裂为二十段者，解为释迦如来灭后，小乘僧众执着异见，分为二十部类。源出《俱舍论颂疏论本》："又梦见一衣坚而亦广，有十八人各执少分，四面争挽，衣犹不破。此表遗法弟子分佛正法成十八部，虽有少异执，而真法尚存，依之修行，皆得解脱。"梦象由衣虽被争执而不破改编为白㲲断裂为二十段；解说部分，《俱舍论颂疏论本》强调虽然分成十八部，但真法尚存，而榜题则偏重部派分裂。数字由十八改为二十，反映了佛教界对于小乘部派分裂的不同看法。显然，小乘分成二十部派的说法在当时的敦煌更为流行。

综上所述，榜题十梦及其解说是选择《俱舍论颂疏论本》与《增一阿含经》卷五十一中的部分论说重新编排而成的，糅合了不同佛经的内容。

改编前后十梦解说所立足的背景有较大差异。《俱舍论颂疏论本》称，"此之十梦，但表先兆，非如所见"。佛解讫栗枳王十梦，均以"遗法弟子"为言。《增一阿含经》称，"王所梦者乃为将来后世现瑞应耳"。这两部经中佛对梦境的解说，都是对后世事的预言。榜题的解说则将其系于"末法时""今时""末代时"，显示改编者将其本人身处的时代视为佛法衰微的时代、世风浇薄的末世，讽时劝世意味非常浓厚，这一点是佛经所没有的。

《增一阿含经》卷五十一所述波斯匿王十梦，佛解为"尽皆为后世人之事"，"后世人民不畏禁法，普当淫泆，贪有妻息，放情淫嬺，无有厌足，妒忌愚痴，不知惭，不知愧，贞洁见弃，佞谄乱国"，均为后世人所为的恶行。解说完十梦之后，佛称："后世人若能心存佛道，奉事明经道人者，死皆生天上，若作愚行，更共相残者，死入三恶道，不可复陈。"点出此经的主旨：以此十梦为戒，修善断恶，以免恶报。榜题中源自《增一阿含经》的三梦，其解说所阐发的也主要是社会道德方面的论题。

《俱舍论颂疏论本》所解讫栗枳王十梦，均为"遗法弟子之先兆"。其中七梦已见上述，另三梦为："又梦见有妙园林，华果茂盛，狂贼坏尽。此表遗法弟子广灭如来正法园也。""又梦见有诸小象驱一大象令之出群。此表遗法弟子，诸恶朋党，破戒众僧，摈斥有德人也。""又梦见多人共集，互相征伐，死亡略尽。此表遗法弟子，十八部内，各有门人，部执不同，互兴斗诤也。"十梦的解说，均为遗法弟子毁弃佛法、固执邪见、互相争斗之类作为，表现出佛对自己灭度后佛法衰微败坏的预见，其主旨当在劝导世人崇尚佛法、修行精进。与此相应，源出《俱舍论颂疏论本》的数条榜题，其主旨也多与弘法有关。

总之，十梦壁画综合性地汲取了《增一阿含经》与《俱舍论颂疏论本》的主旨，一方面劝导众生断恶扬善，另一方面劝导众生崇信佛法。

（原载《文献》2010 年第 1 期，署名刘波、林世田）

《华严经》董贤印本考述

　　云南省图书馆藏有一部董贤印本《大方广佛华严经》，收入第二批《国家珍贵古籍名录》（名录号 04957）。此经曾在 2009 年 6 月举办的第二届"国家珍贵古籍特展"展出，引起了广泛的注意。

　　董贤，字唐珍，法号不动，约生于元顺帝时，卒于明永乐年间。白族人，系段氏大理国开国谋臣、国师董迦罗世家的第 24 代，为阿吒力教派的名师，明初封为国师，永乐年间曾受召晋京[①]。董贤一族自大理国主段思平时期至建国前，共传 42 代，历代皆是阿吒力。

　　据大理凤仪北汤天法藏寺所存明永乐十九年（1421）董贤撰写的《赵州南山大法藏寺碑》记载，明洪武十四年（1381），傅友德、蓝玉、沐英率军进入大理地区后，各地寺庙中所藏的藏经烧毁殆尽。董贤搜集幸存下来的一些经书，并到外地搜寻，汇集了五千余卷，集中保存。1956 年法藏寺发现的经卷，就是董贤所搜集的佛经。

---

　　① 　杨延福：《高僧古德无极与董贤》，《云南民族学院学报》1992 年第 2 期。

董贤不仅搜集保存了大量经卷，也曾印造佛经。云南省图书馆藏《大方广佛华严经》每卷首尾各钤"董药师贤男华严宝为法界造"朱印一枚，表明其为董贤家族所印造。此经今已非完帙，存二十二卷（三、五至十、十五、二十二至二十七、二十九、三十三至三十七、四十、五十七），不足全书之三分之一。此经为经折装，每版5个半叶。上下单边，版框高23.7厘米。每半叶6行17字，高32.1厘米，宽11.1厘米。

一、董贤印本《华严经》题记及相关问题的考察

此经多卷卷末有董贤墨笔手书题记。这些题记反映了董贤印造此经的背景以及其他相关问题，对于了解云南历史、阿吒力教派等相关问题有重要参考价值。兹据原书转录董贤题记，并对相关问题略加探讨。

卷三末叶有题记：

师宝中围阴骘之下习 密 僧不动者，天水人也，俗姓董氏，讳贤，室人何氏曰联，男华严宝、观音明，女药 师 好 等誓报四恩，流通二教，近见

佛华严者，圆无尽□□门也，是所谓三大四法界六相十玄门则备乎兹典，故发广大

心，印造八十一轴，显教大小乘三藏教文许百部，密教大乘三百余本，四种字真实名经

四部，刻檀佛像二十余躯，绘像三十余幢，将兹微善，广大无为。仰祝

国基巩固，臣佐退龄，八表太平，万民乐业，法界怀
生，齐登觉岸，恩有均资，自他俱利者。

宣光上彰涒滩之岁辛巳月上弦日赵州唐珍习密左梨董
贤　谨记。

"上彰"即上章，为天干庚的别称；"涒滩"为岁阴申的别
称。宣光庚申，即 1380 年。"辛巳月"即当年三月二十四至四
月二十四日。"上弦日"，一般指农历初八初九。以此推算，这
条题记的书写日期当为 1380 年 5 月 12、13 日前后。

宣光为北元昭宗爱猷识理答腊的年号，前后使用 8 年。洪
武初年，云南为元梁王把匝剌瓦尔密（？—1382）割据，与北
元朝廷隔中原遥相呼应。把匝剌瓦尔密为元世祖忽必烈第五子
云南王忽哥赤的后裔，元末受封梁王，镇守云南，明军攻占大
都后依然忠于北元朝廷，直至洪武十四年（1381）傅友德、蓝
玉、沐英远征云南，兵败自杀。《明史·把匝剌瓦尔密传》载：
"顺帝北去，大都不守，中国无元尺寸地，而王守云南自若，
岁遣使自塞外达元帝行在，执臣节如故。"[1] 宣光八年（1378），
元昭宗死去，其弟脱古思帖木儿即位，翌年改元天元。董贤题
记所署时间为宣光十年，在北元改元之后仍然沿用宣光年号，
说明梁王割据的云南地区并没有及时获悉这一系列事件。也就
是说，当时梁王割据政权与北元朝廷之间已然断绝联系，音讯
难通。据此亦可以推知，洪武十四年（1381）傅友德等率军入
滇之前，云南地区必定继续沿用宣光年号，亦即宣光年号在云

---

① （清）张廷玉等：《明史》，北京：中华书局，1974 年，第 3719 页。

南地区行用达 11 年之久。这条题记反映了元末明初云南特殊
的历史，有一定的史料价值。

董药师贤、董华严宝、董观音明、董药师好，这几个姓名
的姓和俗名之间，均加入一个佛名。这是大理白族密宗信徒习
用的"冠姓双名制"姓名习俗，这种特别的姓名是密宗的本尊
信仰的反映①。药师佛、观音菩萨为一般信徒都很熟悉的佛名。
"董华严宝"姓名中的"华严"，指华严菩萨。华严菩萨之名，
见于《维摩诘所说经》②《千手千眼观世音菩萨广大圆满无碍大
悲心陀罗尼经》③。唐清凉国师澄观与元正顺法师相传皆为华严
菩萨化现，二人皆精研《华严经》，可见一般信众认为，华严
菩萨与《华严经》有很密切的联系。"董华严宝"以华严菩萨
为本尊，说明董贤家族崇奉《华严经》。

值得注意的是，董贤的另一个儿子董金刚寿并没有出现在
题记中。董金刚寿继承董贤衣钵，后敕封灌顶国师，乃是董贤
子女中最为重要的一位。永乐年间董贤进京，随同前往的即是
董寿④。他的名字没有出现在董氏家族印经的朱印及题记中，可
能另有原因。

卷五末有题记：

---

① 张锡禄：《佛教对大理白族民俗的影响》，《虚云法师与鸡足山佛教：中国
宾川鸡足山佛教文化论坛论文集》，北京：宗教文化出版社，2008 年，第 513—514
页；黄天云：《浅谈佛教对大理白族文化的影响》，《红河学院学报》2004 年第 5 期。

② 《大正藏》，第 14 册第 537 页。

③ 《大正藏》，第 20 册第 105 页。

④ 杨延福：《高僧古德无极与董贤》，《云南民族学院学报》1992 年第 2 期。

　　施主董药师贤，助人何氏日联，男华严宝、观音明，
女药师好奉为

　　法界有情等敬造

　　事理圆融灵诠一部。　　诚愿十身扶祐，怀叡哲之男儿，无

　　智加持，为中表之依怙。　　余及一切含情，均证无
上菩提者。

　　宣光十年季春十六日赵州唐珍董贤　谨愿。

　　季春，一般指农历三月。这条题记的书写日期当为1380
年4月21日。"事理圆融灵诠"即指《华严经》，此经宣称一
微尘映世界，一瞬间含永远，阐发圆信、圆解、圆行、圆证等
顿入佛地的思想 [1]，故有此名。《华严经》实叉难陀译本为八十
卷，卷三末题记中称"印造八十一轴"，此处称"一部"，前后
是能相互印证的。《华严经》八十卷本多与《大方广佛华严经
入不思议解脱境界普贤行愿品》一卷合刻（第一批《国家珍贵
古籍名录》所收第01970号即为这样的合刻本），成为八十一卷，
此处的"八十一轴"当指八十一卷合刻本。

　　卷七末有题记：

　　上师三宝阴骘之下，爰有习密左梨董贤资为男华严宝、
观音明等身安寿远，福智弥

　　高，泊乎祖宗考妣，早悟真如，法界孤魂，咸蒙胜果，
自他俱利，恩有均资，傍及怀生，

---

① 任继愈主编：《佛教大辞典》，南京：江苏古籍出版社，2002年，第529
页。

　　同圆种智者。

　　宣光庚申重光大荒月上弦日赵州唐珍习密人董贤　谨愿。

　　重光为太岁在辛，大荒为大荒落之简缩，大荒落为太岁在巳，重光大荒即辛巳。这条题记的书写日期当为 1380 年 5 月 12、13 日前后。

　　卷七末叶题记后又有朱笔题记一行：

　　洪武廿四年辛未岁五月初三日董贤点。

　　此经通卷有朱笔句读，与题记所言恰相吻合。这说明，此经为董贤自用本，他不仅印造《华严经》，而且点读过此经。

　　另据侯冲先生介绍，董贤印本《华严经》卷第八有题识：

　　造经习密左梨董贤、助人何氏观音联、男华严宝、观音明、女药师好等，敬造华严大经八十一轴，刻檀五方佛等三部真仪二十余躯，绘秘密圣像三十余幅，缮写显教大小乘三藏教文许百部，密教大乘三百余部，华、梵、西番、畏兀儿等真实名经各一部，将兹片善，普施有情。[1]

　　这几条题记的内容能前后相互印证。根据它们的记载，董贤家族印造此《华严经》当在 1380 年，当时云南处于元梁王的统治之下。董贤家族同时还缮写显教大小乘经典百余部，密教大乘经典三百余本，华、梵、西番、畏兀儿四种文字《真实名经》各一部，并雕刻檀木佛像二十余躯，绘像三十余幅。

　　董贤以华、梵、西番、畏兀儿四种文字抄《真实名经》，

---

　　① 　侯冲：《云南阿吒力教经典的发现与认识》，载侯冲《云南与巴蜀佛教研究论稿》，北京：宗教文化出版社，2006 年，第 187 页。

是一件颇具象征意义的文献，它表明云南佛教所受到的影响是多方面的。

《真实名经》是藏密最重要的经典之一，为藏密僧人广泛持诵，其流行犹如《金刚经》之于汉传佛教。《真实名经》的主旨即以安立七中围，灭除烦恼，证得三身与五智[①]。中围，指密教的一种修持方法。卷三题记中"师宝中围阴骘之下习密僧"一句，表明董贤崇奉修习中围。元代以喇嘛教为国教，藏传佛教在云南也颇为流行，维西、中甸、丽江一带，藏传佛教寺院僧人为数众多[②]。董贤抄写《真实名经》的西番文，即指藏文。

元代，大批畏兀儿人移居云南。忽必烈平定云南之役，军队中兵将多有畏兀儿人；中统时以回族降民分赐诸王百官，镇守云南的藩王所得回族扈从为数亦不少；至元中，立云南行省，其后征伐缅越，入滇兵将率多色目人，其中畏兀儿人为数不少；至元、延祐年间，雪雪的斤等率军屯戍国内云南及缅甸，大德年间征伐八百媳妇，军中将士多畏兀儿人[③]。元代畏兀儿人移居云南者成千上万，成为云南居住人口中的重要部分。随着畏兀儿人的移入，畏兀儿语言、文字、宗教也随之在云南传播，对云南的政治、宗教都有深刻的影响。

---

① ［印］月官菩萨著，林崇安译：《圣妙吉祥真实名经广释》，高雄：谛听文化事业有限公司，2001 年。

② 夏光南：《元代滇宗教之盛》，载夏光南《元代云南史地丛考》，北京：中华书局，1936 年，第 139 页。

③ 夏光南：《蒙族回族之移滇》，载夏光南《元代云南史地丛考》，第 43—60 页。

现存多文种合璧文献多为清代的抄本或刻本。清代以少数民族入主中原，境内汉人占人口数的绝大部分，而蒙古、藏等族也各有其领地与势力，这一政治现实使得满族统治者不得不采取一些调和民族关系的政策，倡导各民族和谐相处。在文化上，即产生了大量的满、蒙古、藏、汉多种文字合璧的文献。元代虽与清代同为少数民族政权，但其统治阶级较少措意于民族融合，因而多文种合璧文献所见较少，现存者更是寥若晨星。比较有名的有元西宁王速来蛮立于敦煌的莫高窟六字真言碣，上为汉文大字"莫高窟"，下刻一佛像，佛像四周以汉、藏、梵、八思巴、西夏、回鹘六种文字刻"唵嘛呢叭咪吽"六字真言①。与《六字真言》碑的寥寥数字不同，董贤题记明确记载他以梵文、汉文、藏文、畏兀儿文抄写整部《真实名经》。虽然此写本目前没有发现传世本，但是作为明确见于记载的早期多文种合璧写本，是非常值得重视的。它既是云南各民族杂居的反映，也是阿吒力教受到藏传佛教、汉传佛教与维吾尔文化影响的明证。

一般认为，阿吒力教派原属印度密教的一支，是公元 7 世纪以后印度大乘佛教一部分派别与婆罗门教相结合的产物，公元 8 世纪由印度密教阿阇梨僧赞陀崛多传入南诏，成为南诏、大理的主要宗教。阿吒力教的密法与唐密同出一源，在其流传与发展过程中融合了南传佛教、藏传佛教的内容，以及当地彝

---

① 敖特根：《〈莫高窟六字真言碣〉研究》,《敦煌研究》2005 年第 6 期，第 77—83 页。

族、白族原始宗教信仰的某些神祇、咒术和礼仪，并吸收了儒家的伦理思想，形成了具有地方特色与民族特色的教派。元代阿吒力教派逐渐被汉传佛教排挤和融合。与汉传佛教融合后的阿吒力派，其主要法事活动是结缘应赴，替民众"禳灾祈福"，为死者"超荐亡灵"①。近年来，侯冲指出阿吒力教的性质与明代佛教的教僧相似，所谓"滇密"是汉传佛教的变种，大理地区从来没有真正意义上的"滇密"存在②。无论学术界对大理佛教性质的认识有多大分歧，阿吒力教派在元代曾接受了汉传佛教的深刻影响，这应当是确定无疑的史实。

《华严经》在汉传佛教中影响很大，隋唐时弘传极盛，甚至出现了专弘《华严经》教观的宗派华严宗，其余裔远达朝鲜、日本。其中心内容是从"法性本净"的观点出发，阐明法界诸法等同一味、无尽缘起等理论，在修行实践上强调解脱的关键是在阿赖耶识上用功，提出成佛必须经过种种十法阶次等思想③。董贤在印经题记中对《华严经》推崇备至，卷五题记中将此经称为"事理圆融灵诠"，卷八题记中称其为"华严大经"，卷三题记中赞"三大四法界六相十玄门则备乎兹典"。董贤作为阿吒力教派的领袖人物，印造并点读实叉难陀译本《华严经》，也是阿吒力教派接受汉传佛教影响的例证之一。

---

① 任继愈主编：《佛教大辞典》，南京：江苏古籍出版社，2002年，第712—713页。

② 相关论述见《云南与巴蜀佛教研究论稿》所收的系列论文。

③ 田光烈：《华严经》，《中国大百科全书·宗教卷》，北京：中国大百科全书出版社，1988年，第162页。

二、董贤印本《华严经》的版刻源流

云图藏董贤印本《大方广佛华严经》卷三尾题后有"苍山僧人赵庆刊"字样。这条刊刻题记说明了两个方面的问题：其一，该经刊刻于云南当地；其二，刊经人为僧人，很可能这是一个寺院刻本。此经刊刻当在明军入滇以前，视其为元刻本，应当是比较妥当的。

值得注意的是，董贤印本《华严经》卷首卷尾均有千字文号。上文所引题记表明，董贤印本《华严经》为单刻佛经，并不是一部完整的大藏。

经比对，此经行款与《碛砂藏》完全一致，均为经折装，每半叶6行，行17字，甚至页码标识符号也大多相同；其字体也与《碛砂藏》较为类似，而略显工整；字画行款均可见模仿《碛砂藏》的明显痕迹；卷首的扉画，其中一幅与《碛砂藏》"黄一"的扉画完全一致。

据此可知，董贤印本《大方广佛华严经》乃是以《碛砂藏》为底本的覆刻本。虽然仅单刻《华严经》，但刻板时将《碛砂藏》的千字文号等内容也一并原样刻出。

不过，董贤印本在多处局部的细节上与《碛砂藏》本有所不同。主要有以下几个方面：

其一，《碛砂藏》"拱一"至"拱三"卷首品题上均冠有经名"大方广佛华严经"，这是与全书体例不符的。《碛砂藏》"拱七"卷末有题记曰："但经中品题上有'大方广佛华严经'七字总题，若准清凉大疏，不列。凡有安总题者，俱合削去。今诸本皆有，故且有之。"①董贤印本"拱一"至"拱三"卷首品题上则没有经名，刊刻者根据全书体例及《碛砂藏》"拱七"卷末题记对其作了修改。

其二，千字文号的有无。《碛砂藏》"拱五"卷末尾题"大方广佛华严经卷第五"下没有千字文号，而董贤印本则有千字文号"拱五"。《碛砂藏》"拱九"卷首经名下没有千字文号，而董贤印本则有千字文号"拱九"。

其三，刊工署名的有无。《碛砂藏》"拱五"第一、第二半叶中缝下方有刊工署名"朱新刊"，"拱七"第一、第二半叶中缝下方有刊工署名"何通刊"，"拱八"卷首品题下有刊工署名"孙仁"，"章五"卷首品题下有刊工署名"金友"，而董贤印本则均没有。

其四，卷末音义的有无。《碛砂藏》"拱三"卷末尾题后没有音义，而董贤印本则有音义一行，释卷中五词。

据目前我们掌握的资料进行比对，可以得到上述四个方面的主要差别。当然，二者很有可能还存在其他差别。比如《碛砂藏》卷末的功德题记，此经很可能不再原样刻出。

这些差异显示，此经在刻板时也根据需要进行了一定的调整。这些调整主要集中在两个方面：一是记录《碛砂藏》刻板过程的内容，如刊工姓名，予以删除。二是《碛砂藏》略有缺失的地方，如体例不一致处，予以补充、修正。

更为幸运的是，我们在《大理丛书·大藏经编》中找到了

---

① 《影印宋碛砂藏经》，上海影印宋版藏经会印行，1933年，第110册第54页。

与董贤印本相同版本的《大方广佛华严经》刻本。该经为大理州博物馆所藏，现存八卷，为卷三、卷四、卷五、卷二十八、卷五十二、卷五十四、卷五十七、卷七十五，且多非完帙[①]。此经字画略显漫漶，有可能在董贤印本之后印刷[②]。

大理州博物馆藏本卷首与卷尾均未钤"董药师贤男华严宝为法界造"朱印，显然并非董贤所印造，《大理丛书·大藏经编》著录其"为南宋或元初刻本"。

综合卷三尾题后题记"苍山僧人赵庆刊"及董贤印本、大理州博物馆藏本等信息，我们可以对其刊刻印造过程加以这样的推测：这部《华严经》很可能是一部寺院刻经，当在云南当地刊刻，底本为《碛砂藏》；董贤曾在 1380 年出资刷印，并钤"董药师贤男华严宝为法界造"朱印，因该经并非由董贤刻板，故而董贤钤印并手书题记及愿文，标明他是印造此经的功德主；大理州博物馆藏本则为该版的另一个印本。

第二批《国家珍贵古籍名录》著录此经为"南宋刻元补北元宣光十年（1380）赵州董贤印碛砂藏本"，在某些细节上是值得商榷的。其一，《名录》称其为"碛砂藏本"，这是有违事实的。如上所述，此经是以《碛砂藏》为底本的覆刻本，覆刻本与原刻本是不能混为一谈的。其二，《名录》称其为"南宋刻元补"，完全是依据此经为《碛砂藏》做出的推论，并无任何版刻依据。

---

① 《大理丛书·大藏经编》，北京：民族出版社，2008 年，第 5 册第 517—768 页。

② 笔画漫漶极有可能是影印造成的，该书影印质量不够理想。

如前述，此经并非《碛砂藏》印本，那么它的版刻年代就不能不重加推估。毫无疑问，它的刻印应当在《碛砂藏》之后，因此，我们认为它的版刻年代为元代的可能性比较大。

（原载《中国与周边国家关系研究》，北京：中国书籍出版社，2013 年 3 月，署名刘波、林世田）

BD09524 唐写本成玄英
《老子道德经义疏》残卷校读记

　　中国国家图书馆藏敦煌写本 BD09524（殷 045）号，为古佚《老子》注本。此卷大渊忍尔《敦煌道经：目录编》、王卡《敦煌道教文献研究——综述·目录·索引》未著录，朱大星《敦煌本〈老子〉研究》亦未论及，近由《国家图书馆藏敦煌遗书》公布（见第 106 册 57—60 页），定名为《老子道德经义疏》。

　　《国家图书馆藏敦煌遗书》第 106 册所附《条记目录》称，此文献"疏释《老子道德经》，存文从第二十一章到第二十三章。行文时，每章先总括大意，然后将该章文字开为四重，再逐章解释。现知敦煌遗书中没有发现与这种形态相同的《老子》疏释，暂拟此名。与成中英《老子道德经开题序决义疏》是何关系，待考"①。这一论述疏于考证，此件文献即成玄英《老子道德经开题序决义疏》残卷。

　　《老子》成玄英义疏久佚，强思齐《道德真经玄德纂疏》与署名顾欢的《道德真经注疏》征引其文，蒙文通据之辑为

---

　　① 《国家图书馆藏敦煌遗书》第 106 册，北京：国家图书馆出版社，2009年，《条记目录》第 12 页。

《道德经义疏》①。今此卷所存 63 行 1600 余字，当成《疏》第二十一至二十三章，所存文字与强《疏》所引、顾《疏》所引及蒙辑本略有异同，今将之与正统道藏本强思齐《纂疏》、顾欢《注疏》及蒙辑本对勘，可见传本演变之迹，亦有数事可正道藏本、蒙辑本之失。

此卷有墨笔、朱笔校改。朱笔校改墨色较淡，在缩微胶片及影印图录上无法辨识，原卷则清晰可读，今并录之，以见原卷校正过程。

【录文】

1. ☐☐☐以次前者，前章明☐☐☐☐☐贾用 ☐☐☐

2. ☐☐此章，旷显此人盛德容猊（貌）[1]。　就此章内[2]，文有四重。

3. 弟一明能证之人契道容猊[3]。　弟二显所证之道非有非无。　弟三明此

4. 圣人以三一为体。　弟四明道无来去而知始终[4]。　弟一明能证之人

5. 契道容猊。　孔德之容，唯道是从。　孔，甚也，大也。容，貌相也。甚大之

6. 德，容貌如何？唯从于道，即是其相。又解容，苞容也[5]。大德妙契，故能☐

---

① 1946 年 5 月四川省立图书馆印行。收入蒙文通《道书辑校十种》，成都：巴蜀书社，2001 年。

7. 容，动止施为[6]，独从于道，出处嘿（默）语[7]，皆是道 ▢▢▢

8. 证之道非有非无。　道之为物，唯恍唯惚 ▢▢▢

9. 也，不有而有，虽有不有[8]，不无而无，虽无不无，有无不定，▢▢▢

10. 物者，欲明道不离物，物不离道，道外无物，物外无 ▢▢▢

11. 物，体即物道。亦明悟即物道[9]，迷即道物，道物 ▢▢▢

12. 而异而一，不一而一，而物而道，一而不一，非道非 ▢▢▢

13. 而物故不一一也。　弟三明此圣人以三一为体。 ▢▢▢

14. 恍惚中有物，惚惚中有象[10]。　中有物，即是神。神[11]，妙物为名（下缺）

15. 非无非有，而有不测之物也[12]。中有象，即是炁（气）[13]。虽复非象▢▢

16. 为色为象，故是炁（气）也。言道种种变见（现），故不物而物，不象而象▢

17. 窈（窈）宾（冥）中有精[14]。　窈宾（冥），深远也。有精即精智也[15]。言道虽窈宾

18. 恍惚而甚有精灵，智照无方，神功不测也。　其 ▢▢

19. 言真精无杂，实非虚假，于三一之中 ▢▢▢

20. 是炁色神用之本也。　　其中有信。☐☐

21. 应，信若四时，必无差爽。　　弟四明☐☐☐

22. 自古及今，其名不去。　　时乃有古有今☐☐☐

23. 名不去，足显不来，文略故也。　　以阅终甫[16]。

☐☐☐

24. 至道虽复无来无去，亦而去而来，故能览察古今[17]，

应☐☐☐

25. 吾何以知终甫之然？以此。　　假设问也[18]。老君云：

吾何以知始

26. 终之事乎？只用此真精纯信之道，恍惚窈（窈）冥（冥）

之法[19]，故知之也。

27. 曲则章所以次前者，前章略举孔德容猊（貌），于教未

周，故次此章，

28. 重显孔德行能[20]，以为物范。　　就此一章，文开四

别[21]。　　弟一举因地

29. 四行，以示谦和。　　弟二明妙体一中，为物楷式。

弟三彰果上四

30. 德，对显前行。　　弟四爱（援）引古实，结叹曲全[22]。

弟一举因地

31. 四行，以示谦和。　　曲则全。　　屈曲随顺，不忤

物情，柔弱谦和，全我生道。

32. 故庄云[23]：吾行却曲，无伤吾足[24]。此一句忘违顺[25]。

枉则正。　　枉，滥也。体知枉直不二[26]，故

33. 能受于毁谤而不申其怨枉，翻扑正理也[27]。此一句忘

毁誉。

34. 洼则盈。　　洼，下也。谦卑逊让，退己处下，不与物竞高[28]，故德行盈

35. 满也。此一句忘高下[29]。　　弊则新。　　弊，辱也。能处鄙恶弊辱而

36. 不贪荣宠，即其德日新也[30]。此一句忘荣辱[31]。　　弟二明妙体

37. 一中，为物楷式。　　少则得，多则或（惑）。　　少者，谓前曲全等行，不见

38. 高下，处一中也。多谓滞于违顺等法，不离二偏也。体一中则得[32]，滞二偏故迷或（惑）也[33]。

39. 是以圣人抱一为天下式。　　是以，仍上辞也。抱，守持也。式，法则也。

40. 言圣人持此一中之道，軓（轨）辙群生[34]，故为天下修学之楷模也。

41. 弟三彰果上四德，对显前行。　　不自是故彰。[35]　　自他平等，

42. 不是己非物，故其德显著[36]。　　不自见故明。　　物我皆空，不见有

43. □身相，故智慧明照也。　　不自伐故有功。　　伐，取也。虽复亭

44. 毒亿生而刍狗百姓[37]，推功于物，故有大功也。　　不自矜故长。

45. 只为推功于物，所以不自矜夸[38]，故德行长远也[39]。　　夫

唯不争，故天下莫

46. 能与之争。　　此即叹美四德之人妙达违顺[40]，谦以自牧，不与

47. 物争，故天下群品无能与不争者争也。　　弟四爰引古实，结叹

48. 曲全。　　古之所谓曲则全，岂虚语，故成全而归之。

49. 昔人所谓屈曲柔顺以全其道，此语有实，谅非虚言[41]，但能依教修

50. 行，不与物争，则大成全德，惣归于己也[42]。　　希言章所以次前

51. 者[43]，前章正举曲全四德，令物依修，故次此章，旷明诸行[44]。

52. 就此章内文有四重。　　弟一明体教忘言，故能会理。

53. 弟二明执心躁（躁）竟，所以无常。　　弟三结成忘言之得。　　弟四正

54. 结执教之失。　　弟一明体教忘言，故能会理。　　希言自然。

55. 希，蔺（简）少也。希言，犹忘言也。自然者，▢▢▢▢

56. 道绝言，言即乖理，唯当忘言遣教，适可▢▢▢▢

57. 心躁竟，所以无常。　　飘风不终朝，骤雨不终日。　　飘疾之风，

58. ▢风骤暴之雨[45]，曾不崇朝，何能竟日。譬滞言之士，执教生迷，

59. 妄为躁行，以求速报，既乖至理，不可久长[46]。故取

譬飘风，方之骤雨。

60. 日是朝之惣，朝是日之别。别则譬念念新新^[47]，惣则喻百年之寿，

61. 通是无常故也。　　孰为此？天地。天地尚不能久，而况于人乎？□□□

62. 孰，谁也。假问谁为此风雨，答云是 天 地 □□□

63. 风骤雨尚不能久， 况 人 为 踦 ^[48]

【校记】

［1］旷：正统道藏本强思齐《道德真经玄德纂疏》引成《疏》、蒙辑本并作"广"。旷、广义通。狼，"貌"俗字，俗书"犬""豸"通用。

［2］章内：蒙辑本作"一章"。

［3］弟：强《疏》引、正统道藏顾欢《道德真经注疏》引成《疏》、蒙辑本并作"第"。下同。

［4］明道无来去而知始终：强《疏》引作"明道无去无来而知始知终"、蒙辑本作"明道无来无去而知始知终"，文义无别而文辞略有差异。

［5］苞：强《疏》引、顾《疏》引、蒙辑本并作"包"。包、苞字通。

［6］止：顾《疏》引作"心"，形近而讹。

［7］嘿：同"默"。强《疏》引正作"默"。嘿语，顾《疏》引作"语嘿"，蒙辑本作"语默"，义同。

［8］本句"虽有"后原脱"不有"二字，以朱笔添补于右侧。

［9］顾《疏》引此句脱"明"字。

［10］恍惚中有物，惚恍中有象：强《疏》本作"惚兮恍，其中

有象，恍兮惚，其中有物"；顾《疏》本作"惚恍中有象，恍惚中有物"，恍，与"恍"通。强《疏》引成《疏》，首有经文"恍惚中有象，惚恍中有物"。与此卷"中有象""中有物"互倒。成《疏》此条先释"中有物"，后释"中有象"，则成《疏》经文自当以"恍惚中有物，惚恍中有象"为正。蒙辑本与此卷同，极是。

[11] 神：顾《疏》引作"妙"，涉下文而误。

[12] 而有不测之物也：强《疏》引、蒙辑本并作"而有而无，故是妙也"。测，原卷墨笔写作"恻"，而以朱笔改"忄"为"氵"，校正文字。

[13] 炁："气"古字。强《疏》引作"炁"；顾《疏》引、蒙辑本并作"气"。

[14] 窈冥中有精：强《疏》本作"窈兮冥兮，其中有精"。窈，"窈"俗字，蒙辑本作"窈"；冥，"冥"俗字，下文亦作"冥"。

[15] 有精即精智也：顾《疏》引作"有精，智也"，脱"即精"二字。

[16] 终甫：强《疏》本、顾《疏》本经文均作"众甫"。疏文释"甫"为"始"，则成《疏》所用本之经文作"终甫"无疑。蒙辑本作"终甫"，甚是。

[17] 览察古今：强《疏》引作"览古察今"。

[18] 假设问也：强《疏》引、蒙辑本作"此假设问也"。

[19] 恍惚窈冥：强《疏》引作"恍恍冥冥"。

[20] 孔德行能：强《疏》引作"孔德之行能"。

[21] 强《疏》引句末有"也"字。

[22] 叹：强《疏》引作"难"，误。

［23］苞：强《疏》引、顾《疏》引、蒙辑本并作"庄子"。

［24］吾行却曲，无伤吾足：此句出自《庄子·人间世》。

［25］强《疏》引、顾《疏》引、蒙辑本句末并有"也"字。

［26］直：顾《疏》引作"滥"。

［27］扑：强《疏》引此字空缺，顾《疏》引作"获"，蒙辑本作"覆"。正理：顾《疏》引作"正真"。

［28］高：强《疏》引、蒙辑本无此字；顾《疏》引作"而"，属下读。

［29］顾《疏》引脱"下"字。

［30］强《疏》引脱"日"字。顾《疏》引、蒙辑本句末无"也"字。

［31］一句：顾《疏》引作"又"。强《疏》引、顾《疏》引、蒙辑本句末并有"也"字。

［32］顾《疏》引脱"得"字。

［33］迷或：强《疏》引作"迷惑"；顾《疏》引、蒙辑本并作"惑"，无"迷"字。

［34］軓辙：强《疏》引、蒙辑本并作"軓范"。軓，"轨"俗字。

［35］强《疏》引、顾《疏》引、蒙辑本"不自是故彰"句并在"不自见故明"句之后，此卷句序与之颠倒。

［36］不是己非物，故其德显著：顾《疏》引、蒙辑本并作"不是己而非物，故其德行显著"。

［37］亿：顾《疏》引、蒙辑本并作"群"。苫：强《疏》引、顾《疏》引、蒙辑本并作"刍"。

［38］顾《疏》引、蒙辑本并无"所以"二字。

［39］长远：蒙辑本作"长达"。"长远"义长。蒙辑本恐为字误。

［40］即：顾《疏》引作"则"。

［41］谅：顾《疏》引作"果"。

［42］惣：顾《疏》引、蒙辑本作"物"；强《疏》引作"總"。惣，"总"俗字，顾《疏》引、蒙辑本因脱偏旁"心"而误作"物"。

［43］次前：强《疏》引、蒙辑本并作"次前章"，此卷脱"章"字。

［44］旷：强《疏》引、蒙辑本并作"广"。

［45］"骤暴之雨"前，本卷衍"□风"二字。

［46］既乖至理，不可久长：顾《疏》引作"既志理不久不长"，脱"乖"字。

［47］念念新新：顾《疏》引、蒙辑本作"念念之新"。此卷"则譬"旁注小字"承"，复以朱笔抹去。

［48］人为：顾《疏》引、蒙辑本作"凡夫而为"。

《国家图书馆藏敦煌遗书》判断此卷为唐写本，著录其抄写年代为"7—8世纪"，这是很正确的。通常所说的敦煌唐写本，指唐初至786年敦煌陷蕃之前的写本。"安史之乱"后，道教衰落，吐蕃时期大力崇佛，道教势力更为式微，道教写经的抄写和传播较为鲜见。敦煌道教兴衰的历史也能佐证此卷的抄写年代当不晚于敦煌陷蕃。此卷背面为吐蕃统治时期抄写的《大乘稻芉经随听疏》，表明此写卷在道教衰落之后沦为废纸，佛教徒利用其背面抄写佛经，这反映了道经在吐蕃时期的流传与再利用状况。成玄英为唐初道士，《义疏》可能在其贞观五年（631）奉召至京师前后成书①，本卷抄写当不早于这一时期。综上所述，

---

① 　强昱：《成玄英评传》，南京：南京大学出版社，2006年，第19页。

这一写卷的抄写年代上距其成书年代最多不过一百五十年，较少经过后人的改编，可能更为接近成《疏》的原貌。

此卷抄写精良，行款整齐，书法规整，复经朱笔校改，应可视为当时较为精善的传本。如校记所列，此卷疏文与蒙辑本及强、顾二《疏》引文多有差异，有的地方可以补正其脱误错讹，其校勘价值不可忽视。详情已具见校记，兹不赘述。

成《疏》虽可从强《疏》、顾《疏》辑得，但成《疏》所据经文与强、顾二《疏》不同。这两种注疏所用经文与成玄英不同，因而经文与疏文扞格的情况所在多有。蒙文通先生考证"成《疏》之经，与唐遂州龙兴观《道德经碑》十同八九，最为相近"，成《疏》经文与遂州本有差异者，则均与易州龙兴观《道德经碑》相合①，遂以遂州本、易州本合校，校定成《疏》经文。

朱谦之《老子校释》以唐景龙二年易州龙兴观《道德经碑》为底本，遂州龙兴观《道德经碑》久佚；正统《道藏》所收无名氏著《道德真经次解》据遂州本为训，朱谦之《校释》亦以《次解》本为校本。今以 BD09524 所存经文与之对校，可见异同六处：

第 8 行"唯恍唯惚"句，遂州本"恍"作"怳"，下文同。怳、恍字通。第 14 行"惚恍中有象"句，遂州本"象"作"像"，象、像字通。第 25 行"吾何以知终甫之然"句，遂州本后有"哉"字。第 37 行"多则或"句，遂州本作"惑"，或、惑字通。第 45 行"故

① 蒙文通：《校理〈老子成玄英疏〉叙录》，见蒙文通《道书辑校十种》，成都：巴蜀书社，2001 年，第 354—355 页。

天下莫能与之争"，遂州本无"之"字。第 61 行"而况于人乎"，
遂州本无"乎"字。此六处，半为文字通借，半为虚词有无，
均无碍于义理阐发。

　　与传世其他版本相校，则颇见成《疏》经文之异于他本。
第 14 行"恍惚中有物，惚惚中有象"句，河上公本、王弼本
作"忽兮恍兮，其中有像；恍兮忽兮，其中有物"，或二句互倒，
或"忽"作"惚"。第 23 行"以阅终甫"句，各本多作"众甫"。
第 48 行"成全而归之"句，各本多作"诚全"①。这些异文，足
以影响经文之阐释。可证蒙文通所论成《疏》经文与遂州本最
为接近这一观点之确凿无误。

　　第 41、42 行"不自是故彰""不自见故明"二句前后顺序，
诸本多有不同。本卷"不自是故彰"句在"不自见故明"句前，
与遂州本合，可见成《疏》经文原本如此。强《疏》、顾《疏》
所据经文均以"不自见故明"句在"不自是故彰"句前，故将
成《疏》此二条调换顺序，分别系于相应经文之下。蒙辑本此
二句顺序一依强《疏》、顾《疏》，据此卷与遂州本观之，当有
错简，应乙正。此为 BD09524 可补正蒙辑本之例，亦可见其文
献价值之一端。

　　敦煌文献中存有成玄英《注疏》的两个写卷，除此之外尚
有 P.2517 一号。P.2517 存文自 59 章末至 81 章，其"卷第五"
尾题保留完整，表明《注疏》部分应为五卷。《新唐书》著录
成《疏》为七卷，蒙文通考证《开题》自为一卷，《序决义疏》

---

① 　朱谦之：《老子校释》，北京：中华书局，1984 年，第 88—93 页。

自为一卷①，加上《注疏》五卷，恰足七卷之数。以此推之，BD09524 所存文字约当《注疏》卷第二。此卷所存注疏虽不足四章，未及全书百分之四，但毕竟保存了部分成《疏》写本，与 P.2517 综合观之，可见成《疏》原貌及其流传状况，颇值得道教史研究者重视。

BD09524 写卷与通常的注疏格式差异较大。此卷各章之间连写，不另起一行；序决、经文、疏文字体一致，不分大小字，疏文亦未双行抄写；前后章节之间、经文与疏文之间均仅留两字空格，以为区隔。通览全卷，经文、疏文书写格式没有什么区别，初读难免有眉目不够清晰之感。P.2517 各章亦连写，但每章前的序决部分及经文大字单行，疏文则小字双行，眉目清晰，便于阅读。二者不同的书写格式，反映了此书在流传过程中的改编情况，也是书籍史方面富有研究旨趣的话题。

（原载《国学的传承与创新：冯其庸先生从事教学与科研六十周年庆贺学术文集》，上海：上海古籍出版社，2013 年 4月，署名刘波）

---

① 蒙文通：《校理〈老子成玄英疏〉叙录》，见《道书辑校十种》，成都：巴蜀书社，2001 年，第 348—349 页。

国图藏西域出土
《观世音菩萨劝攘灾经》研究 [①]

　　国家图书馆近年入藏西域文书 BH1–11《观世音菩萨劝攘灾经一卷》，经文预言将有大批人畜死去，劝诱民众传抄读诵该经，为典型的谶记类佛教疑伪经。此经不见于历代经录与藏经，亦无单行本传世，虽文字简短，但反映了丰富的历史文化背景，为佛教史与西域历史的研究提供了难得的资料。

一、文献校录及其产生地域、年代

　　此经保存完整，一纸，抄写较工整，首题一行，经文十五行，兹录文如下：

　　1.观世音菩萨劝攘灾经一卷

---

　　①　本文为教育部人文与社会科学重点研究基地北京大学中国古代史研究中心和国家图书馆古籍馆合作进行的重大项目"于阗与敦煌——以国家图书馆藏新出与未刊和田、敦煌汉文文书为中心"的成果之一（项目编号 2009JJD770003），并曾提交北京大学历史系、中国人民大学国学院、国家图书馆古籍馆共同举办的"敦煌西域读书班"讨论，与会专家对本文提出了诸多重要的修改意见，谨此一并致谢。

2. 我日夜常流泪，不忍此众生今载苦。吾于此处观阎浮

3. 提内太山西角颓，须人二万、牛一万头，助太山散化，诸郡县及

4. 诸军府，不能一一具到，其伊西庭共着二万人，即此安西二千人：三

5. 百人妇人，七百人怀难者，三百人孩子，二百五十人耽酒者，余取粗

6. 行僧尼。不得不信，须转读，令劝诸处，着皆令修福，转此经

7. 二七日，设斋二七日。若不依者，灾害排门。总着若不依者，当

8. 已灭门。如其信者，当已各写一本榜门，皆令读诵，自免一

9. 门灾难。如不写者，亦灭门。如有见者，速为递相告报，免一

10. 门灾难。如轻毁不报者，七日内当已灭门。吾无量劫在此教

11. 化众生，各努力依吾修福攘灾，即免此难。吾亦拥护汝，汝等当存心念

12. 诵，吾观世音菩萨随其声便即救护。努力修善。　王载

13. 柘厥礼拜，道逢一老人，可年百岁，将此经来，遣向安西攘灾。于

14. 时不见老人，惊怕恐惧。见此经者，每家各写一本读诵，速相

15. 报不知者，请为流转，众生免此灾难。其经护净，当家内壁

16. 上着供养，免当家灾难。请为遵行。

经文叙述此经来历，称"王载柘厥礼拜，道逢一老人，可年百岁，将此经来"，说明其产生地在唐柘厥关一带。关于唐柘厥关的位置，学界有多种观点。王炳华考证其地应在今新疆库车以西渭干河畔的玉其土尔遗址与夏克土尔遗址[1]，这一观点得到了学术界与考古界的认同。刘安志在此基础上进一步指出，"玉其土尔和夏克土尔这两区遗址，不仅是唐代柘厥关的所在地，而且也是龟兹都督府下属机构'城'的所在地"，认为在当地曾有一座"白寺城"，其命名源于该地大寺"白寺"[2]。陈世良对这一观点提出疑问，并论证柘厥关故址应在克孜尔石窟崖顶。近年，庆昭蓉论证其所在地为库车以北的苏巴什附近[3]，龟兹第一大寺雀离寺即位于该地，当为民众礼拜的中心。玉其土尔遗址、克孜尔石窟、苏巴什均在唐龟兹附近，无论学界关于柘厥关故址所在地的观点与结论如何，此经产生于唐龟兹（今新疆库车）一带，是毫无疑问的。

---

① 王炳华：《唐安西柘厥关故址并有关问题研究》，《西北史地》1987 年第 3 期，第 10—20 页；王炳华：《新疆库车玉其土尔遗址与唐安西柘厥关》，《丝绸之路考古研究》，乌鲁木齐：新疆人民出版社，1993 年，第 82—105 页。

② 刘安志：《唐代龟兹白寺城初考》，《敦煌学辑刊》2002 年第 1 期，第 127—133 页。

③ 参看庆昭蓉《重议柘厥地望——以早期探险队记录库车与出土古代文书为中心》，载朱玉麒主编《西域文史》第六辑，北京：科学出版社，2011 年 12 月，第 167—189 页。

经文中提到多个西域地名。其中"安西",指龟兹。太宗贞观十四年(640),于西州(今新疆吐鲁番)创设安西都护府,其建制延续至"安史之乱"之后。显庆三年(658)五月,平定西突厥阿史那贺鲁叛乱,迁安西都护府于龟兹,此后龟兹多称为安西[①]。文中将"安西"与"伊西庭"对称,表明"安西"并不涵盖伊西庭三州,其所指不是安西都护府,而应为龟兹一地。

经文预言将有二万人死去,又称"其伊西庭共着二万人",可见灾难实际上降临在"伊西庭",下面紧接着说"即此安西二千人"。从其叙述方式看,此经将安西视为"伊西庭"之下的一个地区。这是不符合历史事实的。唐代在西域东部比照内地州县军政制度建立的伊、西、庭三个州,是汉族居民聚居区。伊州辖境略当今新疆哈密地区,贞观四年(630)伊吾城主石万年以伊吾等七城归唐,唐置"西伊州",两年后改称伊州,至代宗宝应二年(763)陷于吐蕃。西州辖境为今吐鲁番盆地,贞观十四年唐灭高昌,置西州,至贞元八年(792)为吐蕃占领。庭州辖境相当于新疆乌鲁木齐至吉木萨尔一带,贞观十四年设立,贞元六年为吐蕃所据,不久又为回鹘占领。唐代西域地区都护府、都督府、节度使建制及辖区变动频繁,但伊西庭三州的辖境始终未曾西至龟兹地区。经文如此不符合史实的叙述说明,此文献的创制并不严谨。作为在民间底层社会流行的传贴

---

① 刘安志、陈国灿:《唐代安西都护府对龟兹的治理》,《历史研究》2006年第1期,第34—48页。

（详见下文），其创作者与传播者并不严格遵循国家政治层面的制度，而仅关心民间信仰层面的因素，故而出现此类与史实相矛盾的词句。

谶记类伪经具有强烈的现实针对性，直指民众现实生活中的生死、疾苦等问题，经文能直接反映其产生背景。经文称"遣向安西攘灾"，又称"此安西"，在"安西"前冠以表近指的代词"此"，都表明此经的产生及主要流传地在安西一带。龟兹、柘厥关与伊西庭三州均位于塔里木盆地北缘，位于丝路北道。而本件文献出土于塔里木盆地南缘的和田一带，说明此经曾流传到丝路南道的于阗，足见其在当时的西域地区流传甚广。

经文中没有明确表明其产生时代的语句，但可凭借文中的蛛丝马迹，推测出此经产生的时代。如上所述，安西、伊西庭等行政区划名称的出现，足以说明此经的产生与流传当在初盛唐时期。经文中又提到"诸郡县"，表明当时或之前曾实行郡县制度。唐代地方行政实行州县制，全国设若干州，作为管领数县的地方一级行政区。唐玄宗天宝元年（742），"改州为郡"①，实行郡县两级制；至唐肃宗乾元元年（758）后，又逐渐改为州县制。有唐一代实行郡县两级制的，仅天宝、至德十七年。据此，此经产生年代不应早于天宝元年。当然，"郡县"作为地方行政区的通称，在民间及语言系统中有一定的沿袭性。考虑到这一点，乾元元年以后的一段时间，民间依然存在

---

① （宋）宋祁、欧阳修等：《新唐书·玄宗本纪》，北京：中华书局，1975年，第142页。

以"郡县"一词来习惯性地泛称各州县的可能。但其沿袭时间应不至于太久，因为宝应二年（763）伊州即沦陷于吐蕃，伊州作为行政区划即不复存在，直至大中三年（849）张议潮收复伊州方才恢复建制，故而此经的年代下限应不会晚于宝应二年。综上所述，此经的产生年代可推定为天宝元年至宝应二年之间。

二、此经的内容、性质及其渊源

《观世音菩萨劝攘灾经》结构与内容均较简单，经文由三部分构成：

自首句"我日夜常流泪"至"余取粗行僧尼"为第一部分，演说泰山西角崩颓，需要两万个人、一万头牛助泰山散化，即摄取两万个人、一万头牛的魂魄。两万人全部出自"伊西庭"，而安西则为两千人，又详细列出不同人群的名额分配，其中妇女三百人，"怀难者"（孕妇）七百人，孩子三百人，"耽酒者"二百五十人，其他四百五十人取"粗行僧尼"。文中列出的五类人，反映了当时西域社会的某些侧面：妇女、孕妇、儿童都是相对较为弱势的人群，在当时的西域地区必然也是最容易受到伤害致死的人群；而酗酒者与粗行僧尼则是品行有亏的两类人，由此可见，此经不无劝世的意味。

第二部分起自"不得不信"，迄于"努力修善"，劝诱众生信奉、传播此经。首先，要求各处修福，"转此经二七日，设斋二七日"，并警告不依者会有灭门之灾。其次，要求信者抄写一份，贴在门上并诵读，以免一门灾难，并警告不写者将灭门。再次，要求见者"速为递相告报"，迅速流转此经，否则七日内有灭门之祸。最后劝诱众生依教修福攘灾，念诵此经，观世音菩萨随声救护。

自"王载柘厥礼拜"至末句"请为遵行"为第三部分，述此经来历。经文称，有一位名为王载的佛教信徒到佛教圣地柘厥礼拜时，路遇一位"可年百岁"的老人携此经来，命其向安西攘灾，老人随即消失。造经者假托此经由王载得自一位神明，意在强化其来历的神秘感，以使人信服。这种做法与敦煌本《救诸众生一切苦难经》《定光佛预言》等如出一辙，所不同者此本是传授给在家居士，而《救诸众生一切苦难经》《定光佛预言》则传授给出家弟子"惠通""珍宝"。本部分再次劝诱见此经者崇奉此经，内容与第二部分有所重复，从修辞角度看固然有所不足，但从另一个侧面展现了劝诱之忱。

此经并未照搬佛经以"如是我闻"开篇的程式，而经文反复劝导信众"各写一本牓门"，"见者速为递相告报"，"见此经者，每家各写一本读诵"，说明此文献的性质为传帖。

敦煌文献中保存有与此经内容、结构、性质类似的大量伪经写卷，如《佛图澄所化经》《大慈如来告疏》《劝善经》《新菩萨经》《救诸众生一切苦难经》《定光佛预言》等。今略述如下：

《佛图澄所化经》称，河内温县人刘起之等十五人入山砍柴，遇一鸿鹄化为一老者，自称佛图澄，声称泰山东门崩，须取数十万男女"治东门崩"，因此会流行"毒肿病"。随后演说避祸之法：吃龙舌饼，转此经行道，抄此经"袱着肘后"；并警告不崇奉此经会有灭门之灾①。该经创作于北魏文成帝和平四年（463）或稍晚，主要流行地在河内温县（今属河南）一带②。

土地庙文书《大慈如来告疏》预言将要发生大水灾，"普修佛法"者可免此难，同样鼓励信众将其传抄流传，并警告"隐而不传者死入地〔狱〕"。据王惠民考证，此件文献产生于北魏文成帝兴安元年（452）诏令复兴佛教之后，抄写日期在兴安三年（454）五月十日之前，其产生与太武帝灭佛有关③。

敦煌本《新菩萨经》存近百卷，分属甲乙丙三种抄本系列，内容均包括劝念佛、预示疾病灾祸、劝写经及其经由来四部分。《劝善经》存六十余件，其内容结构与《新菩萨经》略同，其中有题记的二十余件中，大部分题记年代为贞元十九年（803），其产生与传抄应在这一年。据圆空考证，甲本《新菩萨经》仅存一件，抄写于长安四年（704），年代较早；而乙本丙本《新菩萨经》与《劝善经》均盛行于吐蕃占领敦煌时期，反映了寄

---

① 邰惠莉：《敦煌写本〈佛图澄所化经〉初探》，《敦煌研究》1998 年第 4 期，第 96—100 页。

② 杨梅：《4—8 世纪中国北方地区佛教谶记类伪经研究》，首都师范大学博士论文，2006 年 5 月，第 90—91 页。

③ 王惠民：《北魏佛教传贴〈大慈如来告疏〉研究》，《敦煌研究》1998 年第 1 期，第 42—47 页。

托佛教祈免灾难痛苦的愿望与强烈的民族思想[①]。

敦煌本《救诸众生苦难经》存约 50 卷，内容包括天台山老师向惠通预示鬼兵乱起、劝写经、劝善偈三部分。经中"中国黄河已北相魏之地正在其中"等文句表明，此经的产生与最初的主要流传地当在相州、魏州一带[②]。

S.2713《定光佛预言》演说杨州僧珍宝入山采药，遇定光佛（燃灯佛），声称泰山崩坏，须鬼兵万万九千；随后劝说写经、传经以免除灾祸，警告不信不写者灭门。此经首句标明"咸亨元年"，则其产生与流传当在 670 年或其后的若干年。杨梅认为文中的杨州当指北朝的"阳州"[③]。

美国普林斯顿大学东亚图书馆藏敦煌西域文书 Peald 8d（1）号残片，亦为同类文献。该残片残存两行文字，此前尚未引起学界注意，兹录文如下：

（前缺）

1. 今年太山崩坏，须鬼兵万万九千人，须告无

2. 福人，但看三月四月五月，风从太山来，即得

（后缺）

---

① ［日］小笠原宣秀：《敦煌本"劝善经"をめぐりて》，《东方宗教》第 22 号，1963 年，第 1—13 页。圆空《〈新菩萨经〉〈劝善经〉〈救诸众生苦难经〉校录及其流传背景之探讨》，《敦煌研究》1992 年第 1 期，第 51—62 页。

② 张子开、张琦：《映照安史之乱的唐代民间弥勒信仰实物——敦煌写本〈救诸众生一切苦难经〉新探》，《西南民族大学学报》2009 年第 1 期，第 218—219 页。

③ 杨梅：《4—8 世纪中国北方地区佛教谶记类伪经研究》，第 96—97 页。

S.2713《定光佛预言》有言："今年泰山崩坏，须鬼兵万万九千。须告众无福人，但看四月五日，风从泰山来，即得病，二日即死。"与此残片文字非常接近，仅三字略有不同。可知此残片与 S.2713 当为同一系统的文献。

德藏吐鲁番文书 Ch.2010《太山经一卷》，仅存上半部，但其内容大体是清楚的。此经的承受者为南阳明寺僧"宝□"；预言的灾难类似于泰山崩，"须人万万众"，牛若干，以消除这一灾祸；经文也同样劝诱民众传抄、信奉此经，"写三本免灾难"，不信者则将在正月遭殃[①]。

敦煌所存《首罗比丘经》，预言月光明王出世，百姓由此摆脱灾难，以此聚众对抗北方石赵的统治[②]。相比较而言，此经篇幅较长，内容复杂，但其部分内容与上述传贴类伪经多有相似之处：预言水灾发生、疾病流行，劝以抄经免灾，诽谤隐匿者受祸。

与此经类似的有国图藏卷 BD09349A（周 070）。此写卷正面为《大唐开元礼》卷四十一，为唐写本；背面为太平年志公谶记伪经，当为吐蕃统治敦煌时期写本。残文曰：

（前缺）

1. ____事欲至，但看念

---

① 录文见［日］西胁常记《ドイツ将来のトルフアン漢語文書》，日本京都：京都大学出版社，2002 年，第 104—107 页。

② 杨梅：《〈首罗比丘经〉文本内容及创作年代考》，《敦煌吐鲁番研究》第 11 卷，上海：上海古籍出版社，2008 年，第 183—198 页。

2. _____河井还，去来愁煞人，众生

3. _____因善思，吾姓老□字，可怜此语

4. _____五辛，礼忏见圣君，善恶事

5. _____寿百年。太平正月六日，宝公志公

6. 握别，各告姓名。六六卅六，递护相鱼肉

7. 五五廿五，人民还本土，本何似东西，千里无国主。

8. 四四一十六，递护相穷逐，羌胡觅风道，邻里相残戮。

9. 三三和如九，汉儿坐地取，羌胡自□疾，斩尾惟趣首。

10. 二二有如四，汉儿坐当视，圣君出中州，五胡绝尽死。

11. 一一要大战，在虎宰两军，□因归千万，千万无人朝。
太平三年

12. _____天下事

13. _____如之何？志公曰：天下将倾覆，

14. _____两皆绝

（后缺）

此文献称"羌胡自□疾，斩尾惟趣首"，又称"五胡绝尽死"，亦为南北朝民族矛盾激烈时期的产物，与《首罗比丘经》主旨、背景都有相似之处。

以上所述八种伪经，从结构、内容上来看，有着极为明显的相似性：它们均预言灾难疫病，大量人畜即将死亡，进而以威逼利诱的语气劝导人们念诵、抄写、流传或张贴供奉该经，

经首或经尾往往还有关于该经神异来历的文字①。有所不同的主要有以下几方面：经文的传授人不同；具体的灾难疾病不同；灾难疾病的发生地不同。这些差别主要是改编者、传抄者根据背

---

① 梁释僧祐《出三藏记集》卷七中有王僧孺记述《慧印三昧经》传授经过的一段文字："有广州南海郡民何规，以岁次协洽，月旅黄钟，天监之十四年十月二十三日，采药于豫章胡翼山，幸非放子逐臣，乃类寻仙招隐。登峰十所里，屑若有来。将循曲陌，先限清涧，或如止水，乍有洁流，方从揭厉，且就褰揽。未济之间，忽不自觉，见涧之西隅有一长者，语规勿渡，规于时即留。其人面色正青，徒跣舍屦，年可八九十。面已皱敛，须长五六寸，髭半于须。耳过于眉，眉皆下被，眉之长毛长二三寸，随风相靡。唇色甚赤，语响而清。毛爪正黄，指毛亦长二三寸。着赭布帔，下有赭布泥洹僧。手捉书一卷，遥投与规。规即捧持，望礼三拜。语规：'可以此经与建安王。'兼言王之姓字。'此经若至，宜作三七日宿斋。若不晓斋法，可问下林寺副公。'副法师者，戒苦精苦，恬淡无为，遗嗜欲，等豪贱，蔬藿自充，禅寂无息。此长者言毕便去，行十余步间，闻忽不睹。规开卷敬视，名为《慧印三昧经》。"（梁释僧祐撰，苏晋仁、萧炼子点校：《出三藏记集》，中华书局，1995年，第277—278页。）唐定觉寺沙门志静《佛顶尊胜陀罗尼经序》述此经来历："《佛顶尊胜陀罗尼经》者，婆罗门僧佛陀波利，仪凤元年从西国来至此汉土，到五台山次，遂五体投地向山顶礼曰：如来灭后，众圣潜灵，唯有大士文殊师利于此山中汲引苍生，教诸菩萨。波利所恨生逢八难，不睹圣容，远涉流沙，故来敬谒。伏乞大慈大悲，普覆令见尊仪。言已，悲泣雨泪，向山顶礼。礼已举首，忽见一老人从山中出来，遂作婆罗门语，谓僧曰：法师情存慕道，追访圣踪，不惮劬劳，远寻遗迹。然汉地众生多造罪业，出家之辈亦多犯戒律。唯有《佛顶尊胜陀罗尼经》能灭众生一切恶业，未知法师颇将此经来不？僧报言曰：贫道直来礼谒，不将经来。老人言：既不将经来，空来何益？纵见文殊，亦何得识？师可却向西国，取此经将来流传汉土，即是遍奉众圣，广利群生，拯济幽冥，报诸佛恩也。师取经来至此，弟子当示师文殊师利菩萨所在。僧闻此语不胜喜跃，遂裁抑悲泪，至心敬礼，举头之顷，忽不见老人。其僧惊愕，倍更虔心，系念倾诚，回还西国，取《佛顶尊胜陀罗尼经》。"（《大正藏》，第19册第349页。）王僧孺、志静所述情节与上述诸种伪经有相似之处，当与此类文献有渊源关系，可见类似传说在民间流传甚广。

景的不同和当时的需要加以修饰改写的，而整体结构与行文方式均一脉相承。显然，它们之间有着密切的渊源关系。

这一系列伪经中，时代最早的是北魏文成帝时期的《大慈如来告疏》（452—454），其次为《佛图澄所化经》（463 或稍晚），《首罗比丘经》亦出于北魏僧人撰著，其次为咸亨年间的《定光佛预言》，再次为写于长安四年（704）的甲本《新菩萨经》，其后为《观世音菩萨劝攘灾经》，乙本丙本《新菩萨经》《劝善经》《救诸众生苦难经》则大量流行于吐蕃统治时期的敦煌地区，其时代最晚的写卷年代为宋太祖乾德五年（967）所写。前后 500 年间，中国北方地区东至黄河以北的温县、相州、魏州，西至敦煌、龟兹、于阗，都有同类伪经的改编、流传，可见这种伪经在中古北方民间有很广泛的影响力。

三、泰山信仰与观世音信仰的结合

此经以观世音菩萨为祈求对象，经名标举"观世音菩萨劝攘灾"，经文劝导信众依教修福禳灾，声称"吾观世音菩萨随其声便即救护"，为反映观世音信仰流传于西域的重要史料。

观音信仰起源于印度，印度至今尚存有 1—12 世纪不同风格的观音造像①。佛教传入中国以后，也逐渐兴起了观音信仰。西晋竺法护译出《正法华经》之后，观世音灵验故事即广泛流

---

① 傅云仙：《印度的观音信仰及观音造像》，《艺术百家》2006 年第 3 期，第187—189 页。

传,《宣验记》《冥祥记》等志怪小说中存有不少此类故事,甚至出现了专事搜集观世音灵验故事的著作,如东晋谢敷《观世音应验记》、南朝刘宋傅亮《光世音应验记》、南朝刘宋张演《续光世音应验记》、南朝齐陆杲《系观世音应验记》等①。鸠摩罗什《法华经》译出之后不久,其中的《观世音菩萨普门品》即以《观音经》为名单本别行。《观音经》别行最初可能起于河西,与昙摩罗谶法师劝河西王沮渠蒙逊诵念观世音,声称观世音菩萨与此土有缘的传说有关②。在敦煌遗书中,《法华经》抄本为数众多,达 3400 余卷;同时,《观音经》的单独写卷也多有出现;到 9 世纪晚期,《法华经》抄本渐少,而《观音经》写卷明显增多③。民众对《观音经》的重视超过了《法华经》本身,这反映了观音信仰在当时社会的流行。

隋唐时期,出现了一批以“观音”为名的伪经,《开元释教录》即载有八种,其中《观世音三昧经》《高王观世音经》(亦名《小观世音经》)两种仍传世,《弥勒下生遣观世音大势至劝化众生舍恶作善寿乐经》、《观世音十大愿经》(仁寿录云:一名《大悲观世音经》)、《弥勒下生观世音施珠宝经》、《观世音咏托生经》、《新观世音经》、《日藏观世音经》六种世无传本,此外

---

① 王建:《两晋南北朝时期观世音灵验故事探析》,华东师范大学硕士论文,2009 年。

② 楼宇烈:《〈法华经〉与观世音信仰》,《世界宗教研究》1998 年第 2 期,第 65 页。

③ [俄]鲁多娃著,张惠明译:《观音菩萨在敦煌》,《敦煌研究》1993 年第 1 期,第 73 页。

又有《观音无畏论》①。津艺193《佛说水月观音菩萨经》为翟奉达为其妻马氏营斋所施经，其内容出自《千手千眼观世音菩萨广大圆满无碍大悲心陀罗尼经》，可能产生于敦煌本地②。这些伪经均仅一卷，篇幅短小，易于诵读流传。隋唐以后，密教兴起，大批以观音为名的密宗经典被翻译为汉语，如《千啭陀罗尼观世音菩萨咒》《观自在菩萨随心咒》《清净观世音菩萨陀罗尼》《千眼千臂观世音菩萨陀罗尼神咒经》《金刚顶瑜伽千手千眼观自在菩萨修行仪轨经》等，观音信仰更为兴盛。

《法华经·观世音菩萨普门品》借释迦之口表示，观世音菩萨能闻声解救众生之苦。经中并举出种种事例，说明观世音能解除现世生活的苦难或灾祸。观世音信仰具有显著的现世性格，世人热诚地信仰观世音主要是因为他是一位近在身旁、随时回应的大慈大悲救苦救难的菩萨③。《法华经·观世音菩萨普门品》又称："若三千大千国土，满中怨贼，有一商主将诸商人，赍持重宝经过险路，其中一人作是唱言：诸善男子，勿得恐怖，汝等应当一心称观世音菩萨名号，是菩萨能以无畏施于众生，汝等若称名者，于此怨贼，当得解脱。众商人闻，具发声言，南无观世音菩萨。称其名故，即得解脱。"观世音因而特别受

① 杨曾文：《观世音信仰的传入和流行》，《世界宗教研究》1985年第3期，第21—33页。

② 王惠民：《敦煌写本〈水月观音经〉研究》，《敦煌研究》1992年第3期，第93—98页。

③ 楼宇烈：《〈法华经〉与观世音信仰》，《世界宗教研究》1998年第2期，第65—69页。

到商人的尊崇。丝绸之路原本就是一条商业之路,东西方商人不绝于途,因而观音信仰在丝路特别兴盛,沿途多个古代遗址都留有观音信仰的遗迹。敦煌壁画中,从7世纪开始,观音已经出现在阿弥陀佛两侧胁侍菩萨的组合中,接受信众的礼拜[①]。库车古代佛教艺术作品中,也有丰富的观世音菩萨的造像与绘画。库木吐拉石窟现存绘塑遗迹及库车地区其他遗址出土的观世音菩萨造像与绘画有四种形态:一头二臂的圣观世音菩萨、三头八臂的观世音菩萨、马头观世音菩萨及千手千眼观世音菩萨[②]。这些丰富多彩的观世音造像与绘画,反映了龟兹一带兴盛的观世音信仰。本文所讨论的《观世音菩萨劝攘灾经》同样是盛唐时期观世音信仰流行于西域的明证。

同时,此经也是中国民间泰山信仰的反映。经文所宣称的灾难为"太山西角颓,须人二万、牛一万头,助太山散化"。这里的太山,即指泰山,太、泰字通。在中国民间信仰中,泰山是人死后灵魂归属之所。《太平御览》卷三九引汉应劭《风俗通》:"旧说岱宗上有金箧玉策,能知人年寿修短。"[③]《贞松堂集古遗文》卷十五所录刘伯平镇墓券有"生属长安,死属大(泰)山"之语,另一则残镇墓券有"生人属西长安,死人属

---

① [俄]鲁多娃著,张惠明译:《观音菩萨在敦煌》,《敦煌研究》1993年第1期,第73—75页。

② 刘松柏:《库车古代佛教的观世音菩萨》,《敦煌研究》1993年第3期,第35—44页。

③ 《太平御览》,北京:中华书局,1960年,第187页。

太山"之语[①]。《三国志·管辂传》载管辂对其弟感叹："但恐至太山治鬼，不得治生人。"[②]《博物志》载："泰山一曰天孙，言为天帝孙也，主召人魂魄。"[③]众多材料都表明，早在汉晋时代，泰山作为鬼府已经普遍流行于民间，山神泰山府君则被民众视为阴司的主宰。《观世音菩萨劝攘灾经》声称泰山崩颓，须摄取人畜魂魄，融合了民间泰山信仰的因素，这充分说明，盛唐时期唐政府有效统治下的安西一带也与中原地区一样流行泰山信仰。

上节所述六种预言灾异的谶记类伪经，大多与泰山信仰有关。《劝善经》述该经来源时称，有一人头鸟足的蛇对老人说："为太山崩，要女人万万众，须牛万万头。着病者难差（瘥），写此经者得免此难。"[④]甲本《新菩萨经》称："菩萨说今年八月九日太山崩，须九万亿□（人），亦须九千亿牛。"[⑤]《佛图澄所化经》中佛图澄声称："泰山东门崩，泰山遣鬼兵千九万人，提赤袍，持赤绳，取九万男女，三十万人治东门崩，十千九万女

① 罗振玉：《贞松堂集古遗文》，载《罗振玉全集初编》，台北：文华出版社，1968 年，第 5230—5233 页。

② （晋）陈寿：《三国志》，北京：中华书局，1959 年，第 826 页。

③ （晋）张华撰，范宁校证：《博物志校证》，北京：中华书局，1980 年，第 10 页。

④ 圆空：《〈新菩萨经〉〈劝善经〉〈救诸众生苦难经〉校录及其流传背景之探讨》，《敦煌研究》1992 年第 1 期，第 61 页。

⑤ 圆空：《〈新菩萨经〉〈劝善经〉〈救诸众生苦难经〉校录及其流传背景之探讨》，《敦煌研究》1992 年第 1 期，第 59 页。

治袍袄。自今以后，当行毒肿病，十伤九死，无门不有。"①《定光佛预言》中，定光佛对杨州采药僧珍宝称："今年泰山崩坏，须鬼兵万万九千。须告众无福人，但看四月五日，风从泰山来，即得病，二日即死。"这四种伪经都以泰山崩颓需要人力畜力为灾祸的源头，而摄取人畜魂魄的方法均为病死，《新菩萨经》《劝善经》甚至详细列举六至十种难治病症名，作为震慑信众的手段②。

根据上述伪经提供的线索，我们也可以加深对同类伪经中某些问题的理解，纠正目前学术界对其的认识歧误。《救诸众生一切苦难经》称："三月四月，鬼兵乱起，无边无际。"其"劝善偈"言："黑风西北起，东南鬼兵来。"有论者认为"鬼兵"当指外貌与服饰迥异于汉人的异族军队，推测其具体所指为安史叛军，并据此推测该经产生时间为"安史之乱"时期③。今按，

---

① 邰惠莉：《敦煌写本〈佛图澄所化经〉初探》，《敦煌研究》1998 年第 4 期，第 96 页。

② 有论者认为《新菩萨经》《劝善经》体现了唐人对疾病的恐慌，其列举的疾病为唐五代时期的主要疾病种类，并以此为根据对唐代历史进程与疫情高低之间的关系提出了推测（于赓哲：《〈新菩萨经〉、〈劝善经〉背后的疾病恐慌——试论唐五代主要疾病种类》，《南开大学学报》2006 年第 5 期）。这恐怕难免求之过深之讥。此类伪经列举病名，其目的是为了加强经中所称灾祸的震慑效果，因此选取的应是民众普遍有所认知的难治之症，而不一定即为当时流行的"主要疾病种类"。此外，伪经中举例式的简单罗列亦不能与社会调查获取的资料相提并论，并非具备一定统计意义的可信史料。因此，我们认为，据此侈言"疾病恐慌"，分析"唐五代主要疾病种类"，其立论的基础是严重不足的。

③ 张子开、张琦：《映照安史之乱的唐代民间弥勒信仰实物——敦煌写本〈救诸众生一切苦难经〉新探》，《西南民族大学学报》2009 年第 1 期，第 220 页。

"鬼兵"本指阴间的兵卒，鬼神组成的军队。语出《晋书·王羲之传》："孙恩之攻会稽，僚佐请为之备。凝之不从，方入靖室请祷，出语诸将佐曰：'吾已请大道，许鬼兵相助，贼自破矣。'"①《佛图澄所化经》有"泰山遣鬼兵千九万人"之语，《定光佛预言》也有"今年泰山崩坏，须鬼兵万万九千"之语，这里的"鬼兵"指的都是阴司兵卒。《救诸众生一切苦难经》中的"鬼兵"，所指亦应与之相同，为摄人灵魂、取人性命的阴间兵卒，而并非安史叛军。因此，《救诸众生一切苦难经》极有可能也融合了泰山信仰，只是没有明确形诸文字而已。中古谶记类伪经普遍融合了泰山信仰，这种现象说明，从南北朝到唐末五代时期，泰山信仰在中国北方普遍流传，深入人心。

《观世音菩萨劝攘灾经》既融入了中国民间传统的泰山信仰，也吸收了印度传入的观世音信仰，是二者融合的产物。隋唐时期，二者相融合的迹象也见于其他文献的记载。宋赞宁《宋高僧传》卷二四《隋行坚传》：

释行坚者，未知何许人也。常修禅观，节操惟严。偶事东游，路出泰山。日之夕矣，入岳庙，谋之度宵。令曰："此无别舍，唯神廊庑下可以。然而来寄宿者，必罹暴死之殃。吾师筹之。"坚曰："无苦。"不得已从之，为藉槁于庑下。坚端坐诵经，可一更，闻屋中环珮之声。须臾，神出，衣冠甚伟，部从焜煌。向坚合掌，坚曰："闻宿此者多死，岂檀越害之耶？"神曰："遇死者特至，闻弟子声而自

① （唐）房玄龄等：《晋书》，北京：中华书局，1974年，第2103页。

死焉，非杀之也。愿师无虑。"坚固延坐谈说，如食顷间，因问之曰："世传泰山治鬼，宁有之邪？"神曰："弟子薄福有之，岂欲见先亡乎？"坚曰："有两同学僧已死，愿得见之。"神问其名，曰："一人已生人间，一人在狱受对，不可唤来，师就可见也。"坚闻甚悦，因起，出不远，而至一处，见狱火光焰甚炽。使者引坚入墙院中，遥见一人在火中号呼，不能言语，形变不可复识，而血肉焦臭，令人伤心。坚不忍历观，愍然求出。俄而在庙庑下，复与神坐如故。问曰："欲救同学，有得理邪？"神曰："可。能为写《法华经》，必应得免。"既而将曙，神辞僧入堂。旦而庙令视坚不死，怪异之。坚去，急报前愿。经写装毕，赍而就庙宿。神出如初，欢喜礼拜，慰问来意，以事告之。神曰："弟子知已。师为写经，始书题目，彼已脱免，今生人间也。然此处不洁，不宜安经，愿师还送入寺中。"言讫，天晓，辞决而去。则大业年中也。坚居处不恒，莫知终毕。[①]

泰山神命行坚抄《法华经》超度同学僧，隐约已将观音信仰与泰山信仰相连接。在民间信仰中，并没有严格区分传统民间信仰与佛教信仰的意识，泰山神和观音同处于超越尘世的神灵地位，将二者结合在一起并没有障碍，一般民众也不会有接受这种融合的困难。行坚故事已经表现了这种趋势，《观世音菩萨劝攘灾经》则是二者明确的融合。这种融合也正是中国民间信仰杂糅状态的表现之一。

① （宋）赞宁：《宋高僧传》，北京：中华书局，1987 年，第 609—610 页。

　　汉晋以降，泰山信仰在民间根深蒂固，并被道教、佛教信仰吸纳，成为他们神佛系统中的一部分。成书于南北朝时期的道教文献《五岳真形图序》记载："东岳太山君，领群神五千九百人，主治死生，百鬼之主帅也，血食庙祀所宗者也，世俗所奉鬼祠邪精之神，而死者皆归泰山受罪考焉。"①佛教在其中国化的历程中，也将泰山府君纳入佛教地狱体系。佛教徒所信仰的地狱十王中，其第七王为泰山王，敦煌本《佛说十王经》记载甚详②。《佛祖统纪》卷三三《法门光显志》"十王供"下指出泰山王的来历，其一为"沙门法炬译《金贡泰山赎罪经》"，其二为《孝经援神契》所称"泰山，天帝孙，主召人魂"③。《孝经援神契》与上引《博物志》内容与文辞均相近，足见佛教十王与中原民间信仰的传承关系。敦煌藏经洞所出佛教供养经题记中，多处出现"太山府君"。如 BD04072（丽72）《金光明最胜王经》卷七、S.2981《金光明经》等写卷，题记均将太山府君与平等大王、五道大神、天曹地府、司命司禄、土府水官、行病鬼王等神祇并列，P.3135《四分戒一卷》甚至将这些神祇与一切诸佛、诸大菩萨摩诃萨并列，同样反映了民间信仰的杂糅混合状态，由此也可窥见泰山信仰在敦煌地区的流传状况。

------

　　① （宋）张君房辑：《云笈七籤》，济南：齐鲁书社，1988 年影印涵芬楼翻正统《道藏》本，第 451 页。

　　② 杜斗城：《敦煌本〈佛说十王经〉校录研究》，兰州：甘肃教育出版社，1989 年。

　　③ （宋）志磬：《佛祖统纪》，载《大正藏》，第 49 册第 322 页。

　　民间信仰与本土宗教道教有深刻的糅合关系，在某些情形下难以截然分出彼此，因而此类伪经融合泰山信仰等民间信仰，也可视为接受了道教的影响。《佛图澄所化经》末句"见者急急通读如律令"，其体式与道教符咒末尾的"急急如律令"极为类似，为其受道教影响的明证。萧登福认为，谶记类佛经当是受道教影响而产生，其直接沿承的是成书于东晋的《太上洞渊神咒经》，而其远源则为两汉的谶纬预言说①，这一观点或值得商榷，但其提出的佛道关系问题是值得深入探讨的。从这个角度看，此类伪经显示了民众信仰层面上佛道二教的融合关系，在佛道关系这个课题的研究方面有特殊价值。

四、此经的形制、功用及其转变

　　此经抄写于一张完整的纸上，但左右两侧纸边有明显的粘连的痕迹，粘连处尚留有所接纸张的残存，这说明此纸当为一件较长的卷轴装文献的一个断片。"榜门"的传贴，一般来讲纸张应为单叶；卷轴装则便于庋藏，并不适合张贴。这暗示了此经性质、功用与传播方式经历了一个转变的过程：最初它是以传贴形式出现，因信众出于避祸的目的传抄张贴而迅速在某一地区流传；后来进一步演变为供养经，抄写人可能出于祈福禳灾等目的传抄供养此经。这就是说，此经的性质与功用，经

---

　　① 萧登福：《谶纬与道教》，台北：文津出版社，2000 年，第 560—565 页；萧登福：《道教术仪与密教典籍》，台北：新文丰出版公司，1994 年，第 496—501 页。

历了从传贴到供养经的转变过程。

只有理解了这一点，我们才能解释此经的产生、流行地与该件文献的出土地之间的矛盾。如前所述，此经产生于安西（龟兹）一带，主要流传地亦应在丝路北道的安西；但此件文献的出土地则在丝路南道的于阗，两地远隔塔克拉玛干大沙漠。经文中提到将有人畜死亡的为伊西庭与安西，并未提到于阗，因而造经者试图流传此经的地域不出伊西庭及安西一带，不可能以传贴形式传播到于阗地区。同时，此经并未有榜贴的痕迹，加之它为卷轴装，故而也不可能是榜贴被揭下后带到于阗的。因此，最大的可能就是，它是作为供养经流传到于阗的。

此经末句称"其经护净，当家内壁上着供养，免当家灾难，请为遵行"，强调供养此经也能免灾，劝诱信众供养此经。这表明，此经的改编者已经为其预设了供养经的功能。信众传抄供养此经，实为情理之中的行为。

从传贴到供养经的转变并非《观世音菩萨劝攘灾经》独有的演变与流传过程，其他谶记类伪经写卷也同样存在有类似情形，试举数证如下：

其一，留存写卷数量。从敦煌所存此类写卷数量上看，《救诸众生一切苦难经》存约 50 卷，《劝善经》存 60 余件，《新菩萨经》则多达近百卷。数量如此巨大的经卷被收集到一起并得以保存下来，显然并非榜门的传贴，而是供养经。

其二，传贴流行地与文献发现地远隔。《救诸众生一切苦难经》的发源地与最初的流行地，应在黄河以北的相州、魏州一带。作为传贴，它的流传范围不应超出相、魏二州太远，否则即失去现实针对性而缺乏号召力。但敦煌藏经洞保留了约 50 件该经写本，可见其在敦煌地区也曾大量流行。该经在敦煌的流传，应是以供养经的形式出现的。与之类似，《佛图澄所化经》主要流行于河内温县（今属河南）一带，《定光佛预言》主要流行于杨州（阳州，今山东东平北）一带，而在敦煌遗书中各保存有一件，最大的可能也是供养经。

其三，一个写卷抄写多件同类文献。敦煌本所存约 50 件《救诸众生一切苦难经》中，有 14 件与丙本《新菩萨经》抄于同一写卷，均为《救诸众生一切苦难经》在前，《新菩萨经》在后①。S.1185 正面为《救诸众生一切苦难经》，背面为《劝善经》，两件文献抄在同一张纸的正背两面。作为传贴，两件文献不可能接续抄写，更不可能抄写在正背两面。此外，也有一个写卷重复抄写同一部经的情况，如 BD09230、BD09231 均为《新菩萨经》在同一写卷上连抄两遍，S.2713《定光佛预言》则将同一文献在一张纸上连抄三遍。大量两经同抄一卷或一经连续抄写多遍的现象显示，它们明显具备供养经的特征。

其四，装帧形制。如上所述，大部分同类伪经均为卷轴装，并非单纸抄写。为便于迅速传播，传贴一般单纸抄写；而卷轴装则是写本时代中国书籍的主要装帧形制，供养经主要采取这种形制。S.2713 与 Peald 8d（1）两件制作较为精致，用纸曾经入潢，并绘有乌丝栏。这样规整的形制，完全符合寺院供养经

---

① 圆空：《〈新菩萨经〉〈劝善经〉〈救诸众生苦难经〉校录及其流传背景之探讨》,《敦煌研究》1992 年第 1 期，第 55 页。

的特点，产生并流传于底层社会的传贴不可能如此精心制作。

其五，写卷题记。有的写卷后有供养人题记，明确反映了写卷的供养经性质。Φ215《新菩萨经》后有题记："乙未年二月七日佛弟子赵什德谨依原本写，愿合家大小永保平安，无诸灾难。"S.3687《劝善经》有题记："戊戌年十二月廿五日清信弟子索迁奴一心供养。"S.3417《救诸众生一切苦难经》有题记："乾德五年岁次丁卯七月廿一日因为疾病再写此经记耳。"这些题记均明确表明了写经的目的与功用，为典型的供养经题记。

其六，书法。传贴产生于底层社会，制作草率，书法一般较为粗率潦草，而供养经则往往制作精致，书法也更加工整。仍以 S.2713 与 Peald 8d（1）两号为例，它们均书写工整，行款整齐，抄写一丝不苟，没有丝毫仓促草率的痕迹，Peald 8d（1）书法尤为成熟，其水准视专业书手不遑多让。

根据以上六个方面的迹象，我们可以肯定地说，谶记类伪经文献的性质存在着从传贴到供养经的转变。准确认识这种转变，不仅有助于正确认识它们的内容与所反映的社会历史背景，还有助于我们厘清一些此前学界认识模糊甚至错误的问题。兹举二例：

圆空据《新菩萨经》《劝善经》《救诸众生一切苦难经》使用大唐贞元年号的有二十多件，认为这些文献"流露出强烈思念唐王朝的民族主义思想"，将经文中的"鬼兵"看作隐晦地咒骂吐蕃人，这是值得商榷的。仔细研读这些写卷的题记，我们不难发现，出现贞元年号的主要为《新菩萨经》写卷题记，而其中有 19 件所署日期为"贞元十九年正月廿三日"（尚有数

件残损）。这个日期并非抄写日期，实为撰制经文的日期。S.1347
有题记："贞元十九年甲申岁正月廿三日。/贞元十九年甲申岁
正月廿三日出文，五月廿九日写了，故记之也。"所谓"出文"，
即撰制经文，并非抄写经文。P.3036 有题记："贞元拾玖年正月
廿三日下。/天福叁年宝宣记。"所谓"下"，其含义与"出文"
相同，也明确说明了这一点。"贞元十九年正月廿三日"作为
经文撰写日期，是经文的一部分，传抄人因而把它也一并抄写。
因此，众多带贞元年号的供养经，未必即是吐蕃治下的人们以
奉中原正朔的方式来寄托思念唐王朝的感情，而只是供养经抄
写过程中依样画葫芦的结果，抄写的底本则应来自中原地区。

S.4924《救诸众生一切苦难经》后有题记，"贞元九年正月
廿三日下"，其日期与《新菩萨经》大部分写卷相同，这不太
可能属于巧合，而应是传抄改编留下的痕迹。《救诸众生一切
苦难经》与《新菩萨经》常同卷抄写，传抄过程中，误将《新
菩萨经》末的日期缀于《救诸众生一切苦难经》之末。

五、结语

本文在深入研讨《观世音菩萨劝攘灾经一卷》文本的基础
上，认为此经在唐天宝、至德年间及稍后的十数年之内产生于
龟兹一带，曾经流行于西域地区，并传到丝路南道的于阗，属
于传贴性质的谶记类佛教疑伪经。通过与敦煌写本《佛图澄所
化经》《大慈如来告疏》《劝善经》《新菩萨经》《救诸众生一切
苦难经》《定光佛预言》的比较研究，从结构、内容上看，有

着极为明显的相似性，说明它们之间有着密切的渊源关系；在详细分析写卷形态的基础上，并结合相关敦煌遗书，认为该经最初是以传贴形式出现，因信众出于避祸的目的传抄张贴而迅速在某一地区流传，后来进一步演变为供养经，抄写人可能出于祈福攘灾等目的传抄供养此经。

（原载《敦煌文献·考古·艺术综合研究——纪念向达先生诞辰 110 周年国际学术研讨会论文集》，中华书局，2011 年 12 月，署名林世田、刘波）

文本固定性与印刷术的兴起

——从以印本为抄录底本的敦煌写本谈起

印刷术兴起以后，写本书籍依然是中国古籍的重要形式。尤其在印刷术初兴而未能普及的唐末五代时期，更是如此。到宋代，印刷术迅速普及，成为最为重要的书籍制作方式。雕版印刷的优点在于能够短时间内大量复制书籍，缺点在于雕刻书版费时费力。与之相反，抄经虽不能批量复制，但对于复制单册零卷而言，则有简便易为之便。二者的演替，不仅根源于技术上的相对优势，观念上的因素也起着重要作用。敦煌遗书中存有部分以刻本为底本抄写的佛经，让我们得以一窥印刷与传抄的互动关系。

一、以西川印本为底本的《金刚经》抄本

敦煌遗书中以刻本为底本的抄本，白化文曾撰文详加讨论[1]，方广锠等学者也曾论及与之有关的某些问题[2]。在此谨以

---

① 白化文：《敦煌汉文遗书中雕版印刷资料综述》，《大学图书馆通讯》1987年第 3 期。

② 方广锠：《敦煌遗书中的〈金刚经〉及其注疏》，见《敦煌学佛教学论丛》，香港：中国佛教文化出版有限公司，1998 年，第 375 页。

白先生文为基础，检核新公布的图版，略作介绍。这批写本中，以西川印本为底本的《金刚经》写本为数最多，且抄写者有多人。

1. 八十余岁老者据"西川过家真印本"所抄《金刚经》

S.5534①，首缺尾全，尾题后题"西川过家印真本"，接抄《大身真言》《随心真言》《心中心真言》，后有题记："时天复五年（905）岁次乙丑三月一日写竟，信心受持，老人八十二。"第二十一分之后，以"加冥司偈六十字"领起，加入冥司偈六十字："尔时慧命须菩提白佛言：'世尊，颇有众生于未来世说是经法生信心不？'佛言：'须菩提，彼非众生，非不众生。何以故？须菩提，众生者，如来说非众生，是名众生。'"

S.5444，首尾全，前有启请文，尾题后题"西川过家真印本"，接抄三《真言》，后有题记："天祐二年（905）岁次乙丑四月廿三日，八十二老人手写此经，流传信士。"二十一分后有"加冥司偈六十字"。

S.5965，首缺尾全，尾题下题"西川过家真本"字样，脱一"印"字。接抄三《真言》，后有题记："天复二年乙丑十二月廿日八十二老人手写流传。"按，"天复二年"（902）干支为壬戌，与此处"乙丑"不合，当为"天祐二年"（905）之误。此件为册页装，存8个半叶，归义军时期写本《金刚经》存4

---

① 本节提及的 S.5534、S.5444、S.5965、S.5451、S.5669、P.2876、S.5450、S.5544、S.5443、S.5445、S.6726、P.2094 等卷号，彩色图版均可在 IDP 网站查得，网址为 http://idp.nlc.cn/。

个半叶，背面为唐写本《法华经》卷五，系裁取唐写残经的下半幅，制成粘叶装册子，以纸背抄写《金刚经》。

S.5451，首缺尾全，尾题下题"西川过家真印本"，接抄三《真言》，后有题记："天祐三年（906）丙寅二月二日，八十三老人手自刺血写之。"二十一分后有"加冥司偈六十字"。

S.5669，存书前启请文半叶，有金刚绘像，及二十八分后半至书末。尾题下题"西川过家真印本"，接抄三《真言》，后有题记："天祐三年（906）丙寅二月三日，八十三老人刺左手中指出血，以香墨写此金经，流传信心人，一无所愿，本性实空，无有愿乐。"

P.2876，首尾全，前有金刚像、启请文，尾题下题"西川过家真印本"，接抄三《真言》，后有题记："天祐三年（906）岁次丙寅四月五日，八十三老翁刺血和墨，手写此经，流布沙州一切信士，国土安宁，法轮常转，以死写之，乞早过世，余无所愿。"第二十一分后有"加冥司偈六十字"。

BD08888（有9），存第十八分后半至书末，并录三真言。尾题下双行小字题"西川过家真印本"，末叶有题记："丁卯年（907）三月十二日，八十四老人手写流传。"① 第二十一分有"加冥司偈六十字"。

又，S.5450 存第四分至书末。第二十一分之后有"加冥司偈六十字"。尾题下题"西川真印本"，接抄三《真言》，后有

---

① 图版见《国家图书馆藏敦煌遗书》第 104 册，北京：国家图书馆出版社，2008 年 12 月，第 214—218 页。

题记："为一切怨家债主，所有污泥伽蓝，一切重罪，悉得销灭。"后另起一叶，接抄《佛说阎罗王授记经》，末有题记："一切怨家债主领受功德。"尾题下所题"西川真印本"字样，显然为"西川过家真印本"之简省。

"过家"，或作"戈家"。S.5544，首残尾全，存第十七分后半之后，第二十一分之后有"加冥司偈六十字"。尾题后题"西川戈家真印本"，接抄三《真言》，后有题记："奉为老耕牛神生净土，弥勒下生，同在初会，俱闻圣法。"后抄《阎罗王授记经》，末有题记："奉为老耕牛一头敬写金刚经一卷，受记一卷，愿此牛身领受功德，往生净土，再莫受畜生身。天曹地府，分明分付，莫令更有雠讼。辛未年（911）正月。"与 S.5450 同册抄《金刚经》《阎罗王授记经》情况类似，且笔迹相同，当为同一人所抄。

此外，还有几个写本，虽没有"西川过家真印本"题记，但可据其他信息判定为同一人据相同底本所抄：

敦博 053 号 [①]，书前残存启请文；第二十一分之后有"加冥司偈六十字"，但重复"须菩提，彼非众生，非不众生。何以故"十四字；尾题不存，故无印本题记；末叶存三《真言》末行，及题记"唐天祐三年（906）丙寅正月廿六日八十"，据原收藏者祁子厚之子祁兴云，原题记为"唐天祐三年丙寅正月廿

---

① 图版见《甘肃藏敦煌文献》第六卷，兰州：甘肃人民出版社，1999 年，第 129—144 页。

六日八十三岁老人刺血和墨□□", 显然与上列写卷同出一人之手①。

S.5443, 存卷首启请文至"无为福胜分第十一"; S.5445, 存第十三分末句至第三十二分, 尾题及真言佚失, 二十一分后有"加冥司偈六十字"。这几件写本的格式、书法, 均与前述诸件接近, 疑为同一人所写②。

以上十余件《金刚经》抄本, 抄写时间在 905 至 911 年之间, 均为册页装, 尾题下"西川过家真印本"(题识或"西川过家印真本""西川过家真本""西川戈家真印本")清楚地表明, 其抄写所用底本为西川传入敦煌的过家书铺的印本。抄经时, 将印本中相当于后世刻本中牌记的"西川过家真印本"字样, 一并抄录, 留下了珍贵的早期印刷史资料。

2. 兵马使氾安宁据"西川过家真印本"所抄《金刚经》

S.6726, 系卷轴装, 首尾全, 前无启请文; 尾题下题"西川过家真印本", 接抄三《真言》, 后有题记:"丙戌年四月十七日, 写经弟子兵马使氾安宁, 年可七十二。"第二十一分之后, 有"加冥司偈六十字"。此卷抄写时间当为 9 世纪末或

① 李正宇:《关于金山国和敦煌国建国的几个问题》,《西北史地》1987 年第 2 期;《甘肃藏敦煌文献》第六卷《叙录》, 第 361 页。

② 另, BD01226 (列 26)《阎罗王授记经》有题记:"戊辰年 (908) 八月一日, 八十五老人手书流传。依教不修, 生入地狱。"S.4530《阎罗王授记经》有题记:"戊辰年 (908) 十二月廿四日, 八十五……传。"联系 S.5450、S.5544 同册抄《金刚经》《阎罗王授记经》, 与之类似, 亦当为同一人所抄。

10 世纪初 [①]。

3. 学士郎阴彦清据"西川过家真印本"所抄《金刚经》

P.3398[②]，首尾全，前无启请文；第二十一分之后，有"加冥司偈六十字"；尾题后题"西川过家真印本"，接抄三《真言》，后有题记："大晋天福捌年（943）癸卯十一月十一日，学士郎阴彦清发心自手写此尊经，流传士信。"

另外，据王重民《伯希和劫经录》，P.3493《金刚经》亦为天福八年依"西川过家真印本"校写[③]。据《敦煌遗书总目索引新编》，此号已并入 P.t.1931[④]，但 IDP 数据库所收 P.t.1931 图像未见《金刚经》写本，《法国国家图书馆藏敦煌西域文献》标注"馆藏缺"[⑤]，详情待查，暂且置之不论。

综合上述各写本，我们虽然无缘见到西川过家印本《金刚经》，但可以大概了解到它在文本方面的特点：为三十二分本，

---

① 白化文先生认为此丙戌可能为 866 年，更可能为 926 年或 986 年。白先生推测此兵马使即为刺血写经的八十余岁老者，"丙戌"可能为"丙辰"之误，推定其写经年代为 896 年，可备一说。但此卷装帧、书法等均与八十余岁老者所抄明显不同，谨慎起见，我们倾向于认为二者并非同一人。

② 图版见《法国国家图书馆藏敦煌西域文献》第 24 册，上海：上海古籍出版社，2002 年 11 月，第 65—74 页。IDP 数据库仅有封面图版，不全。

③ 商务印书馆编：《敦煌遗书总目索引》，北京：中华书局，1983 年 6 月，第 288 页。

④ 施萍婷主撰稿，邰惠莉协编：《敦煌遗书总目索引新编》，北京：中华书局，2000 年 7 月，第 284 页。

⑤ 上海古籍出版社、法国国家图书编：《法国国家图书馆藏敦煌西域文献》，上海：上海古籍出版社，1995 年，第 24 册，第 345 页。

前有启请文，第二十一分后增补冥司偈[1]，尾题下有过家印书题记，末有三《真言》。这些特征，与 Or.8210/P.2 咸通九年（868）王玠印本有相似之处。王玠印本虽为不判分本，但前有释迦讲经图、《净口业真言》、启请金刚文，文中加入了冥司偈六十字，后有《般若无尽藏真言》。前后启请文、真言的文字虽然不同，但结构则大体类似，都反映了密宗的影响。

4. 翟奉达据西川印本校《金刚经》

P.2094 卷尾题下有题记三行："布衣弟子翟奉达依西川印出本内抄得分数及真言，于此经内添之，兼遗漏分也。"此卷为敦煌历算学家翟奉达于"天复八年"（908）利用唐代旧写本制作而成。翟氏在旧本前缀接数纸，抄《持诵金刚经灵验功德记》《开元皇帝赞金刚经功德》等，并利用西川印本校勘旧本，在行间添写各分标题，第二十一分之后补抄冥司偈，以"遗漏分添六十字"领起。

翟奉达题记中所称"西川印出本"，可能是过家印本之外的另一版本。做出这一推断的理由有二：其一，前无启请文，后无三《真言》。其二，翟奉达所补充的冥司偈，领起文字为"遗漏分添六十字"，与据过家印本抄录者的"加冥司偈六十字"不同，翟奉达校补的意图在于补充唐写本的文字缺漏，因此这几个字似乎不是校记，而更有可能直接来自底本。

---

① 关于冥司偈，参阅［日］牧田谛亮《汉译佛典传承上の一问题——金刚般若经の冥司偈について》，《龙谷史坛》第 56、57 号（1966 年 12 月），第 116—128 页；方广锠先生似也有专文探讨，惜未见。

二、其他转录自印本的写本

除上述《金刚经》写本之外，敦煌遗书中还保存了几种以印本为底本传抄的写本：

BD03907（生 7）《佛顶尊胜陀罗尼经》[①]，卷末有题记"弟子王 发愿雕印"一行，亦系传抄者转录的印本题记，可知其传抄底本也是印本。

P.2675《新集备急灸经》写本，标题下有识语"京中李家于东市印"一行。此残本背面有咸通二年（861）题记，可知京中李家印本的印刷时间当不晚于咸通二年。

P.2633 正面抄有文献五种，其中《崔氏夫人要女文》后有题识"上都李家印崔氏夫人壹本"，可见系据刻本抄录；但同卷的其他写本，《妪蚼新妇文》《十二月书仪》《酒赋》《高兴歌》《咏孝经》等，则不一定以刻本为底本传抄。

BD06158（姜 58）《大乘方等陀罗尼经并诸经内四众比丘、比丘尼、优婆塞、优婆（夷）忏悔发愿文》[②]卷首残断，前端上部为空白，下部有说明文字四行："中心本师释迦牟尼佛，慈悲喜舍四无量心。菩萨护福足惠足，戒神与无数善神常随拥护。"这段文字说明，上部空白处应为一幅扉画，画面正中当为"本

---

① 图版见《国家图书馆藏敦煌遗书》第 53 册，北京：国家图书馆出版社，2007 年 5 月，第 385—386 页。

② 图版见《国家图书馆藏敦煌遗书》第 82 册，北京：国家图书馆出版社，2008 年 3 月，第 227—231 页。

师释迦牟尼佛"，不过不知为何，绘画未能完成[①]。值得注意的是，扉画留白与说明文字之间的隔栏，为回环盘曲的 S 形花纹。与一般写本佛经简洁的单线条界栏相比，这一隔栏可谓繁复异常。此卷的卷首扉画部分，很可能摹自某件刻本佛经。这个卷子极有可能也是据印本传抄的[②]。

此外，P.2184《金刚般若波罗蜜经》，王重民《伯希和劫经录》著录："又有'洛州巩县王大器重印'等语，则似依印本传写。"[③]施萍婷等《敦煌遗书总目索引新编》沿用其说[④]。宿白《唐五代时期雕版印刷手工业的发展》后记中说："按《元和郡县图志》卷五河南道一记'开元元年（713）改洛州为河南府'，题记作洛州，如不是沿用旧称，这条记录可能是已知有关印本的最早文献了。"[⑤]白化文则认为这段题记也可读为"王大器重印可，和上（尚）曰：如义受持"，问题还得进一步研究[⑥]，这是审慎可从的。此卷是否系据刻本传抄，在疑似之间。

---

① 这种情形与 BD00876（盈 76）相似。BD00876 为《大目乾连冥间救母变文》，全文分七部分抄写，分别为 46 行、10 行、11 行、16 行、19 行、9 行、21 行，每部分之间留有余空，据其写卷形态与卷末题记，余空是预留的绘画空间，但绘画部分未完成。

② 此说得自国家图书馆研究馆员林世田、程有庆二先生，谨致谢忱。

③ 商务印书馆编：《敦煌遗书总目索引》，第 258 页。

④ 施萍婷主撰稿，邰惠莉协编：《敦煌遗书总目索引新编》，第 227 页。

⑤ 宿白：《唐五代时期雕版印刷手工业的发展》，原刊《文物》1981 年第 5 期，无后记；收入《唐宋时期的雕版印刷》一书，附后记八则，这段文字见于第二则（北京：文物出版社，1999 年，第 9 页）。

⑥ 白化文：《敦煌汉文遗书中雕版印刷资料综述》，《大学图书馆通讯》1987 年第 3 期，第 52 页。

这些写本表明，以印本为底本抄录文献，在 10 世纪的敦煌并非孤例；其抄录范围除佛经外，还有医书、俗文学作品等，具有一定程度的普遍性。

三、这批抄本在书籍史上的意义

以上转抄自印本的写本，数量在敦煌遗书中虽然很少，但并非孤例，从中可见一般民众对印本的看法。

以西川过家（戈家）雕版印行《金刚经》为例，敦煌某八十余岁老者、兵马使氾安宁、学士郎阴彦清，都以之为底本抄经，翟奉达这样的敦煌文士也将西川印本视为定本，用作校勘。从敦煌遗书中保存的数以千计的《金刚经》写本来看，当时敦煌地区很容易找到书写规整、校勘精良、纸墨俱佳的《金刚经》佳善之本，用作功德抄经的底本。他们不约而同地采用西川印本作为底本，是一个值得深思的现象。他们做出这个选择，原因不外乎两种可能：

一是文献方面的原因，即西川印本提供了当时敦煌难以获取的独特资料。上文我们已经分析了西川本的文本特点，那么，这些特点是否仅仅存在于西川印本？敦煌是否没有具备这些特征的《金刚经》写本流传？答案是否定的。虽然早期《金刚经》写卷均为不判分本，但晚期写卷中却不乏三十二分本，如 BD00920（昃 20）、BD01225（列 25）、BD02465（成 65）等等；上图 004《梁朝傅大士颂金刚经》[1]也是三十二分本，经折

---

① 图版见《上海图书馆藏敦煌吐鲁番文献》①，上海：上海古籍出版社，1999 年 6 月，第 29—47 页。

装，第二十一分后有冥司偈，但没有"加冥司偈六十字"之类领起文字。归义军时期所抄册页装《金刚经》中，也有增入冥司偈的三十二分本，如 BD08890（有 11）；又，国家图书馆藏有粘叶装《金刚经》残帙甚多，如 BD08847（国 86）存第十一至十四分、BD08872（国 93）存第四至十分、BD08875（国 96）存第四至六分、BD08886（有 07）存第二十二至三十一分、BD08891（有 12）存书末三行及三真言、BD08892（有 13）存第二十九至三十一分、BD08893（有 14）存第三十一至三十二分、BD08894（有 15）存第十七至十八分、BD08895（有 16）存第二十四至二十八分，这些残本均为三十二分本。有的三十二分本前后另抄有其他文献，如 BD01404（寒 4），前有启请文；BD01823（秋 23），前有启请文；BD03461（露 61），前有启请文，二十一分后有"加六十字"，卷尾有三《真言》；BD06358（咸 58），卷尾亦有三《真言》。又如，S.5446[①]亦为三十二分本，首尾全，前无启请文，后有《真言》，二十一分后另起一行写冥司偈六十字，但无"加冥司偈六十字"领起。类似样例甚多，兹不备举。这些写本大多抄写于归义军时期。毫无疑问，当时在敦煌地区找到一个包含启请文、冥司偈、三《真言》的《金刚经》写本用作抄写底本，同样是一件非常容易的事情。可见，西川印本在文本方面，和敦煌当地流传的写本相比，并非无可替代的独特之作。

二是对刻本更为信赖。郑阿财曾讨论这批《金刚经》的题

记，认为"其抄录之后所以要标'西川过家真印本'，盖以其在时人心目中'西川印本'具有标准典范的权威地位"①。这是很有见地的判断。印本何以成为标准典范？原因在于其相对于写本的特点，最重要的就是文本、版式的固定。一般而言，固化的事物意味着更为稳定坚实、更少人为的窜乱，因而可能更正确、更值得信赖，民众观感中的书籍也不外乎此。在远离中原、造纸与印刷工艺不够发达的归义军地区，来自中原的刻本佛经，可能与首都太学所立的石经一样，在敦煌人士的心目中有着定本的崇高地位。

不仅敦煌地区如此，中原地区的情况也非常类似。版印的书籍，在五代之后迅速得到读书人的广泛信赖。宋人笔记、宋代史书中，相关记载屡见不鲜。如宋人朱翌的《猗觉寮杂记》中曾说："雕印文字唐以前无之，唐末益州始有墨版，后唐方镂九经，悉收人间所收经史，以镂板为正。"②所谓"为正"，即以刻本为标准与典范。

雕版的经史著作，与石经有相同的功用。王溥《五代会要》卷八"经籍"条云："后唐长兴三年二月，中书门下奏：请依石

---

① 郑阿财：《敦煌写卷〈持诵金刚经灵验功德记〉研究》，载《全国敦煌学研讨会论文集》，中正大学中国文学系所，1995 年，第 269—270 页。按：郑阿财先生认为"西川过家真印本"字样为书手完成抄写后写下的标记，亦即将它们视为题记；本文更倾向于认为，它们都是印本原有的文字，其性质、作用类似于后世刻本书的牌记，书手抄写时将之照录。虽然这些文字的性质与功用可有不同理解，但本文完全赞同郑先生的看法，即它们反映了西川印本的典范地位。

② （宋）朱翌：《猗觉寮杂记》，北京：中华书局，1985 年影印《丛书集成初编》本，第 284 册第 78 页。

经文字刻九经印板。敕：'令国子监集博士儒徒，将西京石经本，各以所业本经句度抄写注出，仔细看读。然后顾召能雕字匠人，各部随帙刻印板，广颁天下。如诸色人要写经书，并须依所印敕本，不得更使杂本交错。'"① 叶德辉《书林清话》有"宋监本书许人自印并定价出售"一条，举例甚多②，如北宋本《说文解字》后，牒文有"其书宜付史馆，仍令国子监雕为印板，依九经书例，许人纳纸墨钱收赎"等语③，可见国子监经版允许士人出纸墨钱印刷，与石经许人椎拓、抄写类似。五代监本九经既以石经为底本刊刻，又与石经一样用作流布经书的底本，可见其具有代替石经的功能。

朝廷立石经的用意，主要在于以坚固的材料承载经过审校的经文文本，用作天下士子抄录校读的范本，以达到厘正经文讹误的目的。换言之，石经最显著的特点在于其文本的固定性。雕版印刷出现后，这一功能被放大并部分代替。叶德辉《书林清话》"刀刻原于金石"条谓："夫石刻毡椎，旷工废日；装潢襟背，费亦不赀。因是群趋于刻板之一途，遂开书坊之利数，此亦文治艺术由渐而进之效也。"④ 与抄本相比，石经与雕版在文本固定这一特点上是相同的，因此叶德辉将二者相提并论，并认为雕版是石经的进步。

---

① （宋）王溥：《五代会要》，上海：上海古籍出版社，2006 年 12 月，第 128 页。

② （清）叶德辉：《书林清话》，北京：中华书局，1957 年 1 月，第 143—145 页。

③ 这则牒文也见于清嘉庆十二年（1807）藤花榭据新安鲍氏藏小字本覆刻之《说文解字》。

④ （清）叶德辉：《书林清话》，第 24 页。

在图书市场上，刻本也严重冲击抄本的地位。明人胡应麟《少室山房笔丛》卷四记述当时的情形："凡书市之中，无刻本则抄本价十倍；刻本一出，则抄本咸废不售矣。"① 胡应麟把这种状况的原因归结为刻本校勘精审，谓"当代板本盛行，刻者工直重巨，必精加雠校，始付梓人"，抄本则"谬误相仍，大非刻本之比"。虽然，明刻本不乏校勘刊工俱佳之作，但是明人刻书颇有粗疏之弊，学者多有批评②，与其说胡应麟的看法反映了历史真实，不如说反映了明代士人更加信赖刻本的观念。抄本价格的昂贵，一则是因为其独一无二，二则是因为单册抄本的成本相对于批量印刷品而言较高。一旦有数量较多且各本之间完全一致的印本出现，价格低廉且受人信赖，抄本几乎无法在市场上立足。这一方面是因为价格原因，另一方面也是刻本更受信赖的结果。

士人对刻本的信赖，反而引发了更为严重的文本讹误问题。宋叶梦得《石林燕语》卷八云："唐以前，凡书籍皆写本，未有模印之法，人以藏书为贵。人不多有，而藏者精于雠对，故往往皆有善本。学者以传录之艰，故其诵读亦精详。五代冯道始奏请官镂《六经》板印行。国朝淳化中，复以《史记》《前后汉》付有司摹印。自是书籍刊镂者益多，士大夫不复以藏书为意。学者易于得书，其诵读亦因灭裂。然板本初不是正，不无讹误。

---

① （宋）胡应麟：《少室山房笔丛》，上海：上海书店出版社，2001年8月，第44页。

② 如叶德辉《书林清话》卷七有"明人不知刻书""明时书帕本之谬""明南监罚款修板之谬""明人刻书改换名目之谬"诸条，专摘其粗疏之弊。

世既一以板本为正，而藏本日亡，其讹谬者遂不可正，甚可惜也。"① 刻板虽然难免荒疏，文字校勘不够精审，然而颇得读书人信任，竟然导致谬种流传。

刻本误人的故事，古代流传很广。如杭州教授姚佑据福建本《周易》，误"坤为釜"为"坤为金"，误出考题"乾为金，坤亦为金，何也"；又有人因福建本《周易》井卦脱象辞，遂误出题"井卦何以无象"②。此类故事，其旨趣虽然主要在讽刺读书不知检择版本，批评建本校勘不精，但也反映出士人大多没有鉴别书籍校勘精审与否的能力，而对刻本书籍取遵信不疑的态度。

因为刻本流行导致古书残缺的例子，也屡见不鲜，最为典型的莫过于《说郛》。周亮工《书影》中记载："余幼时在金陵，闻旧曲中老寇四家有《说郛》全部，以四大厨贮之。近见虎林刻本才十六套，每一种为数少者尚全镌，多者咸为逸去，甚至每一集有存不四五叶者。陶氏当时即有去取，未必如此之简。此刻未出时，博古之士多有就寇氏抄录者。及此刻出，不知者以为《说郛》尽于此，更不知求其全。余常言：自刻本《说郛》

① （宋）叶梦得撰，（宋）宇文绍奕考异，侯忠义点校：《石林燕语》，北京：中华书局，1984 年 5 月，第 116 页。

② 此二则故事均见于叶梦得《石林燕语》卷八（第 115 页）。前者又见（宋）朱彧《萍洲可谈》卷一（李伟国校点本，上海：上海古籍出版社，2013 年，第 22—23 页）、（宋）陆游《老学庵笔记》卷七（李剑雄、刘德权点校本，北京：中华书局，1979 年，第 94 页）。

出，而《说郛》亡矣。"① 刻本一出，抄本遂无人问津，《说郛》
原本因此几乎湮灭不传。张宗祥在校印该书的序文中说，"乾
嘉前辈往往叹息于《说郛》之亡，亡于剞劂"②，正是对这一现
象的反思。这类事例从侧面说明，一般民众的心目中，刻本的
文本是值得信赖的。

波斯历史学家拉施特（Rashid-al-Din Hamadani，1247—
1318）所著《史集·中国史》中记载了中国雕版印刷的方法：
"……最后按照他们的惯例将该书制成多份副本，务求毫无窜
改和增减。他们的惯例是：为了确保要复制的书本内容准确、
书写美观、不出现变动窜改，他们严守三个步骤：首先，请来
书法家，让他将被选中的重要书籍的每一页都整洁地抄写到一
块木板上，然后，由深谙此道的人进行仔细校对和修改，并在
木板背面签署自己的名字，最后再请来优秀的刻工进行刻写。
当全书的每一页都以这种方式刻写完毕后，就将木版依次编写
上页码，使之井然有序。然后，就像铸币厂封存钱币一样把这
些木版装进袋子，盖上封印，交给可靠的专职人员保管，收藏
在专门的府库里，并为这些保管人员拨付固定的薪俸。如果有
人想要复制这本书，必须向管理人员申请，交纳政府所规定的
费用，他们就把这本书的木版取出来，拓印在纸上，就像拓印
金币一样，然后把印好的拓本交给那个需要的人。用这种方式

---

① （清）周亮工：《书影》，上海：上海古籍出版社，1981 年，第 72—73 页。

② （明）陶宗仪等编：《说郛三种》，上海：上海古籍出版社，2012 年 12 月，
第 1 页。

复制的书本，可以保证不会造成任何文字上的增衍或删减。"①
这段文字被钱存训推许为中国雕版印刷的最早的详细记载②，并
因钱先生的介绍而为中国书史研究者所知。这段话记载了雕版
印刷的工作程序，并没有强调其复制便捷的优越性，而总结其
优点为"可以保证不会造成任何文字上的增衍或删减"，也就
是文本的固定性。由其时中亚人士对雕版印刷的观感，可见在
印刷术西传的过程中，文本固定性这一特点是其获得各国民众
接纳与欢迎的重要因素之一。

四、结语

考察敦煌遗书中以印本为底本的抄本，联系传世古籍中关
于这一问题的相关记载，可以看到，印本出现以后，因其具有
文本固定性这一显著特点，而得到读书人的普遍信任。这种现
象具有一定的普遍性。它们不仅反映了印本与写本书籍之间互补
并行的关系，更重要的是，还反映了刻本书籍因其文本形态所
具备的公信力。这是刻本在五代宋初迅速普及的一个重要原因。

中国古代书籍史上，从写本时代到刻本时代的转变，是一

① 出自波斯拉施特《史集·中国史》的《前言：包括中国史书中记载的各
种典章制度》，汉译文本见：王一丹《波斯拉施特〈史集·中国史〉研究与文本翻
译》下卷《拉施特〈史集·中国史〉文本翻译》，北京：昆仑出版社，2006年，第
124—125页。这段译文中的"拓印""拓本"实指"刷印""印本"。

② 钱存训：《中国纸和印刷文化史》，桂林：广西师范大学出版社，2004年5
月，第285页。

次深刻的变革。这一变革发生的动因，是复杂、多元的。我们讨论这一问题时，一般多着眼于印刷工艺的便利、大量复制所带来的成本降低等技术、经济等方面的因素，而较少谈及读者的接受心理。钱存训指出："印刷术的发展，使书籍形式统一，版面标准化，字体固定，校勘仔细，因而可以获得较好的版本。……除了价格便宜外，版本准确也是读者喜爱印本的另一原因。"[①] 如上引诸例所示，刻本未必都校勘精审、版本准确，但固定的版面和文字，确实容易给人"版本准确"的印象，因而取得读者的信任。敦煌遗书中以印本为底本抄录的写本启发我们思考，印刷术得以在五代宋初蓬勃发展并迅速成为中国书籍的主要传播方式，读者的接受心理也是很重要的因素之一。

（本文曾提交 2014 年 10 月中国社会科学院历史研究所主办的"中国古文书学国际学术研讨会"，先后得到文欣博士、牛来颖研究员、赵爱学博士等学者的指正，获益良多，谨此致谢）

（原载《文津学志》第八辑，北京：国家图书馆出版社，2015 年 8 月，署名刘波）

---

① 钱存训：《中国纸和印刷文化史》，第 353 页。

敦煌遗书古代修复简论
——构筑 4—11 世纪中国书籍修复史框架

一、引言

　　书籍修复是一项艺术性非常高的手工操作技术，在我国有着悠久的历史，历代均有创新和发展。书籍在长期流传的过程中，因为自然的或人为的因素，逐渐破损，或残缺不全，甚至支离破碎，无法卒读，必须经过修复，才能继续阅读使用。残破的书籍经过精心修复，不但能恢复其特有的风貌，更主要的是能延长其寿命。历史上众多修复艺人在长期的修复实践中，积累了丰富的经验。然而，由于修复者大多文化水平较低，鲜有关于书籍修复的文字记载与撰著传世。历代文献所载的只言片语多出于文人之手，论述既不系统也不具体，因而为研究古代修复带来了困难。

　　1900 年敦煌藏经洞的发现为解决这一问题带来了曙光。敦煌写经不但数量庞大，有五六万件之多，而且时间跨度长，从4 世纪一直延续到 11 世纪，长达 6 个世纪之久。据我们对国家图书馆所藏敦煌遗书的初步调查，大约四分之一的写卷在古代进行了不同程度的修复。千年以前的修复实践重现敦煌，灼然昭示着中国古代书籍修复的悠久历史和不朽生命力，为研究古代修复提供了鲜活的资料。

二、藏经洞文献文物的来源与性质

敦煌藏经洞发现的五六万件文献文物，极大地丰富了人们对4—11世纪历史的认识，对世界学术史的意义怎样估计都不过分。为了更准确、更充分地使用敦煌藏经洞的文献文物，近百年来，国内外众多专家学者对藏经洞文献文物的来源与性质进行了不懈的探索。最早对其进行研究的是1907年进入藏经洞的斯坦因[1]，2006年沙武田先生又发表了新的见解[2]，在认识上尽管还有一定分歧，但总的来说是逐渐趋于一致。藏经洞文献文物的来源与性质越来越清晰地展现在人们面前，这非常有助于人们从新的角度研究藏经洞的文献与文物。

1907年，斯坦因进入藏经洞。在《西域考古图记》中，他以一个考古学家的素养，对藏经洞状态第一次作了详尽的描述。他把所有藏品分为两种类型：一类是"正规的图书馆包裹"，一

---

[1] 见 *Serindia*（《西域考古图记》），Oxford，1921；*Ruins of Desert Cathay: Personal narrative of Central Asia and Westernmost China*（《沙埋契丹废址记》），London，1912。可参见荣新江教授《敦煌学十八讲》第四讲《敦煌藏经洞原状及其封闭原因》中的精彩概括。

[2] 沙武田：《敦煌藏经洞封闭原因再探》，《中国史研究》2006年第3期，第61—73页。

类是"杂包裹",并为我们留下了一幅珍贵的照片——刚刚移出藏经洞的汉文写卷。他留下的客观描述和照片,成为后来学者研究藏经洞文献文物的来源和性质所不可或缺的材料。

敦煌研究院施萍婷先生在 1990 年撰文指出,敦煌研究院0345《三界寺应有藏内经论目录》、国图 BD14129《三界寺见一切入藏目录》及 S.3624《三界寺见一切入藏目录》分别是道真和尚于长兴五年(934)在三界寺修复藏经时整理的需要修复藏经目录、修复后的藏经目录草稿、修复后的藏经目录定稿。施先生进而认为,藏经洞所藏佛经与当年道真补经活动有直接关系[①]。她的真知灼见具有很强的启发意义。

北京大学荣新江教授对藏经洞的性质也进行了深入的研究[②]。通过研究斯坦因首次进洞的相关记录和照片,他认为藏经洞汉藏文佛典是分帙整齐地存放的,其他文字材料和绘画也都分类包在一起[③]。并根据道真以沙州释门僧政的身份签发的《辛亥年(951)腊八燃灯分配窟龛名数》、俄藏 Dx.1400+Dx.2148+Dx.6069《于阗天寿二年(964)九月弱婢祐定等牒》记宕泉造窟和三界寺供养事,以及 P.2130 题记"三界寺道真,经不出寺门,就此灵窟记"等材料,推测道真所在

---

① 施萍婷:《三界寺·道真·敦煌藏经》,《(1990 年)敦煌学国际研讨会文集·石窟考古编》,沈阳:辽宁人民出版社,1995 年,第 178—210 页。

② 荣新江:《敦煌藏经洞的性质及其封闭原因》,《敦煌吐鲁番研究》第二卷,北京:北京大学出版社,1997 年,第 23—48 页;《敦煌学十八讲》第四讲《敦煌藏经洞原状及其封闭原因》,北京:北京大学出版社,2001 年,第 75—95 页;《再论敦煌藏经洞的宝藏——三界寺与藏经洞》,《敦煌学新论》,兰州:甘肃教育出版社,2002 年,第 8—28 页。

③ 荣新江:《敦煌学十八讲》,第 80 页。

的三界寺应该位于莫高窟前面，很可能就是今敦煌莫高窟第16窟前，即敦煌莫高窟下寺。荣先生在施文基础上，结合自己多年来对海内外藏经洞文献文物所进行的详尽考察，进一步推断：藏经洞原本是归义军初期的河西都僧统洪辩的禅窟，他去世后成为纪念影堂。在10世纪中叶，藏经洞失去原有的功能，渐渐成为道真收罗古坏经卷、修补佛典的储藏所，并放置佛典残卷和一些供养具。其中既有完整的佛经，也有绢画、法器乃至残经[1]。荣先生从现存敦煌绢画、佛经的古人修复情形，推断藏经洞所存已经"不堪受用"的佛像画幡、古坏残经，它们等待的是修复而不是废弃[2]。斯坦因"杂包裹"中的残经废纸、木轴引首、经帙残片及丝带等，均是作为修补佛经、经帙、绢画的材料而保存在藏经洞[3]。从已发现的道真相关文献来看，道真的

---

① 荣新江:《敦煌学十八讲》，第86—87页。

② 荣新江:《敦煌学十八讲》，第83页。

③ 荣新江:《敦煌学十八讲》，第86页。郝春文先生在《评〈敦煌学佛教学论丛〉》(见《敦煌吐鲁番研究》第七卷，北京：中华书局，2004年；郝春文《二十世纪的敦煌学》，上海：上海古籍出版社，2006年)中，对于荣新江教授推测藏经洞可能是道真当年搜罗古坏经卷、修补佛典的储藏所提出两点质疑，一是"据斯坦因回忆，藏经洞发现时，洞内堆满了各种典籍，两个人进去，就没有剩余空间了。在这样一个狭小的空间内，堆放了六万多件各种典籍，从中查找一部佛经恐怕都十分困难，要想在其中从事修补佛经工作就更不容易了"。实际上荣新江教授的观点很明确，藏经洞在道真及其以后的一段时间内作为搜罗古坏经卷、修补佛典的储藏所，因为1006年于阗佛教王国为信奉伊斯兰教的黑韩王朝所灭，才促使三界寺将所藏经卷、绢画等神圣物品封存于藏经洞。据此，在1006年以前，藏经洞并没有存放这么多的典籍，作为一个储藏所并不狭小。二是郝春文教授援引"方广锠曾指出有的佛典上沾有鸟粪，如果藏经洞是道真的工作场所，自然不会允许鸟儿以此为巢"。我们根据道真在BD14129写卷上留下的发愿文可以推测道真修复的佛典以及所用的修复材料来源的广泛性，我们不能排除这些鸟粪是随着搜罗的古坏经卷一起进入藏经洞的。

修经事业应不迟于后唐长兴五年（934），而敦煌文献中提到道真的文献，最晚的纪年是宋雍熙四年（987），故而推测道真的修补工作至少应当延续到 10 世纪 80 年代，而且在担任释门僧政后，他很可能安排一些弟子参加并继续他的佛经修补工作。

兰州大学敦煌学研究所郑炳林教授在荣先生的基础上进一步指出：藏经洞出土的藏经就是三界寺的藏经，藏经洞是三界寺的图书馆。他认为，公元 900 年前后，甘州回鹘攻打敦煌，三界寺及其藏经被焚，905 年张善才主持重建了三界寺。五代时期，道真在担任三界寺观音院主、法律、僧政及僧录期间，广泛收集各寺古坏经文，加以修补拼缀，重建了三界寺藏经。修补古坏经文是三界寺藏经的重要来源之一[①]。

根据上面三位先生细致入微的研究，我们亦认为：藏经洞文献文物与道真收罗古坏经卷和修补佛典的活动有密切的关联，修补古坏经文应是三界寺藏经的重要来源。从这个角度来看，敦煌藏经洞的文献文物是研究古代修复的最好资料。

三、传世文献与敦煌遗书题记所见敦煌地区古代修复

古人将爱护图书与修复图书视为士大夫必备的美德之一。北齐颜之推的《颜氏家训》中提到，"借人典籍，皆须爱护，先有缺坏，就为补治"；元赵孟頫总结了"八勿四随"的护书经

---

① 郑炳林：《晚唐五代敦煌三界寺藏经研究》，《西北第二民族学院学报》2002 年第 4 期，第 12—17 页。

验，即："勿卷脑，勿折角，勿以爪侵字，勿以唾揭幅，勿以作枕，勿以夹刺，随损随修，随开随掩。"敦煌地处丝绸之路的要冲，自汉武帝建立河西四郡起，敦煌便深受传统文化的浸润，文化发达，人们对典籍的爱护一如中原。《魏书·刘昞传》即记载了李暠与刘昞之间一段典籍修复的史料。

李暠（351—417）是十六国时期西凉国的建立者，字玄盛，小字长生，陇西成纪人。自称是西汉名将李广之后。李氏先祖自汉代移居狄道，世为西州大姓，唐朝李氏亦称李暠为其先祖。北凉神玺元年（397），段业自称凉州牧，以李暠为效谷县令，后又升敦煌太守。北凉天玺二年（400），李暠自称大将军、护羌校尉、秦凉二州牧、凉公，建立西凉国，以敦煌为都城，疆域广及西域。五年之后，遣使奉表于晋，并迁都酒泉。李暠"好尚文典"，立国后注重文化教育，境内文风颇盛。刘昞是敦煌人，幼承家学，十四岁时从博士郭瑀学。后隐居酒泉，开馆授徒，受业者五百余人。"李暠私署，征为儒林祭酒、从事中郎。暠好尚文典，书史穿落者亲自补治，昞时侍侧，前请代暠。暠曰：'躬自执者，欲人重此典籍。吾与卿相值，何异孔明之会玄德。'"（《魏书·刘昞传》）可见李暠尽管贵为一国之君，依然重视典籍，"书史穿落者亲自补治"。刘昞为一代名儒，亦善修书，否则不会见李暠修书，主动相助。由此可见敦煌士大夫不但读书著书，而且亲自修书，其修书历史可谓源远流长。

敦煌古代多种宗教并存，有佛教、道教、摩尼教、景教、祆教，而以佛教最为发达。印度、西域的佛教经过敦煌传入中原内地，而中原内地的佛教又通过敦煌传入西域。正由于这个原因，敦煌佛教的香火极为昌盛，由官府、寺院及民间私社组织的宗教活动非常频繁。宗教法事活动众多，佛经使用频率高，损坏的自然也就多，有损坏就要修复，以恢复其作为书籍的功用。因此可以说历史上敦煌写经的修复是一直持续不断的。

敦煌写经古代修复亦在敦煌遗书题记中留下了点滴的记载：

S.2231《大般涅槃经》卷三十九卷尾题记："令狐光和得故破《涅槃》，修持、竿得一部，读诵，为一切众生。耳闻声者，永不落三途八难，愿见阿弥陀佛。贞观元年二月八日修成讫。"从题记上看，令狐光和得到《涅槃经》残卷，贞观元年（627）二月八日配补成一部。从 S.2231 写卷字体上看，本卷《大般涅槃经》为南北朝写本，到唐代已经成为"故破"经，正在情理之中，可与题记相印证。

P.2163 卷首题云："此集共释道纂撰《诸经要集》较（校）勘，大意相类，广略不同。据其集题欠头十一卷，请后乐道缁俗、高尚哲人，愿寻大藏经文，发心接续者矣。"卷末题："金藏论。惟开元廿有三载（735），于幽州写记之。王庭与吕兰师兄勘校讫。"《诸经要集》为唐西明寺释道世所集。本卷抄写于唐开元二十三年，为避唐太宗讳，"道世"省"世"字，国家图书馆藏《诸经要集》卷首题名亦省"世"字。据卷首题记，本经在长期流传之后，残缺不全，本卷经主得到此残经后，先配补引首，加装天竿，补上经名，但是没有补出残文。因为自己无力配全，便在卷首注明，请后人配补。

S.4000《佛说智慧海藏经》卷下题记云："大唐宝应元年（762）六月廿九日，中京延兴寺沙门常会，因受请往此敦煌城西塞亭供养，忽遇此经，无头，名目不全，遂将至宋渠东支白佛图，别得上卷，合成一部。恐后人不晓，故于尾末书记，示不思议之事合。会愿以此功德，普及于一切，我等与众生，皆共佛道。"可见唐代敦煌地区缺头断尾、卷帙不全的佛经非常多，并有常会这样的有心人将残经配补齐全。从题记看，在古代，虔诚的佛教信徒认为，配补佛经与写经、诵经具有同样功德，皆可成佛。正是在这种功德思想的背景下，敦煌藏经洞留下了大量配补的佛经。

S.6191 为《大般若经补阙备用卷纸签》，上书："杂大般若经（或有施主及官家阙帙号处，取添帙内，计十卷）。"可见古代寺院有专门存放残经的地方，供施主及官家配补。

井川定庆旧藏律部佛典背题云："时咸通十年（869）三月一五日，学生书首（手）杨莫得，为修之寺。杨莫志。"[①]敦煌古代寺学发达，据本卷题记，杨莫为寺学学生，看来当时寺学学生既要抄经，还要修书。

BD02549《妙法莲华经》卷七：归义军时期写本。背面有修经题记："忍辱修真宝，嗔他逆福田。高心不（补）者（这）经，是他曹家经。"字迹稚拙，似出自学童之手。这个写卷首尾均残，背有古代裱补，补纸随手撕就，极不规范，反映学童修复水平非常之低。

BD05788《佛说佛名经第十三》卷尾题记："沙门道真修此

---

① ［日］池田温：《中国古代写本识语集录》，日本东京：东京大学东洋文化研究所，1990年，第428页。

经，年十九，浴（俗）性（姓）张氏。"背面倒书："佛名经卷第十六。界比丘道真受持。张。"

BD14129《三界寺见一切入藏目录》卷中发愿文云："长兴五年岁次甲午（934）六月十五日，弟子三界寺比丘道真，乃见当寺藏内经论，部帙不全，遂乃启颡虔诚，誓发弘愿。谨于诸家函藏，寻访古坏经文，收入寺中，修补头尾，流传于世，光饰玄门，万代千秋，永充供养。"

S.5663《中论》卷二题记中写道："乙未年（清泰二年，935）正月十五日三界寺修《大般若经》兼内道场课念沙门道真，兼修诸经十一部，兼写《报恩经》一部，兼写《大佛名经》一部，道真发心造《大般若》帙六十个，并是锦绯绵绫俱全。造银番（幡）伍拾口，并施入三界寺。铜令（铃）、香卢（炉）壹，香兼（槤）壹，施入三界寺。道真造刘萨诃和尚，施入番（幡）二七口，铜令（铃）、香卢（炉）壹，香兼（槤）、花毡壹，已上施入和尚，永充供养。道真修《大般若》壹部，修诸经十三部，番二七口，铜令（铃）、香卢（炉）壹，香兼（槤）壹，经案壹，经藏一口，经布一条，花毡壹，以上施入经藏供养。"

S.6225 正面是佛经目录："集《大般若经》一部，六百卷，具全。又集《大般若经》一部，未全。《大般涅槃经》三部。《大悲经》三卷，具全。经录一本。"背面有"三界寺比丘道真诸方求觅诸经，随得杂经录记"题记，说明这是道真寻访、配补的佛经目录。

上述 4 个题记反映了道真的身份和事业。他在三界寺的主要职责是管理经藏、修复藏经，而且主要是《大般若经》。第二个身份是内道场的课念沙门。第三个身份是写经生，抄写了《报恩经》《大佛名经》等。从有道真题名的题记字迹看，他的字笔力遒劲，可谓入木三分，有明显的向隶书回归的味道。据方广锠教授揭示：唐末中国书法有向隶书回归的倾向，敦煌也不例外，道真就是这种字体的代表。

因为修补佛经需要大量纸张，而当时纸张非常珍贵，于是道真便四处募集废纸。募得许多过期的地契、合同、公文、告示、档案，以及缺头断尾的佛经用来裱补或配补残破的经卷。这些题记为道真修复藏经活动留下了真实的记录。

据方广锠教授统计，藏经洞大约有 58000 号汉文敦煌遗书，其中《大般若经》有 5400 号，占总数的 9.3%。我们翻检敦煌遗书图录，其中有很多是残篇断简的兑废经，而且还留有古代的勘记。如：BD02716《大般若波罗蜜多经》卷十二，为唐写本，2 纸，首脱尾全，背有古代裱补，裱补纸有勘记"欠头"；BD03291《大般若波罗蜜多经》卷五百六十九，为吐蕃统治时期写本，有勘记"欠尾"；BD05054+BD05574《大般若波罗蜜多经》卷一百一十八，为吐蕃统治时期写本，首残尾断，4 纸，首纸背有勘记"无头未（尾）"。这些勘记说明，当时这些经已经首残、尾残或首尾均残。

又如：BD03516《大般若波罗蜜多经》卷三百三十，为吐蕃统治时期写本，首残尾全，17 纸，首纸背有勘记"三百卅、三十三帙、十"。"三百卅"乃本遗书卷次，"三十三帙"乃本卷所属帙次，"十"乃本遗书在帙内的卷次。这条勘记说明，这些遗书在点勘时都已经残破，但是还可以通过配补等方式进行修复，因而写下如此详细的勘记。若为废弃物，则不必花费如此大的精力而多此一举。此类勘记在《大般若经》残卷中俯拾皆是，不胜枚举，结合道真修复《大般若经》的记录，它们很有可能是道真收集来的，属于"又集《大般若经》一部，未全"中的经卷。BD04197《大般若波罗蜜多经》卷五百四，首纸背面有勘记"五百四，不中用"，更多的则是在残卷上标注"兑"字。两种勘记的最大区别是，后一种残卷已经失去文献的利用价值，因而只能作为修复材料，如裱补纸、裱糊经帙等。

四、敦煌遗书古代修复典型案例

1. BD09092（陶 13）

本件遗书首次刊布在江苏古籍出版社 1999 年出版的《国家图书馆藏敦煌遗书》第 5 册中，图录编者分为两个子目，BD09092.1 拟题为"观无量寿佛经十六观"，BD09092.2 拟题为"无量寿佛观相"，经王惠民先生考证，实为《观无量寿经变榜题底稿》[①]。图录编者在条记目录中著录云："卷轴装。首尾全，尾有芨芨草尾轴。原纸天地被剪，古代并曾溜边，或曾被用作帙皮。本件总长 48.5 厘米，宽 29 厘米，1 纸，正面 17 行，行 20 余字；背面 1 行，行 14 字。"

我们细审原卷，纸质粗厚坚韧，应为归义军时期敦煌当地

---

① 王惠民：《国图 BD09092 观经变榜题底稿校考》，《敦煌研究》2009 年第 5 期，第 1—7 页。

生产的纸张。天头地脚经过裁切，致使上下残缺一二字。天头地脚套边，套边 0.6 厘米，折向正面的套边遮住文字。国家图书馆在近年的修复中，揭开正面的套边，露出被遮住的文字。卷尾有芨芨草天杆。我们推测画家据此完成壁画创作之后，此卷便失去文献价值，即成为修复材料。

此卷作为修复材料之后，正如图录编者所言是用来做帙皮的。因归义军时期当地所产纸张较宽，多为 31 厘米左右，从此卷天地被剪去二三字之后仍存 29 厘米来看，其原高应在 31 厘米以上。用它修复年代较早的写经，则需将天头地脚裁去一部分。作为经帙，经常开合，则需牢固，故在天头地脚套边。此为敦煌遗书中所罕见者，亦应为存世最早的套边实例。修复者将原卷尾，作为卷首，加做芨芨草天杆。若从文献角度看，卷尾有芨芨草天杆，有悖于书籍形制的惯例，殊为不类；而从用作修复材料的角度来看，这一矛盾就涣然冰释了。

2. 以残经配补成完整经卷

将同一部经的多件残破写本配补成一个完整的写卷，延续残破经卷的使用寿命，是修复经卷最为常见的一种方式。敦煌遗书中存在着大批配补而成的佛经，略举数件如下：

BD00070《金刚般若波罗蜜经》：唐写本（7—8 世纪），首残尾全，有乌丝栏。前 2 纸与后 11 纸纸质、字体不同，且前 2 纸没有朱笔断句，后 11 纸有朱笔断句，系配补而成。

BD00280《妙法莲华经》卷五：归义军时期写本，首尾均全，尾有原轴。首纸后代配补，字体与余纸不同；首纸有乌丝栏，余纸无乌丝栏。

BD03579《大般涅槃经》卷六：首尾均全，21 纸。前 14 纸为唐写本，后 7 纸为南北朝写本，配补成完整的经卷。

BD00367《妙法莲华经》卷六（八卷本）：唐写本（7—8 世纪），首残尾全，有轴。第 9 纸以后各纸为经黄纸；前 8 纸为归义军时期配补，纸质不同。

BD00409《金刚般若波罗蜜经》：首脱尾残。本件由多种不同纸张拼接而成。据我们考察：1—4 纸有乌丝栏，据字体判断，应为唐写本；5—7 纸与第 11 纸纸张、字体相同，为吐蕃统治时期写本；8—10 纸，据字体判断也应该是唐写本，但与 1—4 纸字体略有差异，且仅有上下界栏，两者并非源于同一个抄本。第 7 纸尾 2 行抄于一个乌丝栏内，两行各占半栏，明显有事先规划的迹象，可知 5—7 纸与第 11 纸乃为后代配抄。第 7 纸末行"佛"等字笔画挤占到第 8 纸，可以推知古人抄补时，事先统计好需要抄补的纸数、行数，粘接好写卷，再行抄写。本卷抄补者因为计算错误，补纸缺少一行，抄到最后时发现错误，而不得不在最后一栏抄写两行。

BD00660《药师琉璃光如来本愿功德经》：首全尾残，有护首，有竹制天杆。后 7 纸为唐写本，竖栏顶天立地，无上下边栏。前 4 纸系归义军时期配补，纸质、字体与后 7 纸不同。

BD01921《观世音经》：归义军时期写本，首尾均全。尾纸系古代配补，字体幼稚，多通假，多删改。

有的写卷在配补之后，缀接处往往有少许文字重复或缺漏。例如：

BD04033《大般若波罗蜜多经》卷二二二：归义军时写

本，9纸，首全尾残。第7、8、9三纸与前面各纸纸质、字迹不同，为后代配补。第7纸以后上下栏线明显低于前6纸约一字。第6纸末行为"智清净，无二无二分，无别无断故，虚空界清"，第7纸首行为"清净故，四无所畏，四无碍解，大慈大悲，大喜大"，第6纸末字与第7纸首字均为"清"字，衍一字，第7纸首字"清"右有删除符号，为修复者的校勘标识。

BD04992《佛藏经》卷三（四卷本）：归义军时期写本，23纸，首残尾全。第22纸的纸质、字迹与前后不同，系后代用另一写本配补。22纸首字"弗"与21纸末字"弗"重复，按惯例应将其中之一涂掉或刮掉，而这件并未处理，留下瑕疵。

BD05029《观世音经》：唐写本，6纸，首残尾全。从乌丝栏、字迹、纸质看，本件是由三种抄本配补而成。第1纸为一件吐蕃统治时期抄本，第2、3、4纸为归义军时期抄本，第5、6纸为唐写本。第1种抄本与第2种抄本拼合后，尚缺"千国土满"四字，未按惯例补出。

3. 麻绳缝缀断裂经卷

以麻绳缝缀经卷的断裂处是一种非常特殊的修复方法，但在敦煌遗书中却不乏例证。如：

BD00062《四分律比丘戒本》：吐蕃统治时期写本，首残尾全，有乌丝栏，尾端横向撕裂，断裂处用麻绳缝缀。

BD04731A《妙法莲华经》卷二：唐写本，3纸，经黄打纸，首尾均残。背有古代裱补。第一、二纸接缝处开裂，以细麻绳缀连。

BD04731B《妙法莲华经》卷二：唐写本，2 纸，经黄打纸，首残尾脱。尾纸末端脱断处有细麻绳穿连。

BD05190《梵网经·卢舍那佛说菩萨心地戒品第十》卷下、《菩萨安居及解夏自恣法》：唐写本，11 纸，首脱尾全。背面有古代裱补，卷尾用麻绳缝缀。

BD05370《妙法莲华经》卷六：唐写本。首脱尾残。4 纸。第 1 纸破裂，用麻绳缝合。

麻绳缀合是敦煌古代残破经卷的修复方式之一，但卷尾所系麻绳并不是用来缝缀的。如：BD03437《无量寿宗要经》为吐蕃统治时期写本，首脱尾全，尾纸有寺院题名"恩"，为报恩寺写经。卷尾中部系有一段麻绳。据方广锠先生统计，敦煌遗书汉文写本《无量寿宗要经》约有 1800 号，均为吐蕃统治时期写本，说明当时颇为盛行。BD05453《四分比丘尼戒本》，首尾均全，有护首，卷尾也系有麻绳。这种系在卷尾的麻绳，应该是用于展平写卷的，其功用或许与 BD06375《佛说阎罗王授记劝修七斋功德经》卷尾纸背面中部所粘长纸条基本一致。经我们研究，BD06375 卷尾所粘宽 4.2 厘米、长 23 厘米的纸条，可能是粘裹方杆用的。由于《佛说阎罗王授记劝修七斋功德经》的功能是超度亡灵，使用率比较高，又加上卷子不太长，设置方杆，正是为了与天杆一起来悬挂或展平写卷。这是我们迄今所看到的最早的具有横向悬挂功能的装帧形式，可谓是一个新的发现。因此，我们把其作为横披装帧形式的早期形态。此前通行的观点认为，横披是由立轴转变而来，现在看来，也不能排除由写卷发展而来的可能性。

4.卷背裱补

BD05146《大般若波罗蜜多经》卷五百五十七：吐蕃统治时期写本，首残尾全，16纸。背有古代裱补，首纸背面裱补纸画有乌丝栏，且剪成燕尾形状，疑原为某写卷卷尾，古代修复时用作裱补纸。裱补纸上有勘记"五十六帙（本文献所属帙次），第七卷（帙内卷次）。"说明本卷的勘记是在裱补之后，故而勘记写在裱补纸上。裱补纸上的乌丝栏与正面的乌丝栏对应得较为整齐。

以经文残片用作裱补纸的情况也很常见。例如：

BD00202《思益梵天所问经》卷四（异卷）：吐蕃统治时期写本，首残尾全，有乌丝栏，背有古代裱补，现代修复时从背面揭下5块裱补纸，为《无量寿宗要经》，已经缀合为一块，今编为BD16455。

BD01185《天地八阳神咒经》：唐写本（7—8世纪），首尾均残，背有3块古代裱补纸，纸质、字体一致，为同一抄本，可以缀合，内容为归义军时期社司转帖写本。

敦煌遗书中还有多层裱补的写卷。如：BD00111《天地八阳神咒经》，为吐蕃统治时期写本，首尾全，通卷碎损严重，古代曾多次裱补，因而有的地方层层相积。裱补纸纸质不一，颜色不同，剪裁整齐。从外观看，以横条裱补为主，间有竖条。裱补纸大小不一，大者长25.5，高12.7cm；小者长13.2，高2.5cm。《条记目录》载：卷尾碎损严重，古代修复时仅露出卷尾，有题记，题记文字方向同正文，而"三界寺藏经"印章被遮覆；现代修复时"为表现裱补纸上的题记及印章之全貌，特将该裱补纸揭下后，将题记及印章粘贴于卷尾背面"，因而形态上与原件略有差异。我们认真查看原卷，发现尾纸有燕尾，背面有题记及钤印，题记与钤印各为一纸，且与正面文字方向相反。据《敦煌宝藏》及现代修复后的原件推测：原卷尾有三界寺印章，古代修复时在卷尾上粘贴裱补纸，将三界寺印章遮盖，且有燕尾，该卷所有者三界寺僧沙弥海子，读经之后在裱补纸上留有题记"三界寺僧沙弥海子读《八阳经》者"。从原卷尾上钤有三界寺印来看，其原为三界寺所有，后来可能因为残破而转给本寺僧人沙弥海子。沙弥海子取得所有权后将原标志三界寺所有的三界寺印用裱补纸盖住，并留有自己的读经题记"三界寺僧沙弥海子读《八阳经》者"。残破部分有的在正面补出文字，字体稚拙，墨色新；有的则未补字。第1纸与其他各纸字体不一，有乌丝栏，而其余各纸则无乌丝栏，从字体上看似为归义军时期配补。首纸末行部分偏旁写在第2纸上，说明是先接纸，后补文字。

5. 裱补纸上补写缺字

BD00588《无量寿宗要经》：吐蕃统治时期写本，首脱尾残，第5纸正面有古代裱补，修补之后，在修补纸上描出被遮笔画。

BD00832《妙法莲华经》卷五：唐写本（7—8世纪），首尾均残，卷面有残洞，背有古代裱纸一块，裱补纸正面补写残缺经文。

BD01349《大般若波罗蜜多经》卷二十二：唐写本（7—8世纪），首全尾残，背有古代裱补，裱纸正面补写缺文，裱纸背面抄《花严经指归》（7—8世纪）。

BD02243《七阶佛名经》：唐写本，经黄打纸，首残尾全，第1至3纸背有古代裱补，第1、2纸裱补纸正面补写经文，字体端庄，与原卷经文差异甚少，可见补写者文化素养较高。

BD05254《金光明最胜王经》卷二：吐蕃统治时期写本，17纸，首残尾全，卷中有一残洞，有古代裱补，并补写残字。背有古代裱补，上写藏文及经名、题名。

6. 加装护首

敦煌遗书中，加装护首是一种常见的修复方式。例如：

BD00707《金光明最胜王经》卷六：唐写本（7—8世纪），首全尾残。护首有竹制天杆，有绀青纸经名签，上用金粉书写"大般若波罗蜜多经卷第五百八十三"；下墨书"五十九"，为本卷所属帙次。护首经名与本卷内容不符，可知为古人使用废弃的《大般若波罗蜜多经》卷五百八十三的护首配补为《金光明最胜王经》卷六的护首。现存缥带系孔，缥带已失。

BD00191《佛名经》卷六（十六卷本）：唐写本（7—8世纪），首尾均全，有护首，系后代配补，有竹制天杆，中部系灰白色缥带。2、3、19、20纸背有古代裱补。

配补护首的来源，常取用其他废旧经卷的护首。因此常出现护首与经文本文不符的情况。张冠李戴，为古代配补的明证。例如：

BD00498《金刚般若波罗蜜经》：唐写本（7—8世纪），首全尾脱，麻纸。护首端有芨芨草天杆，系有细麻绳。护首背写有经名"妙法莲华经卷二"，系古代修复时用《妙法莲华经》

卷二护首改作本经护首。

BD00992《一切佛心咒》《延寿命经》《弥勒下生成佛经》：第 1 纸为《佛说延寿命经》，未抄完，后面倒书《一切佛心咒》。后人将此页倒裱在唐写本（7—8 世纪）《弥勒下生成佛经》卷前，似作为护首。后面接抄《随求即得大自在陀罗尼神咒经》等咒语。

所配补护首的背面，除书写经名及卷次帙次外，也常书写寺院名，标明所属。例如：

BD02474《维摩诘所说经》卷下：吐蕃统治时期写本，首尾均全。护首有芦苇天杆，有经名，为后代配补。背有古代裱补。护首背有经名与寺院题名"维摩经卷下　界"，说明该经为三界寺所有。

BD03306《灌顶章句拔除过罪生死得度经》：唐写本，4 纸，经黄纸，首残尾全。有护首，系后代配补。护首有竹质天杆及浅棕色绸缥带，有绀青纸经名签，经名模糊不清。护首背有古代裱补，有寺院题名"修"（敦煌灵修寺简称）。另有勘记"卅七帙，一"。

7. 加装拖尾

加装拖尾也是一种常见的保护修复措施。例如：

BD02557《观世音经》：唐写本，首残尾全。卷首横向断裂严重，背面有古代裱补多处，有两块裱补纸为社会经济文书。卷尾裱补纸余幅较长，作为拖尾，保护原卷。

BD02619《维摩诘所说经》卷上：唐写本，经黄纸，首残尾全。背有古代裱补。卷尾接出补纸，作为拖尾，保护原卷。

8. 集缀残经、兑废经作为他用

残经或兑废经虽然文献不完整，但仍有部分利用价值，修复者常将它们粘接起来，成为一个新的卷子，便于利用其背面抄写新的文献。敦煌遗书中这类例子颇不鲜见，例如：

BD00876《大目犍连冥间救母变文》：977年写本，本卷将三件残破的《无量寿宗要经》粘接在一起，利用其背面抄写变文。

把两个残经缀接后另备他用。例如：BD00485《大乘稻芊经》《妙法莲华经》卷七：分别为吐蕃统治时期写本、唐写本（7—8世纪），首脱尾残，第2纸有余空，后三纸为麻纸，与前两纸纸质不同。

BD00342《杂阿含经》卷三十二等：唐写本（7—8世纪）。本件将《杂阿含经》《阿毗达磨大毗婆沙论》《中阿含经》等粘接成一卷，天头题有"吴""王法律""邓僧正""继兴""吴孔目""杨"等人名，或为原持有者，或为抄写者。

BD00473《大般涅槃经》等兑废稿集缀：归义军时期写本，首残尾缺，第5、6、8纸末端均有空白未抄，而且颜色、字体与其他各纸不同。第2至6纸上边有墨笔涂画，第4、5纸及5、6纸接缝处现残，且次序颠倒，属于将诸抄废卷缀接后另备他用。

BD04724《大宝积经》废稿缀卷：唐写本。首残尾断。10纸。本遗书是由错抄的《大宝积经》卷八十三、卷二十八、卷二、卷十、卷二十七、卷二十二、卷五、卷四、卷二、卷四十八等废卷、残卷缀接而成，共有10纸。其中两个卷二写卷可以缀合。

BD02721《大般若波罗蜜多经》卷二六三、卷二七四：吐蕃统治时期写本。10纸。首尾均脱。第9纸有武周新字"正"。

此为两个兑废卷子拼接一起。第一个 251 行，第 2 个 28 行。

敦煌遗书中，此类将废稿、残卷缀接的写卷非常多，一般是利用背面抄写其他文书。

9. 修复标记

古人在进行修复时，有时会在卷背做一些记号，以避免粘连错误。这些记号为我们了解古代修复的技艺和程序提供了信息。

BD00323A《阿阇世王授决经》: 唐写本（7—8 世纪），首全尾残，有乌丝栏，第 3、4 纸缝背有古代用古纸粘接。第 3 纸左下边有朱笔标注"已下上曰"，第 4 纸右上边有朱笔标注"已上王虽频"，表示第 3 纸可以与第 4 纸相连接。

BD00323C《尸迦罗越六方礼经》: 唐写本（7—8 世纪），首尾全，有乌丝栏，背有古代裱补。第 2 纸左下边有朱笔标注"已下至官"，第 3 纸右上边有朱笔标注"已上至悬"，为古代修补经卷时的提示，表明第 2、3 纸之间的衔接关系。

以上我们以丰富的典型修复实例，依不同类别，分别对其加以简要的说明，以期概要展示敦煌遗书中保存的古代修复技法与修复后书籍的面貌。当然，我们这里展示的，只是丰富的修复实例中的很小一部分，此外尚有众多案例值得加以探讨。

五、敦煌写卷古代修复的初步评价

敦煌遗书古代修复的评价，由专业的修复人员来做自然更为合适。在此，我们仅是以非专业人员的眼光，从加装护首及卷尾、配纸、画栏补字、糨糊等四个方面作一粗略的评价。

1. 加装护首及卷尾

敦煌遗书绝大部分为卷轴装，收起时从左端向右卷起，而展阅时则从右端打开，这样卷子的右端常露在外面，而且打开的频率很高，极易污损残破，因此敦煌写卷的卷首大多或残破或脱落。所以古人修复卷子时，常在卷首缀接一张素纸，作为护首。有的在护首前粘裹一根竹条（或芨芨草），竹条两端与写卷横幅相齐，称为"天杆"。在天杆的中间缝缀一根丝带，用以捆扎写卷。卷尾边缘有时加木制或竹制的轴，轴的两端各露出1厘米，用来卷收经卷，叫"地轴"。多数敦煌遗书并未加轴，直接卷收。卷尾脱落或残破后，修复时应该缀接一段尾纸，作为拖尾，以保护原卷正文。

例如：BD00707《金光明最胜王经》卷六，使用保存完好的《大般若波罗蜜多经》卷五百八十三的护首配补为本卷的护首，有竹制天杆，存有缥带系孔，但缥带已佚失。BD00288《金光明最胜王经》卷一、BD01243《金光明最胜王经》卷八、BD02635《金光明最胜王经》卷九等写卷，卷首均接出一张纸，作为护首，保护原卷。BD00432《金光明最胜王经》卷一、BD01430《金光明最胜王经》卷二，则有意识地将卷首背面的裱补纸留出余幅作为护首，保护原卷。BD02654《金光明最胜王经》卷一、BD05417《金光明最胜王经》卷五均配补尾纸作为拖尾，以保护原卷。

2. 配纸

配纸是书籍修复的一项重要工序，现代修复要求修复者应根据写卷的纸质、颜色、厚薄以及纸纹的横竖进行配补选择。

如果配纸适当，修复后的卷子宛若天成。反之，即使有高明的技术，经过精工细作，也难协调一致[1]。因此，修复质量的好坏与配纸有密切关系。而敦煌在吐蕃统治时期以及归义军时期，纸张匮乏，当时纸张是军事战略物资，归义军政权曾专门设军资库司来负责纸的管理和支用[2]。

如道真补经，只能四处募集废纸，诸如过期的地契、合同、公文、告示、档案，以及缺头断尾的佛经，以它们来裱补或配补残破的经卷。因此，修复者手边有何种废纸，便用何种废纸作裱补纸，其配纸基本上是不加选择的。补原卷残失的地方时，补纸的纸纹应与原卷纸纹的横竖一致，这样既可以使原卷在裱补后协调一致，又可以保持写卷的平整，敦煌古代修复者尚未意识到这一点。在修复之前，裱纸应根据原卷破损部位的大小裁剪整齐，而在敦煌写卷中，很多补纸不整齐，有的是随手撕就，修复显得非常粗糙。

例如：BD00071B《金光明最胜王经》卷一、BD00481《金光明最胜王经》卷二、BD01240《金光明最胜王经》卷四等写卷，其补纸极为不规则，随意撕就，补纸两端似用手撕裂；而BD01098《金光明最胜王经》卷六、BD03441《金光明最胜王经》卷九中，所有补纸均剪切整齐，裱补端正，可见其修复之认真。

---

[1] 肖振棠、丁瑜：《中国古籍装订修补技术》，第 29 页。

[2] 卢向前：《关于归义军时期一份布纸破用历的研究》，《敦煌吐鲁番文献研究论集》第 3 辑，北京：北京大学出版社，1987 年，第 394—466 页。

3. 画栏补字

残破的写经常常缺栏短字，读起来颇为不便。如果从使用的角度来说，缺栏的地方要照样画齐补全，新补的栏应与原卷上的栏粗细完全一致。缺字的地方也应根据经文，仿照原书字体补全[①]。敦煌写经中有很多写卷修复后并没有画栏补字，而画栏补字的写卷质量参差不齐，有的写卷即利用裱补纸上的乌丝栏，修复时裱补纸上的乌丝栏与原卷上的乌丝栏并没有对齐，上下左右参差错落。补字的字体与原卷字体风格相去甚远，多稚拙，而且还有错字，表明修复者文化素养较低。如：BD00394《金光明最胜王经》卷一，卷首残破，最初修复时用长 40 厘米、高 24.2 厘米的补纸，几乎是通纸托裱，在补纸正面补出残失的文字，字迹拙劣，多有错字，可见补字者文化水平非常低。卷首补纸下界栏为补者用毛笔随意所画，没有使用细笔、尺子等专用工具，栏线较粗且弯弯曲曲。

4. 糨糊

现代修复时一般使用淀粉制作的糨糊作为黏合剂，要求糨糊调得合适，写卷纸质厚则糨糊不可过稀，纸质薄则糨糊不可过稠。糨糊过稠易起皱僵硬，舒卷时易折，而糨糊过稀则补纸易脱落。所以糨糊调得适当与否，与写卷的修复质量有很大的关系。修复时糨糊要涂得均匀，不宜过多过宽[②]。

---

① 肖振棠、丁瑜：《中国古籍装订修补技术》，第 36 页。

② 肖振棠、丁瑜：《中国古籍装订修补技术》，第 21—23 页。

敦煌古代修复所用粘合剂经过千年沧桑已经变成褐色，其成分尚需进行科学分析。BD01275《金光明最胜王经》卷二，糨糊直接涂在原卷上，范围较大，暴露在补纸外面，而且涂抹过多，导致裱补处僵硬。BD01098《金光明最胜王经》卷六，补纸涂抹糨糊过多，造成裱补处僵硬，舒卷不便。BD00068《金光明最胜王经》卷四，背面使用《佛名经》作为补纸，《佛名经》上有一层褐色的糨糊残留，可能是修复者原拟《佛名经》正面文字向里，涂抹上糨糊准备裱补时，发现《佛名经》文字会通过残破部分显露在正面，故又决定背面向里。这样便造成《佛名经》上有一层糨糊残留。若此推测不误，则可据以推知其修复程序：修复者先根据原卷破损情况，剪成若干块补纸，在补纸上涂上糨糊，然后进行裱补。

整体上看，敦煌古代修复以吐蕃统治时期和归义军时期为主。此时，敦煌与中原的交通极不通畅，修复匠人无法得到中原高水平装帧技术与修复技艺的熏陶，水平低下，强调的是牢固耐用的实用性，尚没有注意美观。但是，吐蕃统治时期和归义军时期的修复技艺相比前代仍有所创新和发展，如部分背面裱补所使用的黏合剂柔软无色，说明黏合剂已经改进；黏合方法有所改进，估计使用了隔糊；补纸纸纹卷子卷收方向一致，有利于写卷的卷收。特别是 BD06375 尾纸背面中部黏贴的长纸条，可能是用来粘裹方圆形木杆的，这是我们迄今所见到的最早的具有横向悬挂功能的装帧形式。BD03437《无量寿宗要经》、BD05453《四分比丘尼戒本》卷尾所系麻绳与其有异曲同工之妙，值得进一步探讨。

参考文献

［1］林世田、孙利平：《IDP 项目与中国国家图书馆敦煌文献数字化》，《敦煌学知识库国际学术研讨会论文集》，上海：上海古籍出版社，2006 年。

［2］黄永武主编：《敦煌宝藏》，台北：新文丰出版有限公司，1984 年。

［3］任继愈主编：《国家图书馆藏敦煌遗书》（1—146 册），北京：北京图书馆出版社，2005—2012 年。

［4］肖振棠、丁瑜：《中国古籍装订修补技术》，北京：书目文献出版社，1980 年。

［5］卢向前：《关于归义军时期一份布纸破用历的研究》，《敦煌吐鲁番文献研究论集》第 3 辑，北京：北京大学出版社，1987 年。

［6］余欣、陈昊：《吐鲁番洋海出土高昌早期写本〈易杂占〉考释》（初稿），《唐代与丝绸之路国际学术研讨会论文及提纲集》，中国唐史学会、新疆吐鲁番学研究院，2006 年 8 月。

［7］荣新江：《敦煌学十八讲》，北京：北京大学出版社，2001 年。

（本文曾提交 2010 年 4 月浙江大学主办的"百年敦煌文献整理研究国际学术研讨会"。原载《文津学志》第十五辑，北京：国家图书馆出版社，2020 年 12 月，署名林世田）

虚云老和尚与《赵城金藏》的修复

  2011 年 6 月 19 日，国家图书馆举办 "《赵城金藏》档案文献暨保护资金捐赠仪式"，薄一波同志的女儿、北京大学历史系教授薄小莹代表家属将家中珍藏的调拨《赵城金藏》的珍贵档案文献捐赠给国家图书馆永久收藏；香港钟健国基金会向国家图书馆捐赠 200 万元人民币，用于《赵城金藏》的保护和研究。为此，国家图书馆在 "艰难与辉煌——纪念中国共产党成立九十周年馆藏珍贵文献展" 中辟出专柜，筹办了《赵城金藏》小型展览，展示了《赵城金藏》修复前后的原件、《赵城金藏》调拨国家图书馆档案、《赵城金藏》的修复档案。其中修复档案中有两通虚云老和尚致李济深函，揭示了虚云老和尚为修复《赵城金藏》所作出的巨大贡献，具有重要的意义。然前人所编辑虚云老和尚的传记与书信资料中从未提及，故不揣浅陋，整理出来，连缀成文，公诸同好。

  根据薄老家属捐赠的国立北平图书馆请求调拨《赵城金藏》的档案，北平和平解放后不久，北平图书馆鉴于《赵城金藏》大部分经卷已经受潮发霉，如不改善保存环境，及时修复，将会受到更大的损失，因而于 1949 年 2 月 16 日向北平市军事管制委员会文化接管委员会递交报告，请求调拨《赵城金藏》。2月21日，北平市军事管制委员会文化接管委员会主任钱俊瑞、副主任陈微明请示时任中共中央华北局书记的薄一波同志，薄一波同志当即批示"覆钱、陈二同志可照拨"，并电令太行行署将《赵城金藏》运至北平，拨交北平图书馆收藏。时在中共中央华北局任职的薄一波同志夫人胡明同志当日在请示上注明"已办"。4月23日，太行行政公署颁发给张文教护送《赵城金藏》护照，在张文教同志护送下，《赵城金藏》分装42箱，从涉县用火车运至邯郸，再用汽车运至北平。1949年4月30日正式运交国立北平图书馆，成为我党拨交北平图书馆收藏的第一批珍贵文献。

辗转运到北平图书馆的《赵城金藏》，受到各界人士的热烈欢迎。然而由于曾经长期存放在潮湿的煤窑中，许多已霉烂断缺，糟朽不堪，有的霉坏得像败絮，有的挤压成如同炭棒一样，有的丢失题签，修复和保存成为摆在北平图书馆面前的首要任务。1949年5月14日，北平图书馆举办《赵城金藏》展览，并邀请北平文化界人士于力、范文澜、王冶秋、马叔平、向达、韩寿萱、周叔迦、巨赞、晁哲甫、季羡林、张文教、程德清参观并座谈，就《赵城金藏》的修复与保存征求意见。

会上北平图书馆版本目录学家赵万里先生向与会者介绍了北平图书馆拟定的《赵城金藏》修复和保存计划：摒弃传统的修旧如新的原则，采用"整旧如旧"的原则修复《赵城金藏》；聘请四位修复专家，每人每月预计修复10卷，四人为40卷，一年为480卷，分期分批，这样十年可完成全部修复工作；修复顺序从易到难，逐步积累经验；修复用纸选用与《赵城金藏》颜色相近，而且拉力韧劲都很大的迁安纸、山西毛头纸、广西纸、湖南绵纸、奉化绵纸等五种纸张；《赵城金藏》暂时存放在装档案的柜子里，将来修复好了之后，保存在箱架中。华北人民政府教育部长晁哲甫、华北人民监察院副院长于力表示：《赵城金藏》是国之重宝，政府愿意投入修复经费，但是全国尚未解放，政府经济困难，图书馆考虑目前国家的人力和财力，提出分阶段修复的计划，符合目前国情，望尽快作出预算，以便政府考虑。巨赞法师 [①] 当即表态要发动香港等地佛教徒捐献修复装裱的广西纸。

座谈会解决了困扰修复《赵城金藏》的两大难点，一是缺乏经费聘请高水平的修复技师，二是缺乏修复纸张。中央政府在当时内战尚未结束、国家非常困难的情况下特拨出修复款项，并经华北高等教育委员会董必武、周扬同志批示，从琉璃厂请来韩魁占、张万元、徐朝彝、张永清四位有经验的师傅开展修复工作，解决了修复人员的问题。巨赞法师表示佛教界愿意募捐纸张。1949 年 5 月 20 日，北平图书馆正式致函巨赞法师，请其发动华南及香港佛教界同人，募集《赵城金藏》的修复用

---

① 巨赞法师（1908—1984），当代名僧。青年时代秘密参加党的地下活动，遭国民党通缉。1931 年，经太虚大师介绍，在杭州灵隐寺出家，1933 年在支那内学院深造。抗战期间在湖南成立南岳佛道救难协会，积极投身抗日救亡运动。历任广西佛教会、浙江佛教会秘书长，武林佛学院院长。新中国成立后任中国佛教协会副会长兼副秘书长、中国佛学院副院长、全国政协常委、《现代佛学》《法音》主编等职。

纸。函文如下：

巨赞法师：

　　日前，本馆召开整理《赵城金藏》座谈会，辱承惠顾指教，不胜感幸。查此次清点《赵城金藏》，共计四千三百三十卷，其中大半均遭水湿，霉烂断损，非精工加意蒸治装裱，无法登记编目，以供众览。而装裱时需用纸料，以湖南棉纸、广西纸（或贵州二夹、都匀纸①）为大宗，平均每刀百张，可装三卷，按之目前人力，每年可装五百卷，则今后五年可装二千五百卷，共需纸料湖南棉纸三百刀、广西纸五百五十刀左右。为减轻人民政府负担，使《金藏》装裱工作早日观成计，拟恳大力推动华南及香港佛教界同人，惠予捐助此项纸料，共襄盛举。此一大功德事，想法师必乐为之也。专此顺致

敬礼。

　　附湖南棉纸、广西纸各一张。

巨赞法师得到募捐《赵城金藏》修复用纸数量后，便找正在参与创建新中国的爱国民主人士李济深先生②商量。巨赞法

---

① 二夹，疑二层夹的简称，指双层的宣纸。都匀纸为皮纸的一种，因产于都匀而得名。

② 李济深（1885—1959），原籍江苏，生于广西苍梧。原名济琛，字任潮。中国著名民主主义革命家。早年毕业于北京陆军大学，曾留学日本。1924年任黄埔军校教练部主任、副校长，1925年任国民革命军第四军军长。北伐战争时期，任国民革命军参谋长。新中国成立后历任中央人民政府副主席，中国国民党革命委员会中央委员会主席、中央常务委员会主席，第一、二、三届全国政协副主席，第一、二届全国人大常委会副委员长。

师与李济深先生交往密切，1940 年巨赞法师任广西佛教会秘书长，其博通多能、秉性坚贞、爱国爱教的高尚品德，深得时任桂林行营主任的李济深先生的推重。

1947 年 5 月 4 日，李济深邀请何香凝、蔡廷锴等人到他的寓所聚会，商讨建立国民党民主派革命组织问题。会上决定，由李济深、何香凝联名写信给上海的三民主义同志联合会负责人谭平山、柳亚子、陈铭枢，邀请他们来香港共商大计。这封绝密信就是由巨赞法师从香港带回大陆时，冒险交给软禁在上海的陈铭枢。曾任李济深先生秘书的郑卓人在《悼巨赞大师》诗中赞其"离筵承密勿，虎口敢传书"。1948 年，巨赞法师再次赴港，曾与李济深、郭沫若等先生会面。12 月，李济深先生应中共中央邀请离开香港北上，到达东北解放区。1949 年 4 月 3 日，巨赞法师陪同李济深先生夫人等由香港北上北平。可见巨赞法师与李济深先生志同道合、交往颇深。

李济深先生是广西人，又是佛教徒，在佛教界有着广泛的影响，非常愿意为之出力。于是便给广西、广东佛教界写信，号召佛教徒募捐。1950 年初，募捐有了结果，北京图书馆收到李济深副主席转来的 1950 年农历元月虚云法师致李济深副主席的信函，函文如下：

任公老居士道鉴：

前承函嘱募款购广西纱纸八百刀做装补金代藏经之用一事，现已在穗购妥广西纱纸二十把，每把十刀，每刀三百八十张。如以每刀一百张计算，约可合八百刀之数。因购买此纸价款已超过公前指示所需之价款，故推测公前嘱购八百刀必系每刀以百张计也。现此项广西纱纸二十把存放在广州惠福西路温良里三十号之一二楼高深居士处，恳公即日嘱托当局收取运京为祷。

衲日前又曾托澳门李老居士转奉一函，不审已达钧览否？近本寺及南华寺均颇受地方之侮，至恳公以重建本寺之发起人资格，致函叶剑英主席，请其转知乳源县政府，切实保护本寺，使本寺重建，未完工程得以继续建筑完成。

无任恳祷，尚肃敬请

道安。衲虚云 合十。古元月初九日。

附奉纸张一张。

敬祈赐复。

李济深先生从巨赞法师那里得到国立北平图书馆需要募捐《赵城金藏》修复用纸后，便致函虚云老和尚，利用他在海内外佛教界的巨大影响募款，于是有了虚云老和尚致李济深副主席函中的"前承函嘱募款购广西纱纸八百刀做装补金代藏经之用一事"。

虚云老和尚（1840年9月5日—1959年10月13日）被尊为近代四大高僧、禅门宗师，他与李济深先生法缘深厚。1929年虚云老和尚应福建省主席杨幼京之请，任鼓山涌泉寺住持。1933年11月，李济深与蒋光鼐、蔡廷锴等人在福建宣布反蒋抗日、建立福建人民革命政府时，李济深就拜虚云老和尚为师，交往密切。此后二十多年的岁月里，虚云与李济深患难与共、肝胆相照，虚云老和尚曾赞其为在家真佛子。1934年，虚云老和尚主持重兴六祖道场南华寺。1939年至1940年，应李济深先生邀请，先后多次赴广州讲授佛经。1942 年，虚云和尚应国民政府主席林森等邀请赴重庆弘法，还特意绕道桂林与时任桂林行营主任的李济深先生相见。1943 年冬天，虚云老和尚见云门古寺年久失修，残破不堪，但文偃祖师肉身犹存，就发愿重兴云门宗祖庭，得到李济深先生的大力支持。当时正值抗战艰难之际，财力匮乏，物资紧缺，李济深多方面筹集经费，虚云老和尚则昼夜辛勤，宏规硕划，巨细亲躬，广造梵宇，历时九年，面貌一新。1959 年，重病中的虚云老和尚得到李济深先生逝世的噩耗，两眼含泪，哽咽地呼唤："任潮，你怎么先走！我也要随你走了。"一周之后，虚云老和尚圆寂。可见师徒二人感情之深厚。

可能由于李济深先生致虚云老和尚的函中仅说需纸张 800 刀，约需价款若干，因为南北方每刀纸张数不统一，国立北平图书馆在致巨赞法师的函中说"平均每刀百张"，而虚云和尚所购纸张每刀 380 张。虚云老和尚根据价款，推测北平图书馆募购 800 刀必系每刀以百张计。这样所购 20 把广西纱纸，相当于 760 刀，基本解决了《赵城金藏》的修复用纸问题。

一个月之后，北京图书馆尚未派人提取，而寄存在高深居士家中的 760 刀纸张给高深生活带来不便，虚云老和尚再次致函李济深副主席函，请求尽快运京。

任公老居士道鉴：

连上数函，迄未获复，未审已达钧览否？至为念念。前承函嘱募款购买装补金代藏经之广西纱纸一事，业于农历元月初在穗购妥，计共广西纱纸二十把（合八百刀），合港币三千八百二十六元，存广州惠福西路温良里三十号之一二楼高深居士处，当经快函奉告，日昨高居士来信谓尚未见公派人提取，岂该函因邮失误耶？兹特再函，奉恳早日派人提取。因高居士处房屋无多，难于久存故也。

再本寺因系国家名胜，前承公提倡重建，委衲担任其事，时阅七载，尚亏一篑之功。现时世艰难，募化不易，而诸方来寺僧众达三百余，开支浩大，经费不能为继，故近全堂圣像七十余尊装金及祖殿重建工程只得停顿，至恳公继续赐予维护，俾本寺重建工程得早日圆满，不特了公当日提倡赞助之初愿，衲垂暮之年亦可稍得休息，不胜盼祷。真如老居士①前闻在沪，不知近已返京否？敬祈代为致候。京中佛法情形如何，并请示及。岺肃敬请

道安。衲虚云合十。农历二月十四日。

夫人暨阖府统此致候。

---

① 真如居士，即陈铭枢（1889—1965），爱国将领。广东合浦（今属广西）人。保定陆军军官学校第三期。1906年加入同盟会，1911年参加武昌起义，1926年率兵参加北伐战争，1927年任国民革命军总司令部政治部副主任，1928年任广东省政府主席，1931年任行政院副院长兼交通部部长。1932年"一·二八"事变时，支持第十九路军抗击日本军队。1933年，与李济深等发动福建事变，组成"中华共和国人民革命政府"。抗日战争期间，任国民政府军事委员会高级参议等职，在武汉、重庆等地从事抗日民主运动。1948年与李济深等建立中国国民党革命委员会。新中国成立后，历任中央人民政府委员、中南行政委员会副主席、全国人民代表大会常务委员会委员、中国人民政治协商会议全国委员会常务委员、中国国民党革命委员会中央常务委员等职。佛教居士、佛学学者，1922年曾在欧阳竟无创办的支那内学院钻研两年佛学，著有《佛学总论》等，与巨赞法师创办《现代佛学》杂志。

北京图书馆接到李济深副主席转来的虚云老和尚的第一封信函之后，便商讨运京办法，最后选择中国旅行社 [①]，委托其代为运京。1950 年 3 月 24 日，北京图书馆呈文中央人民政府文化部文物局，为中国旅行社代运广西纱纸颁发证明文件。1950 年 4 月 1 日，文化部发给中国旅行社代运广西纱纸证明书。北京图书馆立即致函高深居士："接到李副主席转来虚云法师函，藉悉所捐赠本馆之广西纱纸二十把，现存尊处。本馆兹已委托中国旅行社代为运京。"1950 年 6 月 22 日，北京图书馆王重民代馆长呈报文物局，募购广西纱纸已经运抵北京收讫。至此，修复《赵城金藏》的用纸准备完毕。

《赵城金藏》的成功修复，可以说是众缘和合。当时人民政府百废待兴，在非常困难的情况下特批修复款项，从琉璃厂请来四位高水平的师傅；佛教界积极响应，虚云老和尚、李济深先生、巨赞法师等鼎力相助，特别是虚云老和尚利用其崇高威望，发动佛教信徒募捐 760 刀广西纱纸；本馆精心组织、周密安排，召开专家座谈会，确定"整旧如旧""保存原样"的修复原则，根据国家和本馆实际情况确定分段修复的原则；韩魁占、张万元、徐朝彝、张永清等四位师傅精心修复，采用蒸、揭、托、裁方、接纸、上褙、砑光、托裱等传统工艺，经过 16 年的努力，到 1965 年，《赵城金藏》全部整修一新。

（原载《禅》2011 年第 5 期，署名林世田）

---

① 中国旅行社，前身为 1923 年 8 月成立的上海商业储蓄银行旅行部，是中国第一家旅行代理机构。1927 年 6 月旅行部从银行独立出来，改名为中国旅行社，是民国时期唯一一个全国连锁经营的大型旅游企业集团，业务涉及客运、货运、招待所、旅游、出版及其他社会服务。1954 年 7 月结束在中国大陆的经营。1935 年至 1937 年我馆南迁的善本古籍即由该社承运。

关于国立北平图书馆
运美迁台善本古籍的几个问题

抗战期间，国立北平图书馆为使南迁存沪的善本古籍免遭日寇劫掠损毁，将存沪善本的精品分装 102 箱，伪装成替美国国会图书馆采购的新书，几经周折，转运美国，寄存于美国国会图书馆。这一保护民族文化遗产的重要事件，当时得到政府嘉奖；此后迄今，更深受史家与相关机构的关注。

然而，由于当时事情进行极为机密，原文件史料保存不多且甚少披露，因而学界在事件过程的某些细节上有一些疑问，且长期没有得到解决。

一、此前关于平馆善本运美的记述与研究

关于善本书运美的过程，现今硕果仅存的当事人钱存训先生所著《北平图书馆善本书籍运美经过》[①] 及相关论

---

① 这一事件的经过，参见钱存训《北平图书馆善本书籍运美经过》，《传记文学》第 10 卷第 2 期，1967 年。转载于《思忆录——袁守和先生纪念册》，台北，1967 年，第 114—118 页；北京图书馆业务研究委员会编：《北京图书馆史资料汇编（1909—1949）》，北京：书目文献出版社，1992 年，第 1332—1336 页；《中美书缘》，台北：文华图书馆管理资讯公司，1998 年，第 65—76 页。收入《中美书缘》者增入《附记迁台经过》，参考价值更高。

述①，为最直接可信的重要史料。

运美善本书迁台之后，台北"中央图书馆"主持点核的昌彼得先生，对目录清单中的某些问题提出了尖锐的质疑，主要有：一、平馆存沪未运美的善本书 800 多种，仅 280 余种见于 1942 年运返北平的书目，另 500 余种下落不明；二、平馆运美善本书中，部分与装箱清册不符，原装箱目未载而后增的书，多为每种中之一册，且部分不够善本标准。他进而推测，"这些下落不明的善本，很可能已经有些化公为私了"，文末又"附带提醒"海内外图书馆在收购善本书时多加留意，"不要轻易购进赃物"②。昌先生另编有《国立北平图书馆善本阙书目》，著录所谓"下落不明"的宋元明刻本、抄本及名家批校题跋本 573 部，"以供光复大陆后查索的参考"③。包遵彭先生为《"中央图书馆"典藏国立北平图书馆善本书目》作序，即全盘挪用昌先生的说法④。这些评论在海内外图书馆界影响巨大，不仅是对善本装箱运美过程的质疑，更是

① 钱存训先生在《留美杂忆：六十年来美国生活的回顾》（合肥：黄山书社，2008 年）、《我和国家图书馆——在北图工作十年的回忆和以后的联系》（《国家图书馆学刊》2009 年第 3 期）中，均有专节回顾此事，其内容与前文基本一致。

② 昌彼得：《关于北平图书馆寄存美国的善本书》，《书目季刊》第 4 卷第 2 期，1969 年；收入《蟫庵论著全集》，台北："故宫博物院"，2009 年，第 446—456 页。

③ 昌彼得：《国立北平图书馆善本阙书目》，《"中央图书馆"馆刊》新 3 卷第 2 期，1970 年；收入《蟫庵论著全集》，第 457—484 页。

④ "中央图书馆"编：《"中央图书馆"典藏国立北平图书馆善本书目》，台北："中央图书馆"，1969 年；转载于《北京图书馆馆史资料汇编（1909—1949）》，第 1337—1339 页。

对当事诸公人格的莫大侮辱，然而长期以来北京图书馆方面并未正面回应。

朱红召先生《国立北平图书馆善本图书运送美国保存经过述略》一文，是大陆综述这一事件的首篇学术论文。该文最后一节提出五处悬疑：运美善本书的确切箱数、种数、册数难以考证；实际运出的 102 箱中，有 2 箱无清单，无法核对并确认是否运到台湾；北平图书馆甲库书目有 800 余种不在台湾的点验目录中；美国国会图书馆摄制胶片的善本书中，有二十几种未见于装箱清册，运返书目中亦无记载；最后一批善本书的运送过程蹊跷①。朱文所述悬疑，主要来自钱存训、昌彼得先生的论述。

2009 年出版的《中国国家图书馆馆史（1909—2009）》，对此事件的过程有简要记述②，但限于体例，没能详细考辨相关细节问题。

人民文学出版社编辑部在《旧京书影　北平图书馆善本书目》的出版说明中，曾指出国内台湾及国外日本的版本学

---

① 朱红召：《国立北平图书馆善本图书运送美国保存经过述略》，《王重民先生百年诞辰纪念文集》，北京：北京图书馆出版社，2003 年。朱文在南运存沪善本书的具体存放地点等某些细节问题上作了大胆的推测，但部分推测有违事实，此不详辨。

② 李致忠主编：《中国国家图书馆馆史（1909—2009）》，北京：国家图书馆出版社，2009 年。善本南运存沪事见第三章第八节（第 98—102 页），运美事见第四章第四节（第 126—128 页）。

家曾经怀疑没有运送到美国的北平图书馆善本书遭到部分散佚，是当年他们对 1959 年《北京图书馆善本书目》的收录原则缺乏了解的结果[①]，正确地指出了造成误解的部分关键原因。不过，此文并非专为此事而撰，未就相关细节问题展开讨论。

在上述论述的基础上，我们试图进一步挖掘史料，并结合其他材料进行辨析，借以厘清部分问题。

二、装箱清单及其内容辨析

现今考察运美善本书，当日的装箱清单为最重要的依据之一。1942 年 10 月 27 日袁同礼馆长呈文教育部，报告善本书运美事宜，其中提到装箱清单："其业经运美之书目，原已编写同样四份，二份随书带美，一份存沪，一份由港转渝，以供呈报钧部，不意原件甫经带至香港，即遭沦陷。"[②] 这里提到的四份清单，除沦陷于香港的一份外，其他三份至今尚存。

此前披露的装箱清单，为美国国会图书馆所存的两份复写件之一，载录 100 箱。而中国国家图书馆古籍馆存有另一份《国

---

① 《旧京书影　北平图书馆善本书目》，北京：人民文学出版社，2011 年，第 8 页。

② 此文见《教育部长陈立夫致行政院孔副院长折呈（1942 年 11 月 14 日）》所引袁同礼密呈。中国第二历史档案馆编：《中华民国史档案资料汇编》第五辑第二编《文化（二）》，南京：江苏古籍出版社，1998 年，第 605 页。

立北平图书馆善本书装箱目录》①，亦即袁同礼报告中所称存沪的一份，载录 102 箱②。此目分上、下两册，明显曾经改装：上册扉页后，即为"第一百箱"的清单，著录善本书四种，末行题"一百箱完"，版心处写页码"一五一"；其中《太平广记》册数原标为"四十六"，而圈去"六"字，改为"八"；页边未钤印。下册第一五一页，"第一百箱清单"之后，即接抄"第一百零一二箱"清单；该页《太平广记》一书著录为"四十八册"，册数无误；该页末行原亦有"一百箱完"字样，后擦去并覆盖其他文字，但字迹仍然依稀可辨；"第一百零一二箱"清单共七点五个半叶，其字迹明显与前一百箱不同；前一百箱的清单用纸为蓝格稿纸，而"第一百零一二箱"清单除起首的一个半半叶接抄于蓝格稿纸上之外，后六个半叶均抄写于无格白纸上；前一百箱清单的两叶接缝处，均骑缝钤"国立北平图书馆

---

① 此为卷端题名。此目扉页（实为原始封面）题《装善本书一百箱目录》。封面题名《国立北京图书馆寄存美国国会图书馆善本书籍装箱清册》，为晚近整理时加装新封面后所署。中国国家图书馆历史上曾两次使用"国立北京图书馆"的馆名：第一次为 1942 年 1 月 2 日至 1945 年 10 月，伪华北政务委员会强行接收留在北平的馆舍、馆务，改用此名；第二次为 1949 年 9 月至 1951 年 6 月。封面题名直书"寄存美国国会图书馆"，不似伪政府时期语气，表明封面当为 1949 年 9 月至 1951 年 6 月期间整理时所加。

② 1942 年 10 月 27 日袁同礼馆长致教育部的密呈中称"共计分装一〇一箱"（见《中华民国史档案资料汇编》第五辑第二编《文化》（二），第 604 页），与实际箱数不符。有两种可能，一为袁同礼记忆疏忽，将 102 箱误记为 101 箱；二为档案整理时手民之误。该书中手民之误屡见不鲜，如第 604 页将"中国旅行社"误录为"中国施行社"，即其一例。揆之情理，后者的可能性更大；惜该书未刊布档案图版，未能核查。

上海办事处"朱文方印，而"第一百零一二箱"清单并无此印。

此目上册扉页另题"卅年三月装　此目用复写纸写三份寄交袁馆长分存备案"；上册首页题名"国立北平图书馆善本书装箱目录"下，署"三十年三月装一百箱"；下册扉页另题"卅年三月装"；下册末页题"以上共计一百零二箱二千九百五十四种二万零九百七十册　民国三十年五月国立北平图书馆上海办事处保管员李耀南编造"。

通过上面的描述，我们可以推知当时上海办事处装箱的经过：1941 年 3 月，上海办事处将精选善本书分装 100 箱，并写定清单上下二册，复写四份；抄写完成后，发现最后一页（即第一五一页）《太平广记》误记为"四十六册"，遂圈改为"四十八册"，并重抄该页，而将圈改之页存于卷首，以昭慎重；缮写完毕后，于全目骑缝处加盖"国立北平图书馆上海办事处"朱文方印；至 1941 年 5 月，增加的书籍选出并装箱，遂将清单原件下册最后一页末行"一百箱完"字样擦去，将新增图书清单接抄于"第一百箱"之后；蓝格稿纸仅余一个半半叶，不足以抄完清单，遂以白纸接抄；续补部分清单，未加盖骑缝章，这一过程为李耀南先生经手。

以上关于装箱过程的推测，可以与其他资料相互印证。王重民先生于 1941 年 2 月离开旧金山回国，28 日抵达香港；3 月 4 日与袁同礼先生同赴上海，12、13 两日将甲库善本转运至公共租界内英国人所办美术工艺品公司的库房，随后即在该公司租赁房屋，选择装箱。此次装箱的结果，即为改装前的 100 箱。5 月 8 日，王重民先生因海关方面的协调失败，离沪赴美，未参与5月后两箱的装箱工作①，因而在其向胡适先生的报告中仅提到"百箱"②。袁同礼先生也在5月中旬抵达香港③，离沪时间当晚于王重民先生，期间可能指导了另两箱善本书的装箱工作④。

1941年5月补入的两箱善本书的装箱清单全文如下：

第一百零一二箱

沈司成先生集　明万历刻本　十册

续文献通考　凡二百五十四卷　明万历刻本　一百册

古今事文类聚　明刻本　八十册

唐律多师集　抄本　六册

论语笔解　明刻本　一册

竹书纪年　明刻本　二册

嘉靖浙江通志　明嘉靖刻本　二十册

明道编　明嘉靖刻本　四册

读书札记　明刻本　一册

读书续记　明刻本　一册

---

① 《北平图书馆最初寄来展览书单》中"其不在此单者，已由王重民先生将其第一册分置各部书内"一句，说明王重民先生是前一百箱的主要清点、装箱人员，间接说明他并没有参加后二箱的装箱工作。

② 以上有关王重民活动的叙述均见王重民1941年5月致胡适的报告［《胡适来往书信选（中）》，北京：中华书局，1979年，第522—524页］。

③ 袁同礼1941年5月20日致函胡适，署"五月廿日香港"，可见袁同礼最晚已于当日抵达香港。见《胡适来往书信选》（中），第522页。

④ 如上文所述，袁同礼1942年10月27日致教育部的密呈中称"共计分装一〇一箱"，其数字虽然不确切，但多于一百箱。所多出者，即后装的两箱。这也可以佐证，袁同礼参与了续增两箱图书的决策与操作过程。

鹤鸣集　明万历刻本　一册

万历胙城县志　明万历刻本　一册

埭川识往　明抄本　一册

嘉靖淇县志　明嘉靖刻本　二册

李元宾文集　抄本　一册

践祚篇集解　元刻本　一册

文选　北宋刻本　一册

元史　明刻明印本　十四册

两朝典故编年考　清初抄本　三十八册

宋书　宋刻元印本　三十一册

大明一统志　明刻本　四十册

御制大诰　明刻本　一册

石林燕语　明正德刻本　一册

周礼　宋刻本　一册

东坡先生奏议　宋刻本　一册

前汉六帖　宋刻本　一册

册府元龟　宋刻本　一册

大唐西域记　宋刻本　一册

翻译名义集　宋刻本　一册

四分律行事钞资持记　宋刻本　一册

皇朝文鉴　宋刻本　一册

宋史岳飞传　元刻本　一册

通志　元刻本　一册

妙法莲华经玄义　元刻本　一册

西夏文华严经大字本　元刻本　一册

西夏文佛经小字本　元刻本　一册

西夏文金光明最胜王经　元刻本　一册

西夏文金光明最胜王经　元刻本　一册

崇古文诀　宋刻本（元刻？）　一册

注唐诗鼓吹　元刻本　一册

国朝文类　元刻本　一册

华夷译语　明洪武刻本　一册

大明一统志　明天顺刻本　一册

五伦书　明正统刻本　一册

大明仁孝皇后内训　明永乐刻本　一册

大明仁孝皇后劝善书　明永乐刻本　一册

算法全能集　明初刻本　一册

忠经　明嘉靖刻本　一册

大明万历十九年辛卯大统历　明万历刻本　一册

王西楼先生野菜谱　明万历刻本　一册

异鱼图赞　明嘉靖刻本　一册

明本大字应用碎金　明刻本　一册

古文渊鉴　清康熙内府刻本　一册

劝善金科　清康熙内府刻本　一册

钦定词谱　清康熙内府刻本　一册

徐仙翰藻卷十二至卷十四　明抄本　一册

承天大志　明内府抄本　一册

金箓御典文集　明内府抄本　一册

御制金箓大斋章表　明内府抄本　一册

明解增和千家诗注　明抄本　一册

新编对相四言　明刻本　一册

修文记　明刻本　一册

天问图　清初刻本　一册

万寿盛典初集　一册　清康熙刻本

以上共计一百零二箱二千九百五十四种二万零九百七十册

民国三十年五月国立北平图书馆上海办事处保管员李耀南编造

　　据上列清单，第一零一、一零二两箱共装善本书 64 种 399 册，其中大部分每种仅有一册。

　　国家图书馆另藏有一份 1947 年 10 月 16 日吴光清先生等自美国国会图书馆寄来的信函，谈及此批寄存善本古籍。此函以美国国会图书馆专用稿纸打印，落款处有吴光清（K. T. Wu）、B. A. Claytor、Mabel M. Lee 三人[①]的签名。原函件全文如下：

　　The undersigned have carefully checked and packed the rare

---

　　① 吴光清（1905—2000），字子明。1927 年秋毕业于金陵大学（现南京大学），1930 年获美国卡耐基基金会（Carnegie Foundation）奖学金，赴美入哥伦比亚大学，主修图书馆学，1931 年取得学士学位；后入密西根大学图书馆学系，1932 年获硕士学位。1932 年任金陵女子大学图书馆长，1935 年转任国立北平图书馆编纂兼编目部主任。1938 年获洛氏基金会（Rockefeller Foundation）奖助，赴美国国会图书馆东方部实习。1941 年入芝加哥大学图书馆学研究院，攻读博士学位。1944 年毕业后，继续在国会图书馆东方部工作，主管中文参考及编目业务，1966 年升任东方部中韩组主任，1975 年退休（参见钱存训：《吴光清博士生平概要》，《国家图书馆学刊》2005 年第 3 期）。Mr. B. A. Claytor 曾任美国国会图书馆亚洲部首任主任恒慕义博士（Dr. Arthur William Hummel）的助理。Mabel M. Lee 生平不详，可能亦为美国国会图书馆亚洲部职员。

books of the National Library of Peiping in 102 boxes, and have found that the attached lists of originally missing and extra books to be correct. The boxes contain no property belonging to the Library of Congress.

K. T. Wu

B. A. CLAYTOR

Mabel M. LEE

OCT 16 1947

据此函，当时供职于美国国会图书馆的吴光清、Claytor、Lee 三人仔细检核国立北平图书馆的 102 箱善本书，并重新装箱；他们发现部分善本书原无装箱清单（即 101、102 两箱），另有部分清单上没有的书。他们强调，这些书箱中没有美国国会图书馆的藏品。

此函附有两份复写清单：其一为《第一零一及一零二箱书单》，著录书籍等 25 种；其二为《北平图书馆最初寄来展览书单》，著录书籍 41 种 41 册。清单原文如下：

第一零一及一零二箱书单

（原无书单）

1. 沈司成先生集.明万历刻.十册.

2. 续文献通考.明王圻撰.共十函，一百册.[明万历刻本.]①凡二百五十四卷.

---

① 方括号中文字为铅笔书写，当为北京图书馆 20 世纪六七十年代核对目录时所加。下同。其内容均为版刻及册数，系补足原著录所缺漏的信息。

3. 古今事文类聚 . 宋祝穆编 . 共十函，八十册 . [明刻本 .] 凡二百十九卷 .

4. 唐律多师集 . 抄本 . 六册 .

5. 论语笔解上下卷 . 一册 .

6. 竹书纪年 . 卷上下 . 明范钦订 . 二册 . [明刻本 .]

7. 嘉靖浙江通志 . 明嘉靖刻 . 二十册 .

8. 明道编 . 明黄绾著 . 嘉靖刻本 . 一夹板 . 四册 .

9. 读书札记 . 卷一至八 . 一册 . （嘉靖甲午） . [明刻本 .]

10. 读书续记 . 一册（嘉靖乙未） . [明刻本 .]

11. 鹤鸣集卷之二十一 . 明刘伯燮撰 . 一册 . [明万历刻本 .]

12. 万历胙城县志 . 明万历刻 . 存一册 . 一函 .

13. 埭川识往 . 明抄本 . 一册 . 一函 .

14. 嘉靖淇县志 . 明嘉靖刻本 . 二册 . 一函 .

15. 李元宾文集 . 抄本 . 一册 . 一木盒 .

16. 践祚篇集解 . 王应麟撰 . 一册 . [元刻本 .]

17. 北宋刻文选 . 一册 .

18. 元史 . 明刻明印 . 存十四册 .

19. 两朝典故编年考 . 三十八册 . [清初抄本 .]

20. 宋书 . 宋刻元印本 . 六函 . 三十一册 .

21. 大明一统志 . 四十册 . 六函 . [明刻本 .]

22. 御制大诰 . 明刻 . 一册 . 一函 .

23. 石林燕语 . 明正德刻本 . 一册 . 一木盒 .

注：23，24 应在第一至一百箱内，但不在原单内，因提出另置一零一及一零二箱 .

24. 摄制国会图书馆藏书二种，胶片一卷.

25. Army Map Service 及其他机关印行地图共五大捆.

北平图书馆最初寄来展览书单

（分装第三十九及五十三箱内，其不在此单者，已由王重民先生将其第一册分置各部书内）

2. 周礼. 存一册. 宋刻本. 一木盒.

4. 东坡先生奏议. 存一册. 宋刻本. 一函.

7. 前汉六帖. 存一册. 宋刻本. 一函.

11. 册府元龟卷第三百七. 一函.［一册，宋刻本.］

12. 大唐西域记卷九. 一册.［宋刻本.］

13. 翻译名义集四. 一册.［宋刻本.］

14. 宋椠大藏经残本精品（四分律行事钞资持记）. 存一册. 宋刻本. 一木盒.

15. 皇朝文鉴卷卅二. 一册.［宋刻本.］

20. 宋史岳飞传. 元刻本. 一册. 一木盒.

21. 通志（前汉纪五卷下）. 一册.［元刻本.］

28. 妙法莲华经玄义卷九. 一册.［元刻本.］

西夏文

30. 华严经大字本. 一册.［元刻本.］

31. 佛经小字本. 一册.［元刻本.］

32. 金光明最胜王经卷九. 一册. 宋［元］刻本（大字本）.

33. 佛经小字本. 一册.（金光明最胜王经典）.［元刻本.］

34. 宋版崇古文诀. 首册. 一册.

35. 注唐诗鼓吹．存一册．元刻本．一函．

36. 国朝文类卷四十七．一册．[元刻本．]

37. 华夷译语．明洪武刻．一册．一函．

41. 大明一统志卷十一之十三．一册．[明天顺刻本．]

44. 五伦书卷之卅三．一册．[明正统刻本．]

45. 大明仁孝皇后内训．明永乐刻．一册．一函．

46. 大明仁孝皇后劝善书．甲集一之二．一册．[明永乐刻本．]

48. 算法全能集．一册．[明初刻本．]

49. 忠经．明嘉靖刻．一册．一函．

50. 大明万历十九年辛卯大统历．明万历刻．一册．一函．

53. 王西楼先生野菜谱．明万历刻．一册．一函．

58. 异鱼图赞．明嘉靖刻．一册．一函．

62. 明本大字应用碎金．明刻本．一册．一函．

70. 古文渊鉴卷一．御选．一册．[清康熙内府刻本．]

71. 劝善金科卷首一册．[清康熙内府刻本．]

72. 钦定词谱．一册．[清康熙内府刻本．]

73. 徐仙翰藻卷十二至卷十四．一册．[明抄本．]

74. 承天大志卷卅六，礼乐纪一．一册．[明内府抄本．]

77. 金箓御典文集．明内府抄本．一册．一木盒．

78. 御制金箓大斋章表．明内府抄本．一册．一木盒．

79. 明解增和千家诗注．存一册．明抄本．一木盒．

83. 新编对相四言．明刻本．一册．一函．

97. 修文记．明刻本．一册．一木盒．

99. 天问图．清初刻本．一册．

100.万寿盛典初集卷四十一.一册.[清康熙刻本.]

将上列两个清单与《国立北平图书馆善本书装箱目录》中所载录的"第一百零一二箱"的清单比勘，可知二者基本一致。其差别仅在于：上列《第一零一及一零二箱书单》的24、25两项，未出现在1941年5月《国立北平图书馆善本书装箱目录》中。这两项是："24.摄制国会图书馆藏书二种，胶片一卷"与"25. Army Map Service 及其他机关印行地图共五大捆"。Army Map Service 为美国陆军制图局，这两部分当即王重民先生等人在美国为北平图书馆采访的文献，与运美善本一起庋藏，因而出现在清单中。

也就是说，吴光清先生等检核之后发现的原清单未著录部分善本书，除胶片一卷及地图五捆之外，实即1941年5月李耀南先生等人补装的第一零一、一零二两箱。这也说明，当时北平图书馆上海办事处寄给美国国会图书馆的，仅为前一百箱的清单，补充后二箱之后的完整清单，仅北平图书馆留存有一份。这也是吴光清等专函告知北平图书馆运美善本书中有原无清单者的原因所在。

这份书目清单经北平图书馆上海办事处与美国国会图书馆吴光清等两轮检核，当能如实反映当时装箱善本书的情况，考察北图运美善本书种数、册数及细目，应以此清单著录为基本依据。

吴光清先生寄回的清单，还包含了两个重要的信息：

其一，第一零一、一零二两箱所装之物，为《第一零一及一零二箱书单》所著录的善本书23种358册，与胶片一卷及地图五捆；另 41 种 41 册，分装在第 39、53 两箱，而并非如 1941 年 5 月补充清单所称，均装于第一零一、一零二两箱内。

我们注意到，1941 年李耀南先生等人所补充的第一零一、一零二两箱清单，并未遵循前一百箱的体例，每箱单独著录，而将其全部列入"第一百零一二箱"名目之下。这可能是由于当时事出仓促，无暇重新誊录改编第 39、53 箱目录，故而将其全部笼统记录于全部清单之后。

据李耀南先生等 1941 年 5 月所统计，运美善本书共计"一百零二箱二千九百五十四种二万零九百七十册"，合每箱约 200 册。《第一零一及一零二箱书单》著录的善本书为 23 种 358 册，加上胶片一卷及地图五捆，其体量差不多可以装满两箱。《北平图书馆最初寄来展览书单》著录的 41 种 41 册中，有 7 种有木盒，12 种有函套，体量相对较大，很可能无法装入第一零一、一零二两箱。又据《国立北平图书馆善本书装箱目录》，第三十九箱原装 9 种 89 册，第五十三箱原装明嘉靖刻本《文献通考》1 种 100 册，剩余空间较大，足以装下《北平图书馆最初寄来展览书单》著录的 41 种 41 册。由此推测，吴光清等函所述的情况应该是 1941 年 5 月增补装箱时的实际情况，即有 41 种 41 册被补装入第 39、53 两箱。

其二，据《北平图书馆最初寄来展览书单》的著录及其说明，当时北平图书馆寄往美国国会馆的善本书中，不仅有避祸寄存的甲库善本精品，而且另有一部分为一次善本书展览的展品。这一信息是解决相关问题（尤其是"有书无目"部分）的关键所在。

三、关于古籍展览及其书目

吴光清先生等在美国国会图书馆清点运美善本书后，寄回国立北平图书馆的 100 箱清单以外书籍清单中，有《北平图书馆最初寄来展览书单》一份，其全文已见上述。这份清单揭示了一件久被遗忘的事件：1941 年，国立北平图书馆与美国国会图书馆曾经筹备合作举办过一次中国古籍展览。

《北平图书馆最初寄来展览书单》的编号至 100 号止，由此推测，北平图书馆为此次展览提供的展品大约即为 100 种。《展览书单》列出 41 种 41 册，可见每种展品计划展出一册，且多为其"第一册"。据书单中所注"其不在此单者，已由王重民先生将其第一册分置各部书内"一语，此外约 59 种展品，即在当时运美善本书之内。

《展览书单》所列 41 种古籍，集中于 1941 年 5 月补入的，"分装第三十九及五十三箱内"，可见 1941 年 3 月装箱时，并未确定展览的相关事宜；而至 5 月改装之时，展览事宜已经确定，展品目录也已选定。因此可以推知，此次展览的整体规划，是在 1941 年 3 月至 5 月之间确定的。

这批展品图书的装箱，可能较为仓促。大约本拟装入新增的两箱内，因而列入第一零一二箱的清单内；但由于这两箱空间不足（如上文所述），遂将它们置于空间富余较大的第 39、53 两箱内，而装箱清单则来不及进行修改。

由于《展览书单》未列出全部展品目录，我们无法了解该次展览的全貌。下面仅就《展览书单》所列的 41 种古籍，略作归纳整理，借以窥得该展览的一斑。

就版刻年代而论，有宋刻本 9 种，元刻本 9 种，明刻本 13 种，明抄本 5 种（其中内府抄本 4 种），清初（雍正以前）刻本 5 种；就文种而言，除汉文外，尚有 4 种西夏文刻本；就内容而言，经史子集四部书均有选入，佛道二教文献共计 11 种，版画则有《异鱼图赞》《天问图》《万寿盛典初集》（选入的卷四十一为连环版画）等 3 种。此外，《明解增和千家诗注》为彩绘本，素以装潢精美著称。从这几个方面看，此次入选的展品富于代表性，当能基本反映中国古籍版刻的发展历程。由此可见，规划中的这次古籍展览，其关注的重点可能即为中国古籍的版刻及其发展史。

此次展览当为中国图书馆界在海外筹办的第一次中国古籍展览，应当是中国现代图书馆事业史上对外交往方面值得纪念的事件。遗憾的是，现在所能找到的相关资料很少，国家图书馆旧档中，也没有发现与此次展览有关的文件、信函或选目文档。

四、对昌彼得先生质疑的回应

昌彼得先生在《关于北平图书馆寄存美国的善本书》一文中，对善本运美的过程及清单提出诸多质疑。综合考察种种史料可知，昌先生所提出的种种质疑，绝大部分实属误解。之所以产生误解的原因，是相关史料未能及时披露，使得昌先生立论的资料依据不够充分。

运美清单未著录第一零一、一零二箱的问题，已见上文，兹不赘述。这里试就此外的其他问题逐一剖析如下：

其一，关于存沪善本的典藏与运归北平。

善本运美的消息披露之后，引起日伪的重视。日伪任命的"国立北京图书馆"馆长周作人遂派遣秘书主任王钟麟（古鲁）南下上海，检视存沪善本书，并于 1942 年 11 月 3 日、12 月 16 日分两批运回善本书 128 箱，其中甲库书 1503 种、乙库书 591 种。此次运回北平的善本书，国家图书馆档案中存有清单，此外另有俞涵青所编《"国立北京图书馆"由沪运回中文书籍金石拓本舆图分类清册》一册，1943 年由"国立北京图书馆"铅印。

王钟麟 1942 年运回北平的善本书，是平馆南运善本书中最早回到北平的两批。昌先生认为，"平馆未运往美国而遗留在上海的甲库善本八百多种，照说应该在这次运回北平去的"①。事实上，1942 年运回北平的善本书，并非平馆存沪善本书的全部；平馆存沪善本回迁北平，也并非只有 1942 年的一次。

抗战胜利之后，北平图书馆于 1945 年 10 月复员，陆续将抗战前转移到上海、香港等地的藏书回迁。其第一批 24 箱（包括部分抗战期间新购善本），于 1947 年 8 月 9 日由上海办事处委托中国旅行社运回北平②。

———————

① 昌彼得：《关于北平图书馆寄存美国的善本书》，《蟫庵论著全集》，第 453—454 页。

② 据装箱清单《善本图书装箱簿》封面标注。原件存国家图书馆 1949 年前旧档"采藏 9"。

编制于 1949 年的"平馆善本书统计表",列有"胜利后回馆善本书"一项,记载:"善甲书五百二十五种,三千一百七十二册;善乙书二百五十九种,二千五百七十五册;共计七百八十四种,五千七百四十七册"①。

1949 年 12 月 17 日,赵万里先生参加政务院指导接收委员会华东工作团,前往上海,其主要任务之一,即为清点存于震旦大学、中国科学社的图书,装为 208 箱,安排北运回馆,并结束上海办事处的工作②。

王钟麟 1942 年未发现的存沪善本书,即在 1947 至 1950 年之间陆续迁回。现中国国家图书馆档案中,尚存有历次回迁的装箱清单。

抗战胜利后至 1949 年初以前回迁至北平的善本书,并未编为目录公开发行,因此详情不为世人所知。而 1959 年《北京图书馆善本书目》主要收录 1949 年以后北图新收的善本书,兼收 1937 至 1948 年入藏善本书,并未囊括抗战前南迁并于抗战胜利后运回的善本书③。也就是说,综合 1943 年《"国立北京图书馆"由沪运回中文书籍金石拓本舆图分类清册》与 1959

① 统计表原件影印本见《北京图书馆馆史资料汇编(1909—1949)》,第 1103 页;整理本见《中国国家图书馆馆史资料长编》,北京:国家图书馆出版社,2009 年,第 393 页。

② 李致忠主编:《中国国家图书馆百年纪事(1909—2009)》,北京:国家图书馆出版社,2009 年,第 40 页。

③ 此目《编例》第一条即为收录范围的说明:"本编所收,以建国十年来新入藏书为主。一九三七年至一九四八年陆续收入之书,亦随同编入。"(北京图书馆善本部编:《北京图书馆善本书目》,北京:中华书局,1959 年,第 1 页)

年《北京图书馆善本书目》，并非北图当时存藏善本书的全部。
昌彼得先生依据这两种目录，将其与 1933 年善本甲库目录对
照，进而推测善本甲库的部分藏书已经流散，论据显然不足。

存沪善本的典藏情形，是昌先生质疑众多善本书下落的出
发点。他发现，1942 年运返的书中，史子集三部书均有，而没
有经部书，因此推测："经部的书当时可能单独放置一处，故未
被发现。史、子、集三部的书，照我们的经验，应当是放置在
一起的。尤其平馆善本的复本颇多，不可能同一部书的几部复
本，而分别放置几处地方。所以说那下落不明的五百多种，假
若不是在上海被特别隐匿，那就是在运返北平后出了问题。"①

诚然，存沪善本详细准确的储藏情形，我们至今无法准确
地描述。不过，我们依然可以根据现有资料看到当时的概貌。
随着战争局势的转变，抗战期间平馆存沪善本书曾经多次转移，
这是现今我们共知的事实②。颠沛流离的环境下，庋藏的秩序未
必严整，史、子、集三部，当时必定不在一处。而同一部书
的不同复本，也有意分散放置。即以 1947 年 8 月运回北平的
24 箱善本书为例，其中有宋刻本《后汉书》5 种，分装第 14、
21、21、21、23 箱，而宋刻本《魏书》3 种，分装第 1、4、4
箱③，均未放置一处。其他史部、集部书错杂装箱的情形，比比
皆是。如此分散放置的目的，有可能是为了分散藏书面临的风

---

① 昌彼得:《关于北平图书馆寄存美国的善本书》,《蟫庵论著全集》, 第 454 页。
② 详情参见《中国国家图书馆馆史（1909—2009）》的相关章节。
③ 《善本图书装箱簿》(1947), 原件存国家图书馆 1949 年前旧档 "采藏 9"。

险。战乱时期的特殊处置，或许与和平年代从容不迫的整理工作有所不同，这是不难理解的。因此，我们认为，这一点不能作为质疑存沪善本下落的依据。

其二，关于运美清单中有目无书的 11 种善本书的下落。

昌彼得先生等于运美善本书迁台之后进行清点，发现有目无书者 11 种：内中抄本《两宋名贤集》美国国会图书馆曾摄制缩微胶卷，系抵美后遗失；元刻《两汉诏令》民国三十一年已运回北平，未装箱运美；其他九种，昌先生对其下落存疑[①]。经核查《北京图书馆古籍善本书目》[②]，这 9 种善本书均完好地保存在中国国家图书馆。谨将昌文所列九种图书的清单与《北京图书馆古籍善本书目》的著录对比列表于下：

昌文所列清单	《北京图书馆古籍善本书目》著录	说明
《逊言》十六卷 二册 明万历刻本	**逊言十七卷** 明孙宜撰 明万历二十三年孙鹏初刻本 三册 十行十九字白口左右双边 〇一四八八（1418 页）[③]	《北平图书馆善本书目》著录十六卷，《北京图书馆古籍善本书目》著录多一册一卷，当为晚近配补。

<hr>

① 昌彼得：《关于北平图书馆寄存美国的善本书》，《蟫庵论著全集》，第448—449 页。

② 北京图书馆编：《北京图书馆古籍善本书目》，北京：书目文献出版社，［1988］年。

③ 说明：本条及以下条目原文录自《北京图书馆古籍善本书目》，每条之末括注该书页码，以便查核；原文大号字加粗，小号字不加粗；每条最后一项数码为北图馆藏号，首位为"〇"者表示该书为 1949 年以前国立北平图书馆旧藏。

续表

昌文所列清单	《北京图书馆古籍善本书目》著录	说明
《崇庆新雕改并五音集韵》存三卷 一册 金刻本	**崇庆新雕改并五音集韵十五卷** 金韩道昭撰 金崇庆元年荆珍刻本 四册 十三行小字约三十四字白口左右双边 **存十二卷** 一至十二 ○三八（191页）	《北平图书馆善本书目》著录存三卷（一至三），《北京图书馆古籍善本书目》著录多三册九卷，当为晚近配补。
《锦里耆旧传》四卷 二册 抄本	**锦里耆旧传八卷** 宋勾延庆撰 清抄本 黄丕烈校并跋 二册 九行二十字无格 **存四卷** 五至八 ○一○六（312页）	二者著录相同。唯前者"四卷"当作"存四卷"。
《舆地广记》三十八卷 二册 抄本 以上两种均有黄荛圃批校	**舆地广记三十八卷** 宋欧阳忞撰 清抄本 周锡瓒、黄丕烈校并跋 二册 十三行二十四字无格 ○一一二（538页）	二者著录相同。
《［万历］杭州府志》一百卷 二十册 明万历刊本	**［万历］杭州府志一百卷** 明刘伯缙、陈善纂修 明万历刻本［卷一卷十九配抄本］ 二十一册 十行二十字小字双行同白口四周单边 **存七十九卷** 一至十九 二十四至四十五 五十三至七十九 八十一至九十一 ○一三五五（669页）	《北平图书馆善本书目》著录一百卷，《北京图书馆古籍善本书目》著录多一册，当为晚近配补。

续表

昌文所列清单	《北京图书馆古籍善本书目》著录	说明
《释药集韵》存一卷 一册 明嘉靖刊本	**释药集韵二卷** 明程伊撰 明嘉靖刊本 一册 十一行二十字小字双行同白口四周单边 **存一卷** 上 〇一四五一（1251页）	二者著录相同。
《太史屠渐山文集》四卷 四册 明万历刊本	**太史屠渐山文集四卷** 明屠应埈撰 **附录一卷** 清初刻合刻屠氏家藏二集本 四册 九行十九字白口四周单边 〇一六六八（2368页）	版刻著录不一。《北平图书馆善本书目》著录《太史屠渐山文集》仅此一种，《北京图书馆古籍善本书目》所著录者即该书无疑。版刻著录的差异，盖因晚近编目重新考定。
《王椒园先生集》四卷 四册 明万历刊本	**王椒园先生集四卷** 明王纳言撰 明万历三十九年王凤征刻本 四册 九行十八字白口四周单边 〇一六七四（2368页）	二者著录相同。
《邓定宇先生文集》四卷 四册 明刊本	**邓定宇先生文集四卷** 明邓以赞撰 明周文光刻本 四册 八行十七字白口四周单边 〇一七一一（2403页）	二者著录相同。

如上表所示，其中4种著录相同；1种存卷著录略有差异；1种版刻著录不一致；另3种《北京图书馆古籍善本书目》著

录较昌文所列清单卷数、册数更多，其原因当为晚近另有配补①。据此可知，昌文所列清单中的九种善本书，完好地保存在中国国家图书馆，未曾有过闪失。

对于这 11 种善本没有装箱运美的原因，钱先生在《北平图书馆善本书籍运美经过·附记迁台经过》中有过推测："其中有目无书者 11 种……大概为当年选装原定一百箱，临时增入 2 箱，或有抽换，因时间紧迫，目录未及改正，忙中有错，亦属可能。"② 这是最为接近事实的解释。

其三，关于 1942 年王钟麟未运回的存沪善本甲库书 500 余种的下落。

昌彼得先生发现 1942 年王钟麟未运回的存沪书中有甲库善本 500 余种，遂发表《国立北平图书馆善本阙书目》一文，

---

① 残本配补，乃是图书馆常用的藏书整理方法之一。《国立北平图书馆馆刊》第八卷第一、二、四号连载《本馆善本书目新旧二目异同表》（后二者署《本馆新旧善本书目异同表》），揭示赵万里《北平图书馆善本书目》（1933）与夏曾佑《京师图书馆善本书目》（1916）的异同，对各残本的配补情况有详细说明。署名人民文学出版社编辑部的《〈旧京书影 北平图书馆善本书目〉出版说明》，以北图藏《魏书》为例，通过多种书目、经眼录的比对，分析了其调整配补的过程，对这种整理方法进行了详细的个案探讨，很有参考价值（《旧京书影 北平图书馆善本书目》，北京：人民文学出版社，2011 年，第 5—7 页）。与《魏书》相似，北图的其他善本残本，多有调整配补的历史。《出版说明》认为："一九三三年《北平图书馆善本书目》以后，这些善本书再也没有经过大规模调整配补等变化。"（第 8 页）这种说法并不完全属实，1933 年之后北图历次所编善本书目显示，类似的调整配补在此后也并不少见。

② 钱存训：《北平图书馆善本书籍运美经过·附记迁台经过》，《中美书缘》，第 74 页。

罗列 573 部 [1]。昌彼得先生说：

> 所以说那下落不明的五百多种，假若不是在上海被特别隐匿，那就是在运返北平后出了问题。五百多部至少有好几千册书，并且其中绝大多数是精品，假若果真留存上海办事处的话，三十八年中央政府撤离大陆时，相信一定会把它携运出来。平馆留存的明清舆图十八箱，当局尚未忘记运来台湾，当然更不会把数量较多且更珍贵的善本精品让它沦于匪手。因此笔者揣测那些善本不在卅一年运返北平后失了踪迹，就是在上海时早已化整为零了。[2]

这一段话，实属误解之词。如上文所述，抗战胜利后至 1949 年初，回迁北平的善本书有 784 种 5747 册；1949 年 12 月赵万里先生赴沪清点图书，又运回 208 箱。昌文所罗列的 573 部善本书，即在这一时期陆续回到北平。上文所引"胜利后回馆善本书"中的"善甲书五百二十五种，三千一百七十二册"，其种数与昌先生所列基本符合，即是明证。

以宋刻本为例，1947 年 8 月 9 日运回北平的第一批 24 箱中，就有昌文所列 37 种中的 17 种，即《汉上周易集传》（第 20 箱）、《大易粹言》（第 20 箱）、《周礼》（第 21 箱）、《京本春秋左传》（第 20 箱）、《监本春秋谷梁注疏》（第 20 箱）、《春秋集注》（第 20 箱）、《汉书》（第 17 箱）、《后汉书》（2 种，分装第 14、第 21 箱）、《三国志》（第 14 箱）、《南齐书》（第 14 箱）、

---

① 昌彼得：《国立北平图书馆善本阙书目》，《蟫庵论著全集》，第 457—484 页。
② 昌彼得：《国立北平图书馆善本阙书目》，《蟫庵论著全集》，第 454 页。

《魏书》（3 种，分装第 1、第 4 箱）、《锦绣万花谷》（第 2 箱）、《欧阳文忠公集》（第 2 箱）、《西山真先生文集》（第 21 箱）^①。

检核 1988 年出版的《北京图书馆古籍善本书目》，这五百余部绝大多数均著录在册。仅以宋本为例，昌文列举出 37 种，其中 32 种著录于《北京图书馆古籍善本书目》，内有 6 种所存卷数、册数较昌文所列为多，可能晚近有所配补；《春秋集注》《魏书》（存九卷）2 种虽不见于 1988 年的《善本书目》^②，而见于 1947 年 8 月运归北平善本书清单；另 3 种待核。金元本、明本、稿本、抄本各类，情况亦大致相同。

因此，我们可以确认，绝大部分存沪善本书都已经在 1949 年前回到了北平。这也是 1949 年国民政府退守台湾时未能将这些善本书带走的重要原因之一。

昌先生又从大陆图书馆出版的善本书目中，检寻出《湖广总志》《襄阳府志》《云门志略》三种，作为"似乎是失踪的平馆善本"的例子，试图坐实"这些下落不明的善本，很可能有些化公为私了"的猜测。我们可以进一步分析一下这三个例证：

这三种中，《湖广总志》《襄阳府志》两种系昌先生于 1959 年《北京图书馆善本书目》中得之，因而怀疑这两种是北平图书馆旧藏而被人"售出"者。须知国立北平图书馆于 1949 年 9 月 27 日更名为国立北京图书馆，1951 年 6 月再次更名为北京

---

① 据装箱清单封面标注。原件存国家图书馆 1949 年前旧档"采藏 9"。

② 1988 年的《北京图书馆古籍善本书目》，也并未著录北京图书馆所藏的所有善本书，因此未能查到这两种善本的相关信息。

图书馆[①]。20 世纪 30 年代负责整理善本甲库藏书的，为赵万里先生；1949 年之后负责北图善本古籍采访、编目工作的，仍为赵万里先生。以赵先生对古籍版本及本馆藏书的熟悉程度，岂有盗窃国立北平图书馆善本甲库藏书，转售予更名后之北京图书馆，而不为其察觉之理？

昌先生对不同目录所著录的善本书的认同，也不无疏忽之处。如《湖广总志》一书，昌先生比对 1933 年《北平图书馆善本书目》与 1959 年《北京图书馆善本书目》后，将其中两种混为一谈，并说："罕有如此凑巧传世的两部残本，残存的情形一样，故笔者推测必是将平馆旧藏本留下前面的三卷、后面的六卷，而以中间的售出。"[②] 检 1988 年《北京图书馆古籍善本书目》，《〔万历〕湖广总志》著录三部。其中馆藏号为"一一六四九"的一部，残存十三卷，即昌先生所指被窃后掐头去尾转售予北京图书馆者；馆藏号为"〇一三五〇"的一部，著录为"〔万历〕湖广总志 明徐学谟撰修 明万历二年至四年刻本 二十六册 存四十三卷 四至十四 十九 二十三至二十四 三十六至五十八 六十至六十四 七十五"[③]，此书存卷能完全涵盖 1933 年《北平图书馆善本书目》所著录者，另较其多二十一卷（卷四至十四、三十七、三十九至四十一、四十六至四十九、五十一），编号以"〇"开头，当即为同一

---

① 李致忠主编：《中国国家图书馆百年纪事（1909—2009）》，第 40、44 页。

② 昌彼得：《国立北平图书馆善本阙书目》，《蟫庵论著全集》，第 455 页。

③ 北京图书馆编：《北京图书馆古籍善本书目》，第 705 页。

书而经配补者。

另一种明万历刻本《云门志略》，北平图书馆所藏残存卷一至卷三计三卷，昌先生于 1957 年上海图书馆铅印的《上海图书馆善本书目》中发现著录有残存卷帙相同的一种，遂认为"大有可疑"，怀疑平馆藏书已流入上海图书馆。然检 1988 年《北京图书馆古籍善本书目》，赫然著录有该书："云门志略五卷　明张元忭撰　明万历二年释司纶等刻本　一册　九行十七字白口四周双边　存三卷　一至三。"馆藏号标注为"〇三九二"[①]。显然，上海图书馆、北京图书馆分别藏有《云门志略》残本前三卷，而北京图书馆藏本无疑继承自国立北平图书馆。昌先生据两馆书目著录相近即怀疑其来路，立论有失于严谨。

昌彼得先生说：

> 因之笔者对现在运回台湾来的北平图书馆善本书，是否就是当年运到美国去寄存的全部？实深致怀疑。那失踪的五百多种善本，都是国宝，是我国的重要文化遗产，凡我国民都有权利想知道它们的下落。当年主持的人，袁同礼馆长已经故世，而实际从事选书装箱工作及在美典管的王君现在还在大陆，有责任把当年的实在情形作一报告。尤其为了个人的清白，更应该表白，指出失踪善本的下落。[②]

这一段话，直接质疑王重民先生在上海选书装箱及在美国

---

① 北京图书馆编：《北京图书馆古籍善本书目》，第 789 页。

② 昌彼得：《关于北平图书馆寄存美国的善本书》，《蟫庵论著全集》，第 456 页。

负责典藏的过程中监守自盗，读之殊令人有骨鲠在喉之感。如上文所述，在确切无疑的事实面前，这些质疑顿时冰释无遗。

其四，关于增补书中多为一册残本的问题。

昌先生文中说：

> 这没有目录的三十六种书中①，有宋版九种，元版七种及明清刻本若干。这几种宋元版，除了宋版《文选》是两册，其余都是一册残本。如宋刻《大唐西域记》，平馆所藏十二册全，而运出只第九卷一册；如《皇朝文鉴》平馆藏有六十五册，而运出的只有第卅二一册；如《崇古文诀》平馆藏十七卷，而运出者只第一卷序与目；如元版《国朝文类》平馆藏有残本廿二卷，而只运出第四七、四八两卷一册；如明天顺本《大明一统志》平馆藏六十卷，而运出只第十一至十三卷一册；如正统本《五伦书》平馆藏六十二卷全，而只运出第卅三卷一册；如明内府写本《承天大志》平馆藏有三卷，而只运出第卅六卷一册。此例尚多，无须缕述。一书之当放置一处，不使拆散，虽幼儿亦知为之。以当日负责诸君之博通，竟有此等之事，诚令人百思不得其故。②

----

① 昌彼得先生在此举出的装入第 39、53 两箱种的书籍种数为 36 种，与吴光清等所列清单中的 41 种不符，这一差异可能是在美国国会图书馆拍摄缩微胶卷时，将这两箱内的部分书按照清单移至第 101、102 箱所致。推想当时情景，可能移回数册之后发现 101、102 箱空间太满，遂没有全部移回，因而仍有 36 种置于 39、53 两箱中。

② 昌彼得：《关于北平图书馆寄存美国的善本书》，《蟫庵论著全集》，第 456 页。

此处所举出的多种善本，平馆均有全本或多册残本，但均仅运美一册。检上文所揭《北平图书馆最初寄来展览书单》，单中所有古书，均为每种一册。这是因为举办版刻展览，无须全书多册全部展出，以一册示意即可。只要了解了这批书运美的目的是展览，则昌先生"百思不得其故"的疑问，立刻迎刃而解。

了解这批书作为展览展品的性质，还可以解决昌彼得先生所提出的更多疑问。如：

> 还有装箱清册所未列载而运回台湾的书，有清代殿本《古文渊鉴》《劝善金科》《万寿盛典初集》《御制词谱》四种残本，及清刊《天问图》一册，这根本不是北平图书馆的甲库善本，在平馆善本书目中没有著录，就是在现在也还未达善本的标准。……不知道当年竟何以费那么大的事，远渡重洋，运到美国去保存？这也是叫笔者百思不得其解的疑问。①

清代殿本虽在当时不够善本的标准，但毕竟为有清一代刻书的佼佼者，可以代表一个时代的版刻水准，故而选入为展品；《万寿盛典初集》所选入者为第四十一卷，是该书两卷版画之一，其版画稿本为宋骏业所创，由王原祁、冷枚等修润完成，刻板则出自著名刻工朱圭之手，甚为精丽，而《天问图》版画出自清初名家萧云从之手，二者均为清初版画的代表作，故而选为展品运美。只要了解了它们作为展品的用途，那么当初远渡重洋将不够善本标准的《天问图》等运到美国，就并非"百思不得其解"的问题了。

---

① 昌彼得：《关于北平图书馆寄存美国的善本书》，《蟫庵论著全集》，第456页。

综上所述，昌彼得先生之所以对存沪五百余种善本书的下落、对运美清单中的某些问题抱持高度怀疑的态度，主要是因为相关史料未能及时公布，且当时两岸阻隔不通，难以获得相关信息。时至今日，越来越多的史料公之于众，我们可以在此基础上，大致看到平馆善本运美迁台经过的大部分细节，因此可以澄清多年来对国难方殷之际冒险保护国宝的袁同礼、徐森玉、王重民、钱存训先生等当事诸公的论据不足的质疑，还其清白。

五、余论

通过挖掘相关档案史料，比勘各种目录的著录，上文厘清了有关国立北平图书馆运美善本书的部分长期悬而未决的重要细节问题。但是，由于资料仍然缺乏，我们还不能完全解决这与一事件相关的所有问题。比如：

其一，关于运美善本书中有书无目的 24 种 126 册的下落。

昌彼得先生比对缩微胶卷目录与运台书目，发现有 24 种 126 册运美善本书清单中没有列入，也没有运达台湾。但既然美国国会图书馆曾为摄制缩微胶卷，其下落当从美国国会图书馆方面入手追寻。在没有进一步的资料之前，不妨暂时存疑。

其二，钱存训先生多次提到①，1941 年最后一批运美善本

① 钱存训：《北平图书馆善本书籍运美经过·附记迁台经过》，《中美书缘》，第 72—73 页；《留美杂忆：六十年来美国生活的回顾》，合肥：黄山书社，2008 年，第 19 页。

书，原定由"哈里逊总统"号运送，该船当年 12 月 4 日由马尼拉赴秦皇岛，在上海吴淞口外为日军俘虏，征用作军事运输船，直至 1944 年 9 月 11 日被美国潜艇击沉。而这批善本书竟安全抵达美国。钱先生推测，最后一批书可能由其他船只运送。其中细节，至今仍是一个谜。

这些问题的解决，尚有待于史料的进一步发掘与辨析，请俟诸异日。

后记：本文草成，惊悉昌彼得先生仙逝噩耗，不胜震恸。半个世纪前，昌彼得先生检核平馆运美迁台善本，对其中几个问题提出质疑。这不仅体现了他作为一位学者的严谨与认真，也反映了他对国家、对民族文化的高度责任感，让我们深为感动。2009 年台北"故宫博物院"出版昌先生的文集《蟫庵论著全集》，两篇质疑北平图书馆运美善本的文章列在其中，可见昌先生晚年对此事仍然心存疑问。因此我们收集、整理、核对相关资料，希望能以我们的调查结果，为昌先生释疑。不料小文初成，尚未送昌先生寓目，遽闻先生驾鹤西游，思之慨然。谨以此文纪念昌彼得先生，缅怀他作为版本目录学家和图书馆从业人员的丰功伟绩。2011 年 10 月 17 日又识。

（原载《文献》2013 年第 4 期，署名林世田、刘波）

编印《国藏善本丛刊》史事钩沉

　　20 世纪 30 年代，合并改组后的国立北平图书馆在袁同礼先生的主持下，馆藏建设、对外服务、目录索引编制、学术著作编纂及出版事业均有全面的长足发展。作为我国馆藏善本古籍最多最精的图书馆，国立北平图书馆与商务印书馆等国内一流出版社合作，编辑影印了《国立北平图书馆善本丛书（第一集）》等丛书，将珍贵馆藏化身千百，服务学术界。这一时期筹划、启动并已初步推出的《国藏善本丛刊》，是一个规模宏大、合作面广的善本影印项目。本文拟钩稽相关史料，力图再现此项目的编纂经历，以期在缅怀业界前辈的同时，为当前的古籍整理与出版事业提供参考。

一、编印《国藏善本丛刊》的缘起

　　《景印国藏善本丛刊样本》中收有《景印国藏善本丛刊缘起》一文，详述这一丛书的编纂宗旨："兹编之成，庶兼两美，所采皆学人必备之书，所摹为流传有绪之本。非仅供儒林之雅玩，实以树学海之津梁。"①刊布学术资料是编印这一丛书的最为核心的目的。

国立北平图书馆历来有意刊印馆藏善本。1933 年 6 月，国民政府教育部令中央图书馆筹备处和商务印书馆订立合同，影印北平故宫博物院所藏的文渊阁《四库全书》中的未刊本。此事在教育文化界引发了激烈的争论，北图为持反对意见的主要机构之一。赵万里曾致函商务印书馆，表达北图的意见，愿以馆藏善本代替经馆臣窜改的《四库》本，并拟联合各地学者及学术团体具公函呈文教育部，争取当局的支持②。时任北平图书馆馆长的蔡元培也主张以善本代库本，陈垣、刘复、傅增湘、李盛铎等学者也持相同观点③。袁同礼、向达发表《选印〈四库全书〉平议》，一方面为故宫博物院的冷遇抱不平，另一方面从文献学角度批评了选择标准，认为无旧本流传者应从文渊、文津、文澜三阁本中择善影印，时存旧本者则应废弃库本，文后附录校勘文津阁本之档案两则，以彰显文津阁本之文献价值④。袁同礼另撰《〈四库全书〉中〈永乐大典〉辑本之缺点》一文，

---

① 《景印国藏善本丛刊缘起》，《景印国藏善本丛刊样本》，上海：商务印书馆，1937 年。

② 赵万里致张元济的函件今虽未见，但袁同礼、赵万里的意见可从张元济致赵万里复函的引述中可见一斑。见《张元济全集》第 3 卷，北京：商务印书馆，2007 年，第 5 页。

③ 史春风：《商务印书馆与中国近代文化》，北京：北京大学出版社，2006 年，第 121 页。

④ 袁同礼、向达：《选印〈四库全书〉平议》，《读书月刊》第 2 卷第 12 号，第 1—14 页。

从四个方面阐述了《永乐大典》辑本存在的缺陷①，从另一个侧面说明了以善本代替旧本的必要性。张元济在 7 月 13 日致袁同礼、赵万里函中表达了他的意见，"善本难遇，乞假尤难，往返商榷，更多耽搁"，两者"不妨兼营并进"②；8 月 14 日，袁同礼复函张元济，重申以善本代替《四库》本的意见，并表示，"尊函所述耽搁一层，自当尽力避免"③。袁、张关于选印《四库》的来往函件并曾刊登于报章杂志，可见当时此事在文化界关注程度之高。因有教育部长王世杰的支持，商务印书馆最终于 1934 年 7 月至 1935 年 7 月分四期刊行《四库全书珍本初集》231 种 1960 册。

围绕影印《四库全书》发生的争论虽未能改变《四库全书珍本初集》的出版进程，但却激发了学术界、出版界影印北图等公藏机构所藏善本书的计划。傅斯年 1936 年致袁同礼的信函中说："此事来源正由前年谈《四库》珍本事而起，当时弟对兄云'蒋慰堂既定合同，教部势必支持之。故可听其自然。北平图书馆再编印一部更伟大的，将《四库》打倒'。"④由此可见，傅斯年提议编印《国藏善本丛刊》，与围绕影印《四库全书》的争论有着直接的关系。傅斯年的建议与袁同礼、

---

① 袁同礼：《〈四库全书〉中〈永乐大典〉辑本之缺点》，《国立北平图书馆馆刊》第 7 卷第 5 号，第 63—70 页。

② 张元济：《张元济全集》第 3 卷，北京：商务印书馆，2007 年，第 5 页。

③ 袁同礼、张元济：《影印〈四库全书〉往来笺》，《青鹤》第 1 卷第 20 期，第 1—3 页。

④ 据"中央研究院"历史语言研究所藏档案迻录。此函全文见下文。

赵万里影印北图所藏善本的提议有一致之处，因而容易引起北图人士的共鸣。

1936 年初，商务印书馆因故决定《四部丛刊》四编不再付印。对此，傅斯年感到极为可惜，遂于 1936 年 4 月 5 日致张元济的函中，正式建议张元济影印出版北平各国立机关所藏善本。此函业经周武撰文公布，但周文并非专论此事，兹不避文繁，转引如下：

> 年来斯年有一微意，以为北平各国立机关藏有善本者，不妨各出其所藏，成一丛书，分集付刊，先自有实用、存未流传之材料者始，其纯粹关系版本问题者，可待将来社会中购买力稍抒时。书式如《四部丛刊》，以保原来面目，且可定价低廉（《续古逸丛书》书式不适用）。至于各机关之分配，可如下表：
>
> 故宫 60%
>
> 北平图书馆 25%
>
> 北大 7%
>
> 历史语言研究所 8%
>
> 如选择时宗旨不在玩赏，而在流传材料；不多注重版本，而多注重实用，销路当可超过续《四部丛刊》之上。兼以公家所藏，名声较大，故宫之菁华（包括观海堂在内），北平图书馆之秘籍，未尝不可号召，在日本及西土尤动听闻。此事就事业论，就生意经论，皆有意思。果此事有先生与子民师之提倡，斯年自当效奔走之劳。至于各处之出其所藏，斯年可保其必成也。便中幸先生详计之为感。群

碧楼书及敝所所藏如有需用之处，自当奉借。①

编印《国藏善本丛刊》的具体设想，实出自傅斯年提议。傅斯年提出了初步的编选比例分配、重实用而不专重版本的编印原则，同时吁请张元济、蔡元培二人倡议其事，并表示史语所所藏可以借印。

4月13日，张元济复函傅斯年，称："国立机关所藏善本流通行世，极所欣愿。""贵所藏书倘蒙慨假，为之先导，感荷无既。"表示赞成此事，同时也很感激傅斯年慨允借印史语所藏书，但对于成本多有顾虑："惟故宫及北平图书馆索酬较重，同人为营业计，以是不免趑趄。"②

当年9月11日，傅斯年分别致函袁同礼与商务印书馆王云五，专谈此事。其致袁同礼函如下③：

> 守和吾兄：顷谈极快！下午打电话，则兄已行矣。所谈《国藏善本丛刊》一事，弟草拟办法十二条，乞兄修改。又致王云五兄一信，如以为可行，乞兄改定后支之。此事来源正由前年谈《四库》珍本事而起，当时弟对兄云"蒋慰堂既定合同，教部势必支持之。故可听其自然。北平图书馆再编印一部更伟大的，将《四库》打倒。"北平图书

---

① 周武：《从张、傅往来书信看张元济与傅斯年暨历史语言研究所之关系》，载《新学术之路——"中央研究院"历史语言研究所七十周年纪念文集》，台北："中央研究院"历史语言研究所，1998年10月，第63页。

② 周武：《从张、傅往来书信看张元济与傅斯年暨历史语言研究所之关系》，载《新学术之路——"中央研究院"历史语言研究所七十周年纪念文集》，第65页。

③ 原函稿存"中央研究院"历史语言研究所。

馆因善本迁移，若干工作不易进行，办理此事，正其时也。望兄勉力，弟必从旁赞助之，"竭力抬轿"。此事兄当仁不让，无庸客气。叔平先生处，弟必去说得通也。专此，敬颂。

公安！

弟傅斯年谨上

九月十一日

此函所提及的致王云五函，全文如下①：

云五先生左右：惠书敬悉，《居延汉简》一书，蒙贵馆允其出版，公私均感！此书无钱可赚，印费孔多，乃承担负，可佩之至。此书价值，世界无双，流传久远，必为贵馆之一佳话，此可为预贺者也。已函徐森玉先生，请其检文稿，直接与先生通讯矣。又有陈者：查前年贵馆刊印《四库珍本》，亦一盛事。当时弟有一微见，以为今日为乾隆皇帝宣传，何如为民国点缀？今国立各机关之收藏亦颇有宝书秘籍，如能辑而刊之，既为书林盛事，亦所以光荣国家也。其进行之法，即以北平图书馆及故宫博物院所藏者为主，合以其他机关，共成一丛书，以实用为主，不以版本为贵，由贵馆出版。守和先生甚然此说，然倭寇日深，北方同人，无暇及此。匆匆又三年矣。今春致书张菊生先生谈及此书，菊老复书，谓故宫等处，所求条件未免过苛，云云。顷守和兄过此，弟又与之谈及，守和兄谓绝不求条件。弟于是以两小时之力，草拟办法十二条，托守和兄转

---

① 原函稿存"中央研究院"历史语言研究所。

奉左右，藉求教正。弟犹有言者：

一、此时销路不畅，此如大事，或患赔累，然如北平图书馆、故宫博物院、北大及本所，各出其菁华，既有实用，大可号召，不患不能推销。所拟办法中，凡贵馆所影印者，不得拒绝，且除以十分之一为报酬外，无任何条件。如此办法，似贵馆无可虑者矣。

二、此事必有人主持，此有人主持，此人非守和兄莫办，弟亦当从旁竭力赞助之。

三、北平图书馆及敝所不待说，故宫方面，弟可负绝对接洽之责。

一切即乞考量为幸。专此，敬颂

日安

弟斯年上　九月十一日

据此二函所述，9月初傅斯年曾与袁同礼商谈影印《国藏善本》。会谈中转述张元济对于故宫博物院与北平图书馆收费过高的顾虑，袁同礼表示，此事"绝不求条件"，这一表态使得整件事情有了转机。傅斯年遂草拟办法十二条，并专函鼓动王云五支持这一项目，一方面推举袁同礼和王云五主持编印工作，另一方面自愿承担接洽故宫的责任。

傅斯年极力鼓动袁同礼利用善本南运的时机成就此事，并力推其主持编选事宜。1931年"九一八"事变之后，北平处于日军的侵略威胁之下，国民政府即计划将北平所藏文物图书南运，以策万全，北图藏善本装箱寄存于平津多个安全地点。1935年"华北事变"后，北平局势日益紧张，北图藏善本随即奉命分批南运，其主体部分于 1935 年底运抵上海，寄存于上海商业银行仓库与中国科学社。此后至 1937 年初，又陆续有多批珍贵图书运抵南京 ①。傅斯年函中所称"善本迁移"，即指这一背景而言。北图善本南运至商务印书馆所在的上海，确实为出版合作提供了难得的便利。不过，北图南运藏书数量巨大，因库房条件所限，多为装箱保存，取阅颇为不便，也给出版合作带来了不少阻力，这恐怕是《国藏善本丛刊》第一辑所收北图藏本较少的重要原因。

两个月后，袁同礼致函傅斯年，通报此事的进展：

> 印书事，故宫方面完全同意，现正与商务函商办法。同人中对于缩印仍持异议，将来或分二种印刷，容再函告。此上孟真兄。弟同礼。十一月六日。

据此函提供的信息，此前故宫博物院已经同意影印计划。1936 年冬季，有关各方开始进入协商具体事务的实际操作阶段。

二、各方关于编印事项的协商

1936 年冬，四大藏书机构与商务印书馆就编印《国藏善本丛刊》达成原则协议，并在此基础上开始磋商具体事宜。袁同礼 1936 年 11 月 6 日致傅斯年函已开始讨论版式问题，商务印书馆主张缩印，但北平图书馆同人则对此有异议。

---

① 李致忠主编：《中国国家图书馆馆史》，北京：国家图书馆出版社，2009年，第 98—102 页。

1937年1月5日，王云五就此致函袁同礼、傅斯年[1]：

守和、孟真先生大鉴：去冬承商以《国藏善本》委敝馆印行，原则上彼此均已同意，尚未解决者仅为纸张问题。当时弟以国产手工纸价昂，恐碍流通。嗣守公提出折衷办法，拟以《四部丛刊》第四集，专收《国藏善本》，并顾念敝馆成本，允就报酬方面酌为减让，敝处则以《四部丛刊》第四集拟收之书，多已制版付印。如因此搁置一年，敝馆损失颇巨，且《国藏善本》甚富，《四部丛刊》第四集即使全收国藏，亦仅五百册，恐未能尽量容纳，思维再四，难得两全之法。近因外国纸价骤涨，与国产手工纸之距离稍近。又因两公以流布国藏善本之责相委，如敝馆不能充分效力，有辜厚意，亦觉不安。年假稍暇，再就此问题详加考虑，觉两公原意尚可勉遵办理，虽营业上不易有把握，然为文化计，只得冒险为之，并草拟办法大纲如左。

（一）《国藏善本》由委员会选定千册交敝馆景印，选书时充分容纳敝馆之意见。敝馆已藏有或已摄照者概删除，底本模糊不易制版者亦删除。

（二）《国藏善本》按《四部丛刊》之式缩摄，每面仍作一面，用国产手工连史纸印刷。

（三）选书限于本年二月底办妥。

（四）选定各书以送交上海敝厂摄影为原则，万不得

---

[1] 原函存"中央研究院"历史语言研究所。

已，少数得在南京摄影。

（五）《国藏善本》于本年四月一日开始发售预约，全书千册于预约开始后两年内出齐，每半年出书一次，每次二百五十册。

（六）敝馆对收藏者之报酬，按照印书之数，第一千册酬印本百分之五，第二千册酬印本百分之七分半，第三千册酬印本百分之十，以后加印概酬印本百分之十。

上开一、二两条，全按两公原意。第四条为谋工作进行迅速，且节省工料。第六条系参照守公去年十一月来示酌拟，以期敝馆稍减负担。第三、五条则因《四部丛刊》四集原拟本年六月开始发售，因性质与《国藏善本》相近，如同时或在相距不远之时期内发售，势必互有妨碍，故将《四部丛刊》四集延至本年九月开始发售，而将《国藏善本》提前于四月一日发售，预约四个月，即于七月底截止，再越两月始售《四部丛刊》之预约。如此或可避免彼此冲突。因是上述办法有亟待解决之必要。尊意如何，极盼早日

示覆，以便进行为幸。专此，敬颂

著祺。弟王云五。

二十六年一月五日

此函的要点有七：其一，1936、1937年之交各方磋商此事的经过。其核心是成本问题：商务方面因国产手工纸过于昂贵，而有市场推广方面的顾虑，为此，袁同礼建议以《四部丛刊》第四辑为国藏善本专辑，同时在报酬方面酌情让步；商务方面则以《四部丛刊》第四辑已经制版付印及册数有限为由，不同

意袁同礼提出的折中方案，后因外国纸价上涨，方才同意继续推行此事，纸张则选用国产手工连史纸。其二，相关机构组织了一个委员会，负责编选事宜。《景印国藏善本丛刊样本》所收《景印国藏善本丛刊缘起》一文，落款为"景印国藏善本丛刊委员会"，即委员会的正式名称。委员会由国立北平图书馆副馆长袁同礼领衔。其三，选目限于当年2月底前完成，选目应充分吸收商务方面的意见。其四，入选善本原则上由各机关送上海商务印书馆拍摄。其五，全书千册，印制则采用原大影印方式。其六，出版计划，预订当年4月开始预售，两年后出齐，每半年一期，每期250册。其七，商务对收藏者的报酬，以所印书册的一定比例作为抵偿。

傅斯年接到王云五此函后，随即致函袁同礼：

守和吾兄：

王云五来一信，想兄亦收到。能不缩印大妙，喜出望外矣。至于选择一事，弟亦觉商务意见可以采纳，彼已有者，自不必列入。若彼以部头太大，不愿印者，可待下次耳。此外条款更无问题矣。选书一事，彼谓送收藏机关，弟意第一批（即第一千部中之五十部）不妨送此会（编辑会），会中每人得一部。其余由四机关依出书多寡之比例全部分之。然此仅吾辈自己之事，与商务无关也。

又，故宫之《宣和博古图》，弟主张宜列入。

本所目录，兹重拟一清目，乞兄审定。凡事兄定则定矣，不必多所商量，转耗时日。贵馆之《四镇三关志》，弟觉亦可列入，因《关中丛书》不知何日出版也。匆匆，敬颂。

　　著安！

弟斯年上

廿六年一月九日

　　此函有四方面值得注意：其一，关于报酬的分配，主张第一批除编辑委员会每人一部之外，其余由各机构按出书比例分配。其二，关于选目，史语所馆藏部分准备拟一目录，请袁同礼审定；建议收入故宫的《宣和博古图》、北平图书馆的《四镇三关志》。其三，包括选目在内的相关问题推袁同礼定夺，不必辗转商量，迁延时日。从傅斯年建议收入故宫的《宣和博古图》和北平图书馆的《四镇三关志》，以及"本所目录，兹重拟一清目"等用词显示，此前各机构已经提交各自选目，并有可能此前已提交商务印书馆，傅斯年据王云五草拟的办法大纲第一条的原则"重拟一清目"。

　　此后，四机构即与商务印书馆开始选书、拍摄等事务的合作，这一项目进入实质上的出版程序。1月25日，北平图书馆上海办事处馆员李耀南（字照亭）受袁同礼嘱托拜访张元济，呈送善本书一册，以备《国藏善本丛刊》之用。此后，李耀南即返回北平，计划农历元宵节之后回上海，张元济嘱其回沪后电话告知①。李耀南当时负有典守北图南迁善本之责，商务方面取阅、拍摄北图藏书，均需由其经手，故而李耀南也是编印事务的关键人物之一。

---

　　① 　张元济：《张元济全集》第7卷，北京：商务印书馆，2007年，第335页。

此时，故宫文物与史语所均已迁至南京。故宫博物院于
1933 年将所藏文物分批运往上海，1936 年再迁至南京朝天宫
新库房；史语所亦于 1936 年由北平北海静心斋迁至南京鸡鸣
寺。张元济计划在 1937 年 2 月 20 日左右前往南京，阅看故宫
藏书，"检阅版本"。傅斯年自袁同礼处得知此一消息，即于 2
月 4 日致函张元济，邀请他同时访问史语所。2 月 6 日，张元
济复函，表示"行期尚未定，约在本月下旬，届时必当晋谒"①。

张元济在日记中记载，2 月 19 日"得袁守和信"，2 月 21
日"又复袁守和信"②，他们之间的往来信件可能谈及《国藏善
本丛刊》事，惜今已不知所在。

李耀南元宵节之后回沪，张元济随即继续阅看北图藏书，
3 月 2 日与丁英桂等"同往科学社访李照亭，看国藏善本，拟
选印各书凡四十余种"③。3 月 3 日，致信李耀南，"开去拟添阅
各书，共分甲、乙、丙三类"④。当日，致函赵万里，称"惟拟
先行《国藏善本丛刊》，恐须稍迟。善本书目前由守和先生寄到。
因沪上典书者李君前月请假回平，近始返沪，昨日前往展阅，
已看过四十余种，尚需三、四次方能完了也"⑤。

3 月 9 日，北平图书馆驻沪办事处再次约张元济午后看

---

① 周武：《从张、傅往来书信看张元济与傅斯年暨历史语言研究所之关系》，
载《新学术之路——"中央研究院"历史语言研究所七十周年纪念文集》，第 66 页。
② 张元济：《张元济全集》第 7 卷，第 340 页。
③ 张元济：《张元济全集》第 7 卷，第 342 页。
④ 张元济：《张元济全集》第 7 卷，第 342 页。
⑤ 张元济：《张元济全集》第 3 卷，第 533 页。

书①。3月30日，张元济午后赴科学社看北平图书馆藏书《国朝诸臣奏议》与《丁鹤年集》，"前者印迟纸暗，不能照；后者抄不旧，亦非鲍氏亲笔"。又据傅增湘介绍，取阅金本《本草》，认为该书图精，印刷清朗②。

4月1日，马衡（叔平）访问张元济③。张马二人的交谈，亦可能涉及此事。

4月5日，张元济接袁同礼函，次日复函④。函称："故宫所藏《唐音统签》为仅存孤本，颇思列入《国藏善本丛书》。闻中分刻本、写本两部分，拟乞饬检其中版印及抄笔最不佳者寄示数册，以便审定可否，企盼无似。"⑤

此后，张元济继续阅看故宫博物院与史语所藏书。4月14日晨，张元济赴南京，访故宫博物院，马衡等招待其至书库看书，直看至下午5点钟后方才回寓⑥。次日上午，再次前往故宫看书，下午则前往史语所与傅斯年、董作斌一起看书⑦。16日，再次前往故宫博物院看书，遇余绍宋，与其谈《南北史合注》缺四卷，许季芗有此书可补⑧。

4月29日，张元济致函傅斯年："弟别后即日旋沪，当将

① 张元济：《张元济全集》第7卷，第343页。
② 张元济：《张元济全集》第7卷，第347—348页。
③ 张元济：《张元济全集》第7卷，第348页。
④ 张元济：《张元济全集》第7卷，第349页。
⑤ 张元济：《张元济全集》第3卷，第2—3页。
⑥ 张元济：《张元济全集》第7卷，第351页。
⑦ 张元济：《张元济全集》第7卷，第351页。
⑧ 张元济：《张元济全集》第7卷，第352页。

善本目录复加参核，与王岫庐兄商定大概。谨遵尊旨，已将平馆所藏增加多种，惜有数书以有残缺，未能列入，甚为惋惜。拟目已由岫兄径呈，计蒙鉴及。"① 同日，致函马衡："返沪后与王岫庐兄归纳参核，就原定书目略有商榷，拟定大概，另由岫庐兄径行函达，想邀鉴及，恕不赘陈。"② 张元济在阅看各单位藏书后，根据各方面状况，与王云五商议并提出对选目的修改意见。

几乎与此同时，傅斯年于 4 月 30 日致函张元济，商议选目。5 月 3 日，张元济收到傅斯年函③。5 月 13 日张元济复函傅斯年④，具体陈述商务印书馆方面对于选目的意见：《神庙留中奏疏》《山海关志》二书，吸收傅斯年意见加入目录；《宋史全文续资治通鉴》因配补明刻本太多而割爱，因傅斯年之请再次入目；《千顷堂书目》《龙虎山志》《西游记》《国朝献征录》不列入目录；《南北史合注》据傅斯年意见撤出；合计选定的书为 7 万叶，丛书全套千册；写本书不易制版，小说、传奇则有意另行刊印⑤。傅斯年表示史语所藏书，可以"随时借印"，张元济也表示感谢。

---

① 周武：《从张、傅往来书信看张元济与傅斯年暨历史语言研究所之关系》，载《新学术之路——"中央研究院"历史语言研究所七十周年纪念文集》，第 67 页。
② 张元济：《张元济全集》第 1 卷，北京：商务印书馆，2007 年，第 168 页。
③ 张元济：《张元济全集》第 7 卷，第 355 页。
④ 张元济：《张元济全集》第 7 卷，第 356 页。
⑤ 周武：《从张、傅往来书信看张元济与傅斯年暨历史语言研究所之关系》，载《新学术之路——"中央研究院"历史语言研究所七十周年纪念文集》，第 68 页。

5月，袁同礼致函张元济，再次就选目问题提出商榷意见。5月28日，张元济午后赴公司商议《国藏善本》事①。次日，再次致函傅斯年："前函缮就，尚未封发，续得袁守和兄信，复有商榷，不欲过违其意，又遣人赴南京复加检阅，现又增入数种，由岫兄另呈详目，统祈核定。《国朝诸臣奏议》及《龙虎山志》底本甚模糊，今将草样附呈。守兄坚属印行。《奏议》凡二千六百余页，《事林广记》《龙虎山志》印工亦略相等，修润须增费数千金，亦不便计较矣。因改书目，致复延搁。"②函中所称"增入数种"，其具体书目已难以详考。这是现知最晚的一件协商编印事务的文献。

现存已知的资料，并不足以完整而详细地复原袁同礼、傅斯年、张元济、马衡及其他人士关于《国藏善本丛刊》的整个协商过程，仅能粗略地勾勒出这一过程的概貌。《景印国藏善本丛刊样本》所刊布的《景印国藏善本丛刊凡例》等文件，集中体现了协商的成果。

据《凡例》，《国藏善本丛刊》第一辑选择国立北平图书馆、国立北平故宫博物院、国立中央研究院历史语言研究所、国立北京大学所藏世间罕见的善本50种景印；入选善本多属精椠明钞，以流传稀有及切于实用者为主要选择标准，并不偏重版本；旧版漫漶之处依据原本略加修润，原已磨泐无可辨认者则悉仍

---

① 张元济：《张元济全集》第7卷，第359页。

② 周武：《从张、傅往来书信看张元济与傅斯年暨历史语言研究所之关系》，载《新学术之路——"中央研究院"历史语言研究所七十周年纪念文集》，第69页。

其旧，后人标抹句读一概削除；原本阙卷欠叶，均加意访求同式印本或其他旧椠配补，无从补配的孤本则保存原状；每书卷末附提要，以叙述源流、考证旧文 ①。

三、《国藏善本丛刊》的选目

1937 年 2 月 27 日，赵万里致函张元济，称："《国藏善本丛书》由袁、傅诸公发起，嘱里代拟草目，不过就诸家所藏，择其精要者，备尊处参考而已，未敢以为有当也。闻有油印本寄呈，请赐加斧正为幸。"② 据此，《国藏善本丛刊》的选目，实由赵万里据四机构提交目录，充分吸收各方意见，择其精要而成。赵万里精通版本目录之学，《北平图书馆善本书目》即出自其手，确为草拟选目的不二人选。

"中央研究院"历史语言研究所档案中存有一份《国藏善本丛书拟目》（第二次修正稿），原稿为油印，但有多处墨笔增删修改，部分条目下注有"本所有"等字样。经比对，这些添改的文字当为傅斯年笔迹。这显示，傅斯年在收到这份目录后曾将其与该所藏书进行比对，并对目录提出进一步的修改意见。兹将其全文及修改痕迹一并移录如下，以见目录原貌及修改之迹：

---

① 《景印国藏善本丛刊凡例》，《景印国藏善本丛刊样本》，北京：商务印书馆，1937 年。

② 张元济：《张元济全集》第 2 卷，第 533 页。

国藏善本丛书拟目（第二次修正稿）

北平图书馆九十八种二千一百九十七卷内一种不分卷[①]

周易玩辞十六卷　宋项安世撰　宋刻本

汉隶字源五卷碑目一卷　宋楼机撰　宋刻本（何绍基跋）

大金国志四十卷　宋宇文懋昭撰　明蓝格精写本

识大录不分卷　明刘振撰　抄本

宋史全文续资治通鉴三十六卷宋季朝事实二卷　元刻本（以元刻三残本明时刻本互配）[②]

定陵注略十卷　明文秉撰　旧抄本

馆阁漫录十卷　明张元忭撰　明刻本

征南录一卷　宋滕甫撰　明抄本

黑鞑事略一卷　宋彭大雅、徐霆撰　明抄本（姚咨跋）

皇明诏令二十一卷　明傅凤翔辑　明嘉靖刻本

国朝诸臣奏议一百五十卷　宋赵汝愚辑　宋刻本（以残宋本六帙及故宫藏本互配）

神庙留中奏疏汇要四十卷　明董其昌辑　明红格抄本[③]

宋遗民录十五卷　明程敏政辑　明嘉靖刻本

---

① 九十八种，原稿为"一百零三种"，墨笔划去，改为"九十八种"。"二千一百九十七卷内一种不分卷"为墨笔添写。

② 此条下墨笔抹除"两朝平壤录五卷　明诸葛元声撰　明万历刻本"一条。

③ 此条下墨笔抹除"元朝名臣事略十五卷　元苏天爵辑　旧抄本（张绍□校并录黄丕烈跋）"一条。

国朝献征录　明焦竑辑　明万历刻本①

国朝列卿记一百六十五卷　明雷礼撰　明刻本　本所有②

闽南道学源流十六卷　明杨应诏撰　明刻本

皇明进士登科考十二卷　明俞宪撰　明嘉靖刻本

淳熙三山志　宋梁克家纂修　旧抄本（昌翰题跋）

金陵新志十五卷　元张铉纂修（以元刻三残及明初大本堂藏抄本互配，尚缺卷三，当另行设法。）

茅山志十五卷　元刘大彬撰　明初刻本

龙虎山志三卷　元元明善撰　续编一卷　元周召撰元刻本

后湖志十一卷　明万文彩撰　明嘉靖刻递修本

山海关志八卷　明詹荣纂修　明嘉靖刻本

西关志三十二卷　明王士翘纂修　明嘉靖刻本

四镇三关志十卷　明刘效祖纂修　明万历刻本

中兴礼书正续编存三百十三卷　清徐松辑　抄本附校记（校记可付铅印）

岳阳风土记一卷　宋范致明撰　明嘉靖刻本

梦粱录二十卷　宋吴自牧撰　明蓝格抄本

武林旧事十卷　宋周密撰　清乾隆刻本（黄丕烈并跋）

御制大诰一卷续编一卷三编一卷大诰武臣一卷　明太

---

① 此条下墨笔抹除"国朝列卿年表一百二十九卷　明雷礼撰　明万历刻本"一条。

② "本所有"三字为傅斯年墨笔添加。

祖撰　明刻本

　　大明律例三十卷附录一卷　明嘉靖刻本

　　宝刻丛编二十卷　宋陈思撰　明抄本

　　千顷堂书目三十二卷　清黄虞稷撰　旧抄本（杭世骏跋　鲍以文跋　吴骞校并跋）

　　童蒙训三卷　宋吕本中撰　宋刻本

　　无冤录二卷　元王与撰　刑统赋一卷　宋傅霖撰　元都□注　元刻本

　　名公书判清明集十卷　明隆庆刻本

　　江南经略八卷　明郑若曾撰　明万历刻本

　　西域历法通径存八卷　明刘信撰　明抄本

　　南部新书十卷　宋钱易撰　明刻本

　　麈史三卷　宋王得臣撰　明抄本（黄丕烈校并跋）

　　侯鲭录八卷　宋赵德麟撰　明刻本

　　石林燕语十卷　宋叶梦得撰　明正德刻本（叶万跋）

　　三教平心论一卷　元刘谧撰　元刻本

　　归潜志十四卷　金刘祁撰　旧抄本（黄丕烈校并跋施国祁跋）①

　　晏元献公类要三十七卷　宋晏殊辑　旧抄本

　　纪录汇编二百二十七卷　明沈节甫辑　明万历刻本②

---

　　①　此条下墨笔抹除"新雕皇明类苑七十八卷　宋江少虞辑　日本元和活字印本"一条。

　　②　此条为傅斯年墨笔添加。

青琐高议二十卷　刘斧辑　明万历刻本

西游记二十卷　明吴承恩撰　明万历刻本

嵇康集十卷　魏嵇康撰　明丛书堂抄本（黄丕烈跋）

何水部诗集一卷　梁何逊撰　明正德刻本①

杜审言诗集三卷　唐杜审言撰　明嘉靖刻本

崔颢诗集一卷　唐崔颢撰　明正德刻本

唐卢纶诗集三卷　唐卢纶撰　明正德刻本

严维集二卷　唐严维撰　明活字印本

李君虞诗集二卷　唐李益撰　抄本（叶万跋）

李校书集三卷　唐李端撰　明抄本（黄丕烈校并跋）

追昔游诗三卷　唐李绅撰　冯彦渊家抄本（冯武跋）

项斯诗集一卷　唐项斯撰　抄本（叶万跋）

曹祠部诗集二卷　唐曹邺撰　明嘉靖刻本

重编西湖林和靖先生诗集四卷　宋林逋撰　明正统刻本（黄丕烈校并跋）

宝晋英光集六卷　宋米芾撰　吴翌凤抄本（并跋）

姑溪居士文集五十卷后集二十卷　宋李之仪撰　明抄本

道乡先生邹忠公文集四十卷　宋邹浩撰　明正德刻本

傅忠肃公文集三卷　宋傅察撰　明抄本

颐庵居士集二卷　宋刘应时撰　明嘉靖刻本②

---

①　此条下墨笔抹除"梁陶贞白先生文集二卷　梁陶弘景撰　明嘉靖刻本"一条。

②　此条下墨笔抹除"平庵悔稿不分卷后编不分卷　宋项安世撰　旧抄本"一条。

雪窗集二卷附录一卷　宋孙梦观撰　明嘉靖刻本

玉楮诗稿八卷　宋岳珂撰　明刻本

演山先生文集六十卷附录一卷　宋黄裳撰　抄本

湖山类稿五卷汪水云诗钞一卷附亡宋旧宫人诗词一卷　宋汪无量撰　吴翌凤抄本（顾至黄丕烈跋）[①]

苕溪集五十五卷　宋刘一止撰　拥万堂抄本

竹溪鬳斋十一稿续集三十卷　宋林希逸撰　明小草斋抄本（杨浚跋）

蛟峰集七卷外集四卷　宋方逢辰撰　附山房先生遗文一卷　宋方逢振撰　明天顺刻本（黄虞稷　刘喜海跋）

中庵先生刘文简公文集二十五卷　元刘敏中撰　元刻本（杨绍和跋）

雁门集八卷　元萨都剌撰　述古堂抄本

丁鹤年诗集四卷附录一卷诗续一卷诗补一卷鹤山外诗一卷　元丁鹤年撰　知不足斋抄本

巴西文集一卷　元邓文原撰　知不足斋抄本

燕石集十五卷　元宋褧撰　抄本（宋宾王校）

居竹轩诗集四卷　元成廷珪撰　知不足斋抄本

西庵集十卷　明孙蕡撰　明弘治金兰馆活字印本

蓝山诗集六卷　明蓝仁撰　明嘉靖刻本

蓝涧诗集六卷　明蓝智撰　明嘉靖刻本

---

① 　此条为傅斯年墨笔添加。

唐御览诗一卷　唐令狐楚辑　明赵均抄本（黄丕烈跋）①

天下同文前甲集五十卷　元周南瑞辑　抄本（马斯赞跋）

玉山名胜集六卷　元顾瑛辑　明万历刻本

元诗体要十四卷　明宋公传辑　明正德刻本

对床夜话五卷　宋范晞文撰　旧抄本（张宗林跋　黄丕烈校并跋）

草堂诗余前集二卷后集二卷　宋何士信辑　元刻本

六幻西厢十二卷　明闵遇五编　明末刻本

蔡中郎忠孝传四卷　明高明撰　明刻本

绣襦记四卷　薛近兖撰　明刻朱墨印本

祝发记二卷　明张凤翼撰　明继志斋刻本

红梨记四卷　明徐复祚撰　红梨花杂剧一卷　元张寿卿撰　明刻朱墨印本

息机子杂剧选存二十五卷　明万历刻本

旧编南九宫谱十卷　明蒋孝撰　明万历刻本

乐府群珠二卷　明抄本

盛世新声十二卷　明正德刻本　本所有残本，系内阁大库出，印刷绝精。②

彩笔情词十二卷　明张栩辑　明天启刻本　本所有③

曲律四卷　明王骥德撰　明天启刻本

① 此条下墨笔抹除"文苑英华一千卷　宋李昉撰　宋刻本（与明抄本配印）"一条。
② "本所有残本，系内阁大库出，印刷绝精"为傅斯年毛笔添加。
③ "本所有"为傅斯年毛笔添加。

故宫博物院三十二种一千四百五十三卷 ①

附释文尚书注疏二十卷　唐孔颖达撰　宋庆元建安魏县尉宅刻本

案：后四卷缺，可以十行本配。

周礼注疏五十卷　唐贾公彦撰　宋越州刻本

仪礼要义五十卷　宋魏了翁撰　宋刻本

春秋集注十二卷　宋张洽撰　宋刻本

孟子注疏解经十四卷　题宋孙奭撰　宋越州刻本

四书集义精要三十六卷　元刘因撰　元至顺江南行省刻本

四书笺义十二卷记遗一卷　元赵惠撰　汲古阁影元抄本

四书辨疑十五卷　元陈天祥撰　元刻本

类编四十五卷　宋司马光撰　影宋抄本

汲冢周书十卷　晋孔晁注　元至正嘉兴路刻本

历代名臣奏议三百五十卷　明杨士奇等辑　明永乐刻本

案：北平馆亦有此书，惟不及故宫初印耳。

宣和奉使高丽图经四十卷　宋徐兢撰　宋刻本

案：此书曾收入天禄琳琅丛书。

宣和博古图录三十卷　宋王黼等撰　元刻本　本所有明印及两元印残本 ②

---

① "三十二种"，原作"三十四种"。为傅斯年毛笔添加。"一千四百五十三卷"为墨笔添写。

② "本所有明印及两元印残本"为傅斯年毛笔添加。

案：故宫所藏乃明印本，可以北平馆藏元印残本
互配。

大元圣政国朝典章六十卷附新集　元至正刻本

盐铁论十卷　汉桓宽撰　明弘治涂祯刻本

案：《四部丛刻》所印非真涂本，故有印此本之必要。

王氏农书三十六卷　元王桢撰　明嘉靖刻本　本所有之①

宣和画谱二十卷　元大德刻本

永乐琴书集成二十卷　明成祖敕撰　明内府抄本

孔氏六帖三十卷　宋孔传撰　宋刻本（原缺一卷，拟
觅他本配补）②

玉海二百卷　宋王应麟撰　元刻本

案：可以北平馆藏本参考。

纂图增类群书类要事林广记四十二卷　元陈元靓撰
元刻本

元丰类稿五十卷　宋曾巩撰　元大德刻本③

栟榈集二十五卷　宋邓肃撰　明正德刻本

上京纪行诗一卷　元柳贯撰　明刻本

贡文清公云林诗集六卷　元贡奎撰　明弘治刻本

临川吴文正公集一百零五卷　元吴澄撰　明宣德刻本

案：故宫藏本阙二卷，可设法补配。

---

① “本所有之”为傅斯年毛笔添加。

② 此条为傅斯年墨笔添加。此条下墨笔抹除“冷斋夜话十卷　宋释惠洪撰
明刻本”“艺文类聚一百卷　唐欧阳询撰　明嘉靖刻本”两条。

③ 此条下墨笔抹除“南轩先生集存二十八卷　宋张拭撰　元刻本”一条。

江月松风集十二卷　元钱惟善撰　旧写本

云阳李先生文集十卷　元李祁撰　明弘治刻本

顺斋先生闲居丛稿二十卷　元蒲道源撰　元至正刻本

案：故宫藏本缺后十卷，可以江安傅氏藏本补配。

文选六十卷　梁萧统辑　唐李善等注　宋明州本

案：此乃传世六臣注最古之本，故宫藏本阙十卷，可假南海潘氏、江安傅氏藏本补配（以日本后刊明州本配亦可）。

成都文类五十卷　宋程遇孙辑　明刻大字本

词林摘艳十卷　明张禄辑　明万历刻本

（注一）除历代名臣奏议[①]现存平库外，余存南京仓库。

（注二）江月松风集原题钱惟善手稿本归古物馆保管，蒙徐馆长特许，印入本丛刊。

中央研究院八种一百二十三卷内一种不分卷[②]

蓟门整饬事宜存五卷　明刻本[③]

清署经谈十六卷　明王启元撰　明天启刻本

崇祯长编六十六卷　旧抄本

皇明制书二十卷　明万历刻本

靖边一径二卷　明李慎撰　明万历刻本

日本一鉴桴海图经三卷日本一鉴穷河话海五卷　明郑

---

① 此处抹除"冷斋夜话"四字。

② "一百二十三卷内一种不分卷"为毛笔添写。此下墨笔抹除"新刊名臣碑传琬琰之集上集二十七卷中集五十五卷下集二十五卷 （宋）杜大珪辑　宋刻本"一条。

③ 此条为傅斯年墨笔添加。

舜功撰　知圣道斋旧藏明写本

　　弘光中兴实录　明冯犹龙撰　明弘光刻本

　　经武胜略六卷　明庄应会撰　明弘光刻本

北京大学三种五百二十五卷 ①

　　神器谱五卷　明赵士喆撰　明万历刻本

　　督师卷疏十六卷　明孙承撰　明崇祯刻本

　　皇明经世文编五百零四卷　明陈子龙辑　明崇祯刻本 ②

都一百四十一种四千二百九十八卷（内二种不分卷）③

这一目录历经有关各方面的反复研讨，其过程已略见于上节，兹不赘。

1937 年 1 月至 5 月各方往复函商的选目意见，在这份目录中都有所体现。傅斯年 1937 年 1 月 9 日致函袁同礼建议增入的故宫藏《宣和博古图》、北图藏《四镇三关志》，均收入目录。傅斯年 4 月 30 日致张元济函所建议增入的《神庙留中奏疏》《山海关志》二书，亦已见于这一目录。5 月 29 日张元济致傅斯年函所称袁同礼坚持影印的《国朝诸臣奏议》《龙虎山志》二书，亦见于此目油印稿部分。可见，这份第二次修正稿应形成于 1937 年 5 月以后。

经傅斯年修改后的目录，共收录图书 141 种，其中北图为 98 种，故宫为 32 种，史语所 8 种，北大仅 3 种。北图藏本占绝大多数，为这一项目的主要贡献方，无怪乎傅斯年称主持此

---

① "三种"，原作"二种"。"五百二十五卷"为墨笔添写。

② 此条为傅斯年墨笔添加。

③ 此条为傅斯年墨笔添加。

事"非守和兄莫办"。

刊于《景印国藏善本丛刊样本》中的《景印国藏善本丛刊第一辑提要》，收录丛书第一辑入选的 50 种善本的提要，其中经部 9 种，史部 18 种，子部 9 种，集部 14 种。以收藏单位论，北平图书馆 21 种，故宫博物院 22 种，中研院史语所 5 种，北京大学 2 种。与总体选目相比，北图所选部分仅少部分列入第一辑，其原因可能与北图寄存善本取阅不便有关；故宫、中研院、北大所选部分则大都收入第一辑。

《景印国藏善本丛刊第一辑提要》中，有 4 种不见于《国藏善本丛书拟目》的第二次修正稿：故宫博物院藏唐写本王仁昫《切韵》五卷、中研院史语所藏明弘光刻本郑大郁《经国雄略》四十八卷、北平图书馆藏明刻本《宣和书谱》二十卷、故宫博物院藏元写本《山海经》十八卷。据 1937 年 5 月 13 日张元济给傅斯年的复函，写本书"不易制版"，故而故宫藏唐写本《切韵》、元写本《山海经》未入选《拟目》。这说明，《国藏善本丛书拟目》第二次修正稿写成后，又进行了进一步调整。

四、抗战军兴，功断垂成

1937 年，商务印书馆印行《景印国藏善本丛刊样本》，收入了《缘起》《凡例》《提要》与样张等文件，作为发行该丛刊的前期宣传文件与征订单。《提要》分经史子集四部，列收入第一辑的 50 种书目及提要，书目下注明收藏单位及版本。

1937 年 8 月 13 日，日寇发动"八一三事变"，上海大部分地区沦陷。战争严重影响了上海的各项事业，商务印书馆的出版事业也几乎陷于停顿，"自沪战发生之日起，所有日出新书及各种定期刊物预约书籍等遂因事实上之不可能，一律暂停出版"①。《国藏善本丛刊》的编印进程不幸因此中绝，功断垂成。

即使如此，《国藏善本丛刊》仍然在当时和以后的出版界、学术界都产生了一定的影响。《景印国藏善本丛刊样本》的宣传手法，也深为此后的出版界所称道②。黄裳《书之归去来》中《谈影印本》一文中，即对这一丛书进行了简单的评介③，不过由于时代久远，黄先生对这一丛书的编选缘起、宗旨及评价，均有未为允当之处。

《国藏善本丛刊》虽然未竟全功，但众多学术界、图书馆界、出版界先贤为此奔走呼吁、悉心筹划、躬自操劳的辛劳，以及他们传承文化传统、服务学术事业的思想，不应该埋没在历史的烟尘中，值得加以表彰。同时，在国家经济力量日益增强的背景下，古籍的影印、再造事业方兴未艾，此时回顾《国藏善本丛刊》，对当前的古籍出版事业也不无借鉴价值。

（原载《袁同礼纪念文集》，国家图书馆出版社，2012 年 6 月，署名林世田、刘波）

---

① 王寿南：《王云五先生年谱初稿》，台北：台湾商务印书馆，1987 年，第 1 册 333 页。

② 商务印书馆网站"馆史资料"栏有《商务的样本预约》一文，介绍商务印书馆样本预约的营销手段，其中即重点谈到《国藏善本丛刊》。

③ 黄裳：《谈影印本》，见：《书之归去来》，北京：中华书局，2008 年，第 93 页。

20 世纪前期国家图书馆的图书寄存服务

　　藏书聚散不定是书籍史上常见的现象，往往前人费尽心力收藏，后人典守不善，散佚亡失在所难免。再者，藏书人囿于财力，未必都能建立一个很好的典藏环境，尤其是古本图书，如果保存环境欠佳，便会加速老化。相对于图书馆的专门书库来说，私人藏书安全的脆弱性是显而易见的。将私藏寄存于图书馆，是解决这一问题的有效途径。对私人藏家而言，将私有图书寄存图书馆，可以省去建设、维护书库的困难，更能避免流散，同时，让私藏服务公众，也是藏书价值的体现；对图书馆而言，接受寄存图书可以充实馆藏，提升服务能力，同时也是对保存文献的贡献。

　　20 世纪上半叶，国内多家图书馆开展了图书寄存服务，将之视为与捐赠同等重要的馆藏来源方式之一。在这一背景下，国立北平图书馆积极吸纳寄存图书，编纂出版寄存书目，并组织开展相应的学术研究，成就斐然。笔者拟总结这一时期国立北平图书馆吸纳寄存图书的情况，以期为图书馆界在新时期开展同类服务提供借鉴。

一、20世纪初我国图书馆界所开展的寄存服务

在我国现代图书馆事业的发轫时期，业界先驱们就已经将寄存视为馆藏建设的重要途径之一。

1901年，安徽省绅士集议开办藏书楼，并制定《皖省藏书楼开办大略章程十二条》，其第七条为关于寄存图书的规定："本楼除购置各书外，如有同志家藏书籍，情愿寄存，公诸众览者，当由本楼给与清单收条，无论何时来取，即日检送，如有残损，照价赔偿，庶几一转移间两得其便。"[①] 这一章程严格规定了藏书楼对寄存图书的义务，其一为开具清单收条，其二为随时奉还原主，其三为残损照价赔偿。这些规定保证了寄存人的利益，在很大程度上起到了打消藏书家对寄存的顾虑、鼓励其将家藏图书"公诸众览"的作用。

同样公布于1901年的《日知会阅报处启》所附《捐款章程》中规定："各种书报，一时难以全购，倘会友愿将所有书报借阅者，由本人酌定期限，届时归还，如有损坏，罚赔。"[②] 这一章程所称的"借阅"，其性质实际上也是寄存。

1906年，湖南巡抚庞鸿书奏陈建立湖南图书馆缘由，并附奏《湖南图书馆暂定章程》，该章程共九章，其第五章为"捐助章程"，将捐助分为两种，一种是藏书家不再收回的"永久

---

① 李希泌、张椒华编：《中国古代藏书与近代图书馆史料（春秋至五四前后）》，北京：中华书局，1982年，第108页。

② 李希泌、张椒华编：《中国古代藏书与近代图书馆史料（春秋至五四前后）》，第179页。

捐"，另一种为一定时段后收回的"暂时捐"："或有珍重家藏，不能割爱，但偶出以供众览，或数月，或一年，或若干年，仍复收回者，谓之暂时捐，可由捐主加盖印章，并粘用书签，以便易于辨识。"① 这种"暂时捐"，实即图书寄存。该章程规定了对捐助图书的奖励办法：向捐助图书"估值至三百金以上者"致送"纵览券"，"暂时捐"者在收回之日确定纵览时间长短。以捐助家藏图书换取阅览图书馆藏书的权利，这是一种交换性质的奖励。

1907 年，民政部于在王府井东安市场开办了一家图书馆，命名为京师图书馆②，同年《顺天时报》刊布了《京师图书馆拟定章程》，并被《秦中官报》等外地媒体转载③。对于馆藏来源，《京师图书馆拟定章程》中列出十一项，并在最后注明"向收藏家借图书""与中国新旧各书肆订立合同，调取图书""与外国东西各书肆订立合同，调取图书""搜取私家著作"等四项"皆分寄赠、寄陈、寄售三种"，其中的"寄陈"即相当于寄存。也就是说，京师图书馆有意为收藏家、中国书店、外国书店及

① 李希泌、张椒华编：《中国古代藏书与近代图书馆史料（春秋至五四前后）》，第 154 页。

② 此京师图书馆并非现中国国家图书馆的前身。关于该馆的情况，现在所知甚少，有待于史料的进一步发掘。参阅隋元芬《清末的两家京师图书馆》，2000 年 12 月 25 日《学习时报》第 4 版。

③ 这一文件为梁经旭先生发现。见梁经旭《新发现的光绪丁未年（1907 年）〈京师图书馆拟定章程〉浅议》，《当代图书馆》2008 年第 3 期。下文所引用该文件正文均出自该文。梁先生误以为这一京师图书馆为清末学部奏办的京师图书馆，也就是现中国国家图书馆的前身，这是错误的。

著作者提供图书寄存服务。

1909 年，云南提学使叶尔恺奏设云南图书馆，拟定《云南图书馆章程》三十六条，其第五条谓："如有热心公益，愿意家藏图书、报纸捐赠馆中者，如系单行册本，于捐助以后，则当登报致谢；其愿借者，亦一律致谢。唯借期至少以一年为率。凡捐赠者，应注明某人捐赠字样，借阅者应注明某人寄存字样，以示区别。"① 这里所谓的"借"，其实就是寄存。该章程规定以登报致谢的方式奖励寄存，同时要求寄存图书至少须寄存一年以上。

刊载于 1922 年《浙江公立图书馆年报》第七期的《江苏省立第二图书馆增订详细章程》，其第二章《储藏则》之第十五节规定："藏书家有愿将所藏秘籍暂附本馆陈列者，由馆填给证书，将书名卷册数目、收藏印记一一备载，与本馆书籍一律宝藏，取回时以证书为凭。"② "暂附本馆陈列"，亦即寄存。

1916 年的中国科学社图书部《暂行流通书籍章程》第三条："社员或社外人愿将图书借与本部供流通之用的，办法如第二条。其图书之损伤亡失由本部负责。"③ 与上揭《云南图书馆章程》类似，这里的"借"实即寄存。所谓"第二条"，其内容

① 李希泌、张椒华编：《中国古代藏书与近代图书馆史料（春秋至五四前后）》，第 160 页。

② 李希泌、张椒华编：《中国古代藏书与近代图书馆史料（春秋至五四前后）》，第 316 页。

③ 李希泌、张椒华编：《中国古代藏书与近代图书馆史料（春秋至五四前后）》，第 368 页。

为关于捐赠图书的书目格式的规定。

1918 年《江西省立图书馆章程》第八条:"凡私人或团体,有以图书捐赠或寄存本馆者,照本馆捐赠图书及寄存图书规则办理,其规则另定之。"① 准此,江西省立图书馆已订立专门的寄存图书章程。

上列各家各类藏书楼、阅报处、图书馆章程显示,在 20 世纪初期,我国图书馆界普遍开展了图书寄存服务,而且将图书寄存与捐赠置于同等的地位,采用多种方式对其加以褒扬鼓励。

二、京师图书馆、国立北平图书馆关于寄存图书的各项规章

清末学部创建的京师图书馆(国家图书馆前身)也是图书寄存服务的倡导者。近年,学者从旅顺博物馆所藏罗振玉遗物中发现了一份《京师图书馆章程》稿本②,这是罗振玉为京师图书馆拟定的纲领性文件。其中关于馆藏来源的论述,基本上沿袭了《京师创建图书馆私议》的观点,而增加了"寄存"一项:"藏书家有欲以藏书寄存本馆者,可由藏书者陈请并将书目附呈本馆,一律代为储藏。"这一论述较《京师图书馆拟定章程》更为明确地提出"寄存"这一馆藏来源途径,并对寄存服务的

---

① 李希泌、张椒华编:《中国古代藏书与近代图书馆史料(春秋至五四前后)》,第 334 页。

② 王若:《新发现罗振玉〈京师图书馆章程〉简述》,2008 年 3 月 12 日《中国文物报》第 7 版。下文所引用该章程正文均出自该文。

工作程序加以明确的规定。作为当时的学部二等咨议官，罗振玉的意见对京师图书馆的发展有直接而深刻的影响。

1910 年，学部奏《拟定京师图书馆及各省图书馆通行章程》，该章程共分二十条，其第十六条为关于寄存图书的规定。"海内藏书之家，愿将所藏秘笈暂附馆中扩人闻见者，由馆发给印照，将卷册数目、钞刻款式、收藏印记，一一备载。领回之日，凭照发书。管理各员尤当加意保护，以免损失。其借私家书籍版片钞印者，亦照此办理。"① "暂附"，亦即寄存。这一条规定了图书馆对藏书家寄存图书有编目与保护的义务，同时也申明了藏书家有取回寄存图书的权利。

1928 年 5 月，北京图书馆公布《收受寄存图书简章》，对图书寄存服务加以详细规定②。1930 年，国立北平图书馆制订《国立北平图书馆收受寄存图书暂行规则》③，该章程内容与前者大体一致，仅在部分细节上有所修订，其要点如下：

寄存图书的保存、阅览和外借与馆藏图书一致，但寄存人可提出限制条件；北平图书馆为寄存图书编造详细目录，目录应包括书名及卷数、撰人、出版处及出版年、函数及册数、版

---

① 李希泌、张椒华编：《中国古代藏书与近代图书馆史料（春秋至五四前后）》，第 130 页。

② 《本馆收受寄存图书简章》，《北京图书馆月刊》第 1 卷第 1 号，民国十七年五月（1928 年 5 月），第 55—56 页。这里的北京图书馆指中华教育文化基金会 1926 年 3 月 1 日建立的北京图书馆，该馆于 1928 年 10 月改名北平北海图书馆，1929 年并入国立北平图书馆。

③ 北京图书馆业务研究委员会编：《北京图书馆馆史资料汇编（1909—1949）》，北京：书目文献出版社，1992 年，第 1065—1069 页。

本、装订款式、题跋眉批校注等项目，图书馆有公布目录的权利，但寄存人可以附加限制条件；寄存图书由寄存人加盖图章，北平图书馆不在原书上加盖图章标识；寄存图书十万册以上者，可以要求专室庋藏；寄存图书必须装订或修补时，北平图书馆征得寄存人同意之后可以酌量修补装订，费用由北平图书馆负担；寄存图书如有遗失，由北平图书馆照估价赔偿，但因多次阅览、外借导致的污损不在赔偿之列；寄存年限由寄存人确定，但最短不少于十年；寄存图书的运费由北平图书馆负担，领回时的装运费用由寄存人负担。

这一《规则》详细规定了寄存双方的权利与义务，使二者达到平衡，因此，国立北平图书馆的图书寄存服务深得藏书界的认可，20世纪30年代大量的图书寄存案例足以说明这一《规则》的显著功效。

1929—1930年的《国立北平图书馆馆务报告》在扉页登出《国立北平图书馆征集图书启事》，申明欢迎各界寄存图书的诚意："倘蒙不遗在远，以中西文图书惠赠或寄存敝馆者，无任欢迎。"[1]

1934年3月9日，中国工程师学会、中国水利工程学会、中美工程师协会、河北省工程师协会、中国营造学会联合发出资料征集函，为国立北平图书馆新近建立的工程参考室征集图

---

① 《国立北平图书馆征集图书启事》，国立北平图书馆编：《国立北平图书馆馆务报告》（民国十八年七月至十九年六月），北平：国立北平图书馆，1930年，扉页。

书文献。征集函所附的"征书范围及办法"中称:"自藏书籍愿出让或寄存该馆者,请径函该馆接洽。"①

此外,北平图书馆也收受书版寄存。1929 年 5 月,北平北海图书馆公布《收受寄存书板简章》②,其要点有:寄存书版须由原主编制清册二份,原主与馆方各执一份;馆方对于寄存书版有印刷发行权,获利双方各得五成;寄存书版需要修配时,由馆方商请原主同意,酌量修补;寄存书版的运费概由原主负责。该章程原定次年新馆舍落成后实行,但当年北海图书馆即与国立北平图书馆合组,不过,以 30 年代初书版寄存的实绩来看,这一章程在此后一段时期应确实执行过。

三、吸纳图书寄存的成就

由于吸纳有方,这一时期,各种学术机构和各界人士屡次寄存图书于国立北平图书馆③。其中以梁启超寄存、王勤生寄存、瞿宣颖寄存最为大宗。

1929 年,前馆长梁启超先生逝世,梁先生哲嗣梁思成、梁思永、梁思忠等秉承遗嘱,建议将梁先生所有藏书永久寄存国

---

① 北京图书馆业务研究委员会编:《北京图书馆馆史资料汇编(1909—1949)》,第 395—396 页。

② 《寄存版片办法》,《北平北海图书馆月刊》第 2 卷第 5 号,民国十八年五月(1929 年 5 月),第 439—440 页。

③ 以下各项寄存图书资料与所编目录均见于国立北平图书馆所编民国十八年至民国二十六年之《国立北平图书馆馆务报告》。

立北平图书馆。1930年2月，经天津黄宗法律师代表梁氏亲属会致函北平图书馆，商洽寄存条件及派员赴津点收等事宜。北平图书馆随即派馆员爨汝僖、梁廷灿、范腾端、杨维新四人赴天津点收寄存图书，并将其运往北平。梁启超寄存图书包括饮冰室所藏全部古籍2831种约41474册、新书109种145册，此外尚有未刊稿、私人信札等多种。北平图书馆特于当时在建的文津街新馆舍中开辟梁任公纪念室，庋藏寄存图书，以资纪念。

1931年10月，河北深泽人王勤生（字孝箴）寄存《论语经正录》书版、《王筱泉先生年谱》书版460块。1933年春，王勤生将洗心精舍全部藏书由深泽运往北平，寄存国立北平图书馆，共计寄存图书870余种。次年，王勤生将所有寄存图书全部转让给其亲属河北博野人蒋秀五，蒋氏继续将所有图书寄存国立北平图书馆。

1932年2月，营造学社瞿宣颖（字兑之，1894—1973）寄存家藏中文书1770种21862册、炮式图22幅、舆图153幅。1933年12月，瞿宣颖第二次寄存家藏书203种839册、图25幅。

此外，有一定规模的寄存图书还有多项：

1929年冬，商务印书馆寄存藏文正藏一部。

1930年10月，朱启钤（字桂莘，1872—1964）将旧藏穆麟德遗书寄存国立北平图书馆。穆麟德（Paul George von Mollendorff），德国人，1869年进入中国海关，曾任德国驻天津领事、朝鲜海关总税务司、宁波海关税务司，1901年病逝。1914年，朱启钤购得穆麟德旧藏书籍，计2150种3307册，多为文字学与东方学资料。

1931 年 8 月，费培杰寄存音乐书籍 228 册，乐谱 607 件。

1932 年 2 月，东北大学教授丁绪宝因赴美留学，寄存所藏物理书 900 余册。

1932—1933 年间，外交家王景岐（字石孙，1884—1941）寄存所藏图书 2039 册，其中有大批西文法律及国际公法书籍。

1932—1933 年间，福建闽侯人叶可立（字于沅）寄存琴趣楼藏书，计中文书 378 种 3495 册、法文书 67 册。

1933 年春，浙江金华人施复亮（原名施存统，1899—1970）寄存日文书 580 册，大多为政治经济类著作。

1934 年，任职国防设计委员会的工程专家、江西南丰人赵世暹（字敦甫）得知国立北平图书馆设有工程参考室，将工程方面的书籍 136 册寄存该室。

寄存者中还有外国机构。1929—1930 年间，美国加尼基（今译卡耐基）国际和平基金会曾议决，以其全部出版品寄存北平图书馆。

除图书、书版之外，国立北平图书馆也接受文物寄存。

1931 年，时任西安绥靖公署参谋长的福建闽侯人何遂（字叙父，1888—1963）将所藏瓦当的一部分寄存国立北平图书馆；1932 年，又将所收藏部分文物寄存，计有金石瓦当 600 余种，殷墟龟甲兽骨 125 片，铜器类铜鼓 1 面、汉唐铜镜 130 面、匈奴饰章 1 面，石刻类汉奠基石螭头 1 个、唐刻心经 1 方，陶器类瓦当陶罐等 250 余件，唐木造像 1 座。

1934 年 9 月，中华教育文化基金董事会在北平购得安徽寿县朱家集李三孤堆楚墓出土的楚国铜器 9 件，连同该会旧存的明清陶器佛像 18 座,一并寄存国立北平图书馆,供学者研究,并拨付一定经费,用以制作玻璃柜,以便陈列。北平图书馆金石部代理主任刘节就此批楚器著成《楚器图释》一书,1935 年由北平图书馆出版。该书又题《寿县所出楚器考释》,是第一部研究楚国器物和铭文的学术专著。

《国立北平图书馆收受寄存图书暂行规则》规定,馆方须为寄存图书"编造详细目录"。这一时期编定了多种寄存图书目录:

(1)梁启超寄存图书、拓片目录。陈贯吾所编《梁氏饮冰室藏书目录》四册于 1933 年由北平图书馆铅印出版。《饮冰室金石文字目》也于 1933 年编成。

(2)王勤生、蒋秀五寄存图书目录。朱福荣等编成《国立北平图书馆博野蒋氏寄存书目》四卷,1934 年由北平图书馆铅印出版。

(3)何遂寄存文物目录。1932—1933 年间,编成《何叙父寄存金石目》《何叙父寄存瓦当目》各一种。

(4)瞿宣颖寄存图籍目录。1933 年即已开始编纂,至 1935 年编竣并印行《瞿氏补书堂寄藏书目录》。该目录著录补书堂寄存书 1811 种,古籍以经、史、子、集四部分类,近代书籍则分文科、法学、政学、计学、宗教哲学、工学、兵学等类著录。

(5)叶可立寄存书目。1933 年开始编纂,成《叶氏琴趣楼寄存本馆图书分类目录》一册。

(6)朱启钤寄存穆麟德旧藏图书中的西文部分由梁思庄主持编目工作,1932 年完成整理工作,同年秋印行《穆麟德遗书目录》。

（7）施复亮寄存书目。1933年编成《施复亮寄存书目》1册。

四、经验与启示

回顾 20 世纪前期国立北平图书馆所开展的图书寄存服务，我们可以得出几点基本的经验：其一，规章制度健全，专门为图书寄存服务拟定了《规则》，以之作为吸纳寄存的根据。其二，多方征集，利用专业学会等途径征集专业书籍寄存。其三，妥善保存，重要寄存设置专室或专区庋藏、陈列。其四，及时编订寄存书目，部分书目还公开出版。其五，吸纳范围广泛，古籍与各类中外文图书之外，还吸纳文物寄存。通过这些方面的努力，北平图书馆在吸纳寄存图书文物方面取得了不俗的成绩。

也正是因为相关工作进行得扎实稳妥，寄存图书文物的保存、保护有坚实的保障，北平图书馆与寄存人之间建立了深厚的互信，有的寄存人便将寄存图书文物捐赠给北平图书馆。1934 年春，何遂为庆贺其母七十寿辰，将寄存文物全部赠送国立北平图书馆。馆方虽因建筑房舍匮乏，未能设置专室庋藏，但在陈列室内特辟一个区域陈列赠品[1]。当年 5 月 1 日至 3 日，又举办"闽县何氏赠品展览会"，表示答谢。1935 年 4 月，以律师万兆芝、林行规为见证人，双方正式签订契约[2]。由寄存进

---

[1]　国立北平图书馆编：《国立北平图书馆馆务报告》（民国二十三年七月至二十四年六月），北平：国立北平图书馆，1934 年，附录五第 1—3 页。

[2]　国立北平图书馆编：《国立北平图书馆馆务报告》（民国二十三年七月至二十四年六月），第 4—5 页。

而转为捐赠，这是国立北平图书馆吸纳社会资源充实馆藏的一个典型范例，对此后的馆藏资源建设工作有深刻的启发意义。

20世纪50年代以来，由于种种原因，寄存作为图书馆馆藏来源的一种方式淡出了历史舞台。近30年来，全社会藏书风气日益浓厚，新的藏书家逐渐兴起。与此同时，藏书聚与散、藏与用的矛盾也日益突出，这客观上要求图书馆界寻求一种既不改变藏书所有权，又能保护并善加利用文献资源的解决之道。开展图书寄存服务无疑是一种比较理想的解决方式。

近年来，图书寄存服务已经引起图书馆界的重视，古籍寄存是当前的热点话题。2007年，"中华古籍保护计划"开始实施，文化部当年8月2日发布的《全国古籍保护试点工作方案》中明确指出："对于库房条件过差和库房管理严重不合格的单位，根据藏品等级，必要时将寄存上级收藏单位或其他收藏条件好的单位，归属权不变，待库房的改进经专业人员认定符合藏品需要后，藏品方可归回。"① 寄存作为古籍保护的一种方式得到国家政策的提倡。此后，图书馆界即开始推行古籍寄存服务。2007年，青岛图书馆推出古籍寄存服务，市民可将收藏的古籍寄存到该馆，这一举措被称为古籍保护的"青岛模式"②。青岛市古籍保护中心制定了《青岛市古籍保护中心关于实施古籍寄存制的有关规定》，其要点有：寄存期间不收任何费用，古

---

① 《文化部关于印发〈全国古籍普查工作方案〉等文件的通知》（文社图发〔2007〕31号）附件二《全国古籍保护试点工作方案》。

② 李魏：《古籍保护的青岛模式——寄存制》，2008年7月31日《青岛日报》第9版。

籍所有权不变；市古籍保护中心对寄存古籍实行分级管理，免费制作函套、书盒，并修复破损古籍；市古籍保护中心负责保管、保护寄存古籍，因管理不善造成丢失、破坏，由市古籍保护中心进行赔偿；寄存古籍进行展览、复制、出版，须经寄存单位和个人允许；委托寄存单位或个人不再需要寄存或其古籍保存条件达到国家标准时，市古籍保护中心将寄存古籍移交给委托单位或个人。2008 年 3 月，广东省古籍保护中心挂牌，相关负责人也表示，欢迎小型图书馆或者收藏家寄存所藏古籍①。

当前，图书寄存服务已从古籍寄存这一特别的角度重新进入图书馆的视野。不过，我们也应看到，图书寄存服务不能仅局限于古籍，成系统的、专题性的现代书刊藏品同样具备不可忽视的资料价值与学术价值，也同样值得图书馆界在推行图书寄存服务时给予关注。

（原载《国家图书馆学刊》2009 年第 3 期，署名刘波、林世田）

---

① 邓琼、宋玲：《广东古籍保护中心鼓励"小户"寄存》，2008 年 3 月 25 日《中国新闻出版报》第 5 版。